한 권으로 끝내는
시원스쿨 토익 스피킹
IM - AL

시원스쿨
토익스피킹 IM - AL

개정 2판 1쇄 발행 2022년 7월 26일
개정 2판 4쇄 발행 2024년 12월 13일

지은이 이민하(KATE) 시원스쿨어학연구소
펴낸곳 (주)에스제이더블유인터내셔널
펴낸이 양홍걸 이시원

홈페이지 www.siwonschool.com
주소 서울시 영등포구 영신로 166 시원스쿨
교재 구입 문의 02)2014-8151
고객센터 02)6409-0878

ISBN 979-11-6150-505-3 13740
Number 1-110303-12120408-02

이 책은 저작권법에 따라 보호받는 저작물이므로 무단복제와 무단전재를 금합니다. 이 책 내용의 전부 또는 일부를 이용하려면 반드시 저작권자와 ㈜에스제이더블유인터내셔널의 서면 동의를 받아야 합니다.

『특허 제0557442호 가접별책 ®주식회사 비상교육』

PREFACE

여러분, 안녕하세요. 케이트입니다.

시원스쿨LAB과의 제 첫 야심작인 <한 권으로 끝내는 토익스피킹>의 개정판, <시원스쿨 토익스피킹 IM - AL>을 소개합니다. 처음부터 본 도서의 목표는 단 하나였습니다. "한 권의 책으로 토익스피킹을 마스터할 수 있도록 만들어보자!" 이 목표를 이루게 해 줄 본 도서의 특장점을 소개합니다.

1 기출 문제 통계를 바탕으로 문제를 제작해 학습 효율을 극대화했습니다.

시험에선 기출 문제가 매우 중요하죠. 그리하여 오랜 기간에 걸쳐 시험을 꾸준히 치며 기출 문제를 분석했습니다. 이러한 통계를 바탕으로 출제 빈도가 가장 높은 순으로 문제를 제작했습니다. 이렇게 공부의 효율을 높임과 동시에, 익숙한 문제의 등장으로 시험에서의 긴장감을 완화시킬 수 있습니다.

2 목표 등급에 맞춰 필요한 만큼만 학습하는 커리큘럼을 제공합니다.

토익스피킹은 시험의 특성상 목표 등급에 맞는 전략적 준비가 매우 중요합니다. 이를 위해서는 현재 본인의 실력과 목표 점수를 분석하고, 그에 맞게 답변을 만들어 연습하는 것이 필수적입니다. 이를 돕기 위해 본 도서에서는 목표 등급에 맞춰 공부할 수 있게 문항별 답변을 목표 등급별로 제공합니다. IM - IH, IH - AL 등급별 답변이 어떻게 다른지를 본다면 본인의 점수 분석을 더욱 쉽게 할 수 있게 됩니다.

토익스피킹 현장 강의만 15년이 넘는 강사로서 제 전략은 "감당할 수 있는 만큼" 입니다. 시작과 동시에 막막함에 지치는 학생분들을 오랜 기간 만나면서 각오했던 바였습니다. 막연할 수 있는 여러분의 토익스피킹 공부에 시작점이 되어 줄 <시원스쿨 토익스피킹 IM - AL>, 저 케이트와 함께 목표를 향해 함께 달려보아요!

Thanks to

본 도서가 출간되기까지의 여정은 혼자 걸을 수 없는 길이었습니다. 시원스쿨LAB의 신승호 대표님, 감사합니다. 홍지영 팀장님과 문나라 과장님, 그대들과 함께 했기에 더 즐겁고 든든했습니다. 우리 하우위 식구들의 응원과 배려에 감사합니다. 또한, 제 일이라면 끊임없이 응원해주는 제 친구들 고맙습니다.
마지막으로, 우리 가족! 저에 대한 믿음과 지지에 감사합니다.

이편하(Kate)

토익스피킹 기본 정보

1 시험 환경

 컴퓨터로 시행되며 헤드셋을 착용하고 녹음하는 네트워크 기반 시험입니다.

 여러 명의 수험자가 한 고사실에 입장하여 시험을 치룹니다. 인기 고사장은 규모에 따라 많게는 30~40명의 인원을 수용하고, 비인기 고사장은 10명 내외를 수용합니다. 고사장의 규모와 인원에 따라 시험장 분위기가 매우 달라지므로 유의하도록 합니다.

 마이크에 답변을 소리내어 녹음하는 시험입니다. 고사장 내 인원이 많으면 매우 시끄러워 당황할 수 있으므로, 고사장 선택 시 인원이 적은 곳을 선택하는 것도 한 방법입니다.

 음원 반복 재생은 불가합니다.

2 시험 진행

시험은 주로 10:30과 11:30에 시작합니다. 응시생이 늘어나는 신입사원 채용기간에는 응시 가능 시간이 확대되며, 응시생이 적은 기간에는 축소됩니다.
입실부터 퇴실까지는 약 50분이 소모되며 시험의 진행은 아래와 같습니다.

[11시 30분 시험 기준]

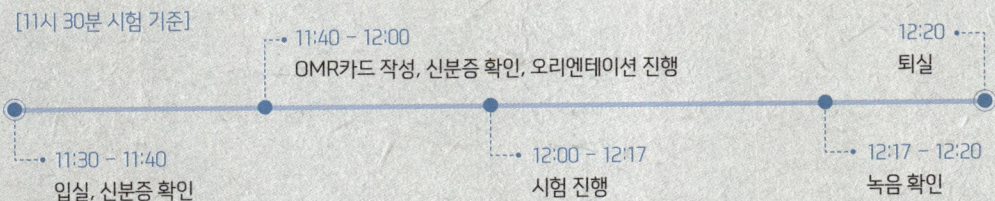

3 기타 일정

- 매주 토요일과 일요일에 정기 시험이 있으며, 하루에 2회 응시할 수는 없지만, 회차별로는 횟수에 제한 없이 신청이 가능합니다. 즉, 토요일에 시험을 보고 일요일 시험을 또 볼 수 있습니다.
- 성적은 시험일 기준으로 5일 뒤에 발표됩니다.
- 성적은 시험일 기준으로 2년간 유효합니다.

4 시험 구성

문제 번호	문제 유형	준비 시간	답변 시간	평가 기준
1–2	지문 읽기	각 45초	각 45초	발음, 억양, 강세
3–4	사진 묘사하기	각 45초	각 30초	(위의 항목들 포함) 문법, 어휘, 일관성
5–7	듣고 질문에 답하기	각 3초	15/15/30초	(위의 항목들 포함) 내용 관련성 및 완성도
8–10	제공된 정보를 사용하여 질문에 답하기	표 읽기 45초 각 3초	15/15/30초	위의 모든 항목
11	의견 제시하기	45초	60초	

- 화면의 하단에 문항별 타이머가 계속 보입니다.
- 문항별로 배점이 달라 그에 따른 점수 환산도 달라집니다.

5 노트테이킹

시험장에서 제공 되는 OMR 카드 뒷면의 규정 메모지(Scratch Paper)와 필기구를 사용하여 자유롭게 메모를 할 수 있습니다. 메모는 시험 시작부터 가능하고 시험 종료와 함께 모든 수험자들은 메모지와 필기구를 반납해야 합니다.

6 점수별 등급

등급	점수
Advanced High	200
Advanced Mid	180–190
Advanced Low	160–170
Intermediate High	140–150
Intermediate Mid 3	130
Intermediate Mid 2	120
Intermediate Mid 1	110
Intermediate Low	90–100
Novice High	60–80
Novice Mid / Low	0–50

도서 특장점

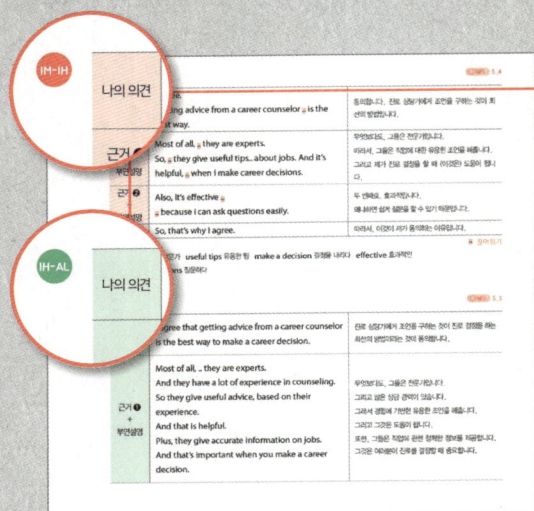

필요한 만큼만 공부하자!
목표 등급별 맞춤형 교재

등급별 모범 답변 제공으로 현재 본인의 실력과 목표 점수에 따라 필요한 만큼만 선택적으로 학습을 진행합니다. 점수 향상을 위한 정확한 지표 제공으로 등급별 답변을 비교하여 전략적인 학습이 가능합니다.

기초부터 실전까지, 단 한 권으로 끝내는 필수 이론서

단 한 권의 도서로 토익스피킹 기초부터 실전까지 마스터할 수 있도록 문항별 기초 이론, 필수 표현, 핵심 전략, 만능 답변을 제공합니다.

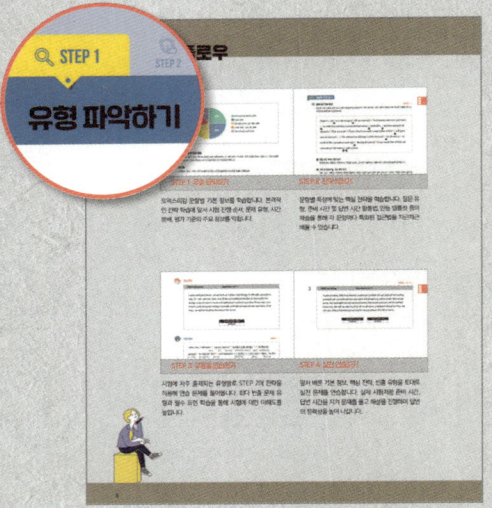

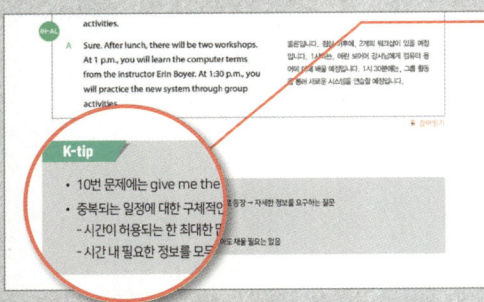

토익스피킹 현장 강의 15년 이상의 노하우를 모두 담은 K-tip

'토익스피킹 시험은 전략이다'라는 강의 철학을 담아 케이트쌤의 15년 강의 노하우를 모두 전수합니다. 다년간의 현장 강의 경력과 시험 응시 및 분석을 통해 축적된 필수 팁을 아낌없이 제공합니다.

최신 출제 경향을 완벽 반영한 실전 모의고사 3회분 & 저자 해설 강의

토익스피킹 기출 문제와 동일한 난이도 및 유형으로 구성된 실전 모의고사 3회분으로 탄탄한 최종 점검을 진행합니다. 상세한 저자 해설 강의를 통해 모르는 부분에 대한 약점 보완까지 가능합니다.

*저자 해설 강의는 시원스쿨LAB(lab.siwonschool.com)에서 교재 앞날개의 쿠폰 번호 등록 후 사용 가능합니다.

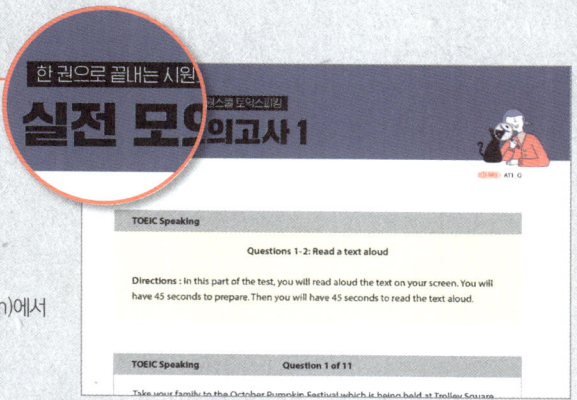

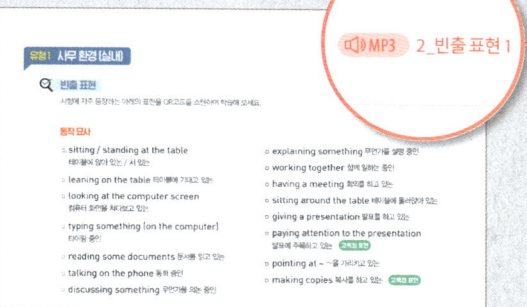

언제 어디서든 공부하자! 유형별 필수 빈출 표현 MP3

문항별, 유형별 필수 빈출 표현의 MP3로 언제 어디서든 편리하게 학습할 수 있습니다. 필수 어휘 암기와 발음 연습을 통해 말하기 전달력을 높이고 듣기 실력까지 동시에 향상시킬 수 있습니다.

저자 직강 유료 온라인 강의

본 도서의 체계적인 학습을 위해 등급별 저자 직강 온라인 강의를 제공합니다. 자세한 정보는 시원스쿨LAB 사이트를 확인해주세요.

도서 구매 독자들에게만 제공되는 저자 무료 특강 및 MP3 음원은 시원스쿨LAB 사이트를 참고해주세요. (lab.siwonschool.com)

학습 플로우

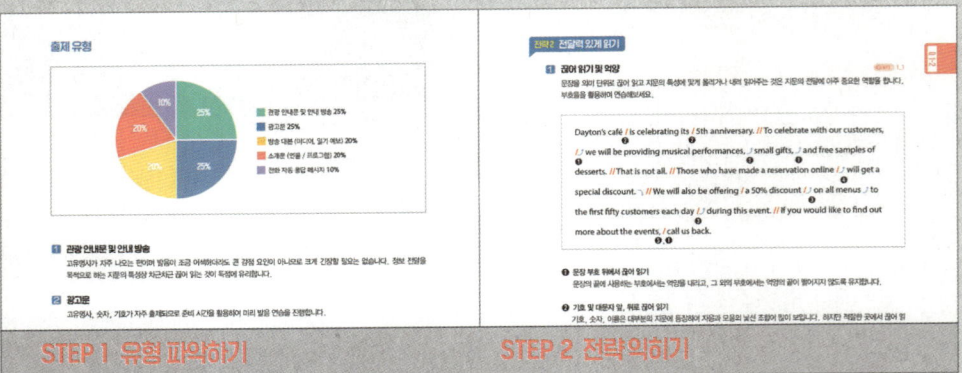

STEP 1 유형 파악하기

토익스피킹 문항별 기본 정보를 학습합니다. 본격적인 전략 학습에 앞서 시험 진행 순서, 문제 유형, 시간 분배, 평가 기준의 주요 정보를 익힙니다.

STEP 2 전략 익히기

문항별 특성에 맞는 핵심 전략을 학습합니다. 질문 유형, 준비 시간 및 답변 시간 활용법, 만능 템플릿 등의 학습을 통해 각 문항마다 특화된 접근법을 차근차근 배울 수 있습니다.

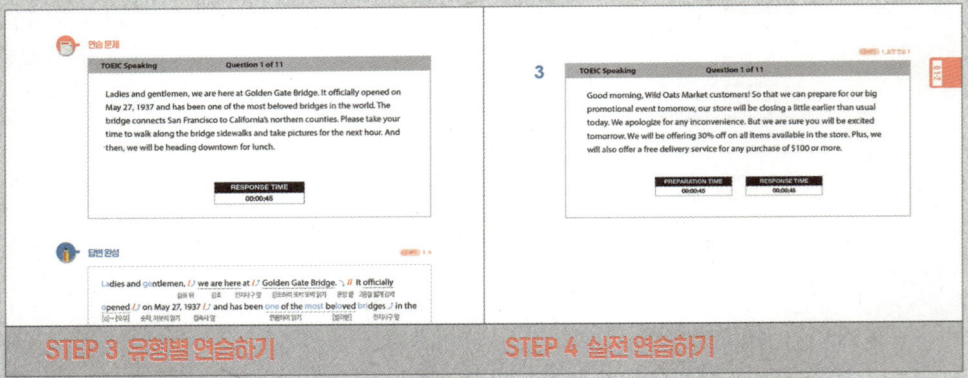

STEP 3 유형별 연습하기

시험에 자주 출제되는 유형별로 STEP 2의 전략을 적용해 연습 문제를 풀어봅니다. 최다 빈출 문제 유형과 필수 표현 학습을 통해 시험에 대한 이해도를 높입니다.

STEP 4 실전 연습하기

앞서 배운 기본 정보, 핵심 전략, 빈출 유형을 토대로 실전 문제를 연습합니다. 실제 시험처럼 준비 시간, 답변 시간을 지켜 문제를 풀고 해설을 진행하며 답변의 정확성을 높여 나갑니다.

학습 플랜

토스 유경험자 추천 플랜 토익스피킹 시험 응시 및 영어 회화 경험이 있는 분들께 적합한 학습 플랜입니다.

Day 1	Day 2	Day 3	Day 4	Day 5	Day 6	Day 7
Q 1-2 전체 학습	Q 3-4 전체 학습	Q 5-7 전체 학습	Q 8-10 전체 학습	Q 11 유형 파악, 전략 익히기, 유형별 연습	Q 11 실전 문제	총 복습 Actual Test 1, 2, 3

- 문항별 전략 숙지 → 유형별 연습 → 실전 문제 연습 → 어휘 및 표현 숙지
- 목표 등급에 맞는 답변을 선택하여 암기합니다.
- 문항별, 유형별 필수 표현과 모르는 어휘를 정리해 암기합니다.
- 위의 일정을 하루씩 늘리면 총 14일 플랜이 완성됩니다. 시간적 여유가 있는 학습자들은 2주 플랜으로 학습을 진행할 수도 있습니다.

토스 무경험자 추천 플랜 토익스피킹 시험 응시 및 영어 회화 경험이 없는 분들께 적합한 학습 플랜입니다.

Day 1	Day 2	Day 3	Day 4	Day 5
Actual Test 1 모의고사 체험 Q 1-2 전체 학습	Q 3-4 유형 파악, 전략 익히기, 유형별 연습	Q 3-4 실전 문제	Q 5-7 전체 학습	Q 8-10 유형 파악, 전략 익히기, 유형별 연습
Day 6	**Day 7**	**Day 8**	**Day 9**	**Day 10**
Q 8-10 실전 문제	Q 11 유형 파악, 전략 익히기, 유형별 연습	Q 11 실전 문제	총 복습 Actual Test 1	Actual Test 2, 3 취약 부분 보완 + 최종 암기

- 유형 숙지 → 전략 숙지 → 유형별 어휘 숙지&암기 → 유형별 연습 → 실전 문제 연습 → 최종 어휘 암기
- 목표 등급에 맞는 답변을 선택하여 암기합니다.
- Day 1에는 모의고사 풀이를 통해 토익스피킹의 전체적인 유형과 구성을 파악합니다.
- 학습량이 많은 Q 3-4, Q 8-10, Q 11은 각각 2일에 걸쳐 학습합니다.
- 마지막 날에는 부족한 부분을 보완하는 복습 시간을 갖도록 합니다.

목표 등급별 학습 방법

IM - IH

어휘
- 문항별 필수 표현 MP3를 들으며 반복적으로 따라하기

영작
- 가장 기본적인 형식의 문장을 사용하기
- IM – IH 모범 답안을 많이 듣고 소리내 따라하기

말하기
- 무조건 단어가 잘 들리도록 또박또박 말하며 연습
- 교재에 표시된 끊어 읽기(..)를 지켜가며 연습

듣기
- 질문이나 지문의 대본을 숙지한 상태에서 소량의 음원을 반복적으로 듣기 → 무조건 많은 양의 음원을 듣는 것이 도움이 되는 것은 아님!
- 알고 있는 내용의 음원을 반복적으로 듣고 따라하는 것이 효과적인 방법

IH - AL

어휘
- 스스로 자주 사용하는 어휘 정리하기
- 문항별 필수 표현을 암기하기

영작
- 기본 형식의 문장들을 접속사나 접속부사의 활용으로 자연스럽게 이어주는 연습 진행하기
  → 답변의 완성도와 문장의 유창함이 향상됨!
- IM – IH 모범 답안을 참고하여 IH – AL과의 차이점을 익히고, IH – AL 모범 답안을 기준으로 학습하기

말하기
- 문항별 필수 표현과 답변 패턴을 암기하고 소리내 연습하기
- 문장 단위로 끊어 전달력 있게 말하기
- 답변에 끊어 읽기와 강조할 단어를 스스로 표시하며 소리내 연습하기

듣기
- 질문이나 지문의 대본을 숙지한 상태에서 음원을 듣기
- 알고 있는 내용의 음원을 반복적으로 듣고 따라하는 것이 효과적인 방법

AL+

어휘
- 문항별 필수 표현을 기본적으로 익히고, 모범 답안의 고득점 표현에 집중해 학습하기

영작
- 접속사나 접속부사의 활용으로 문장들을 조금 더 길게 만들기
- 내용의 완성도를 위해 주어진 답변 시간을 최대로 채워 말하고, 예시나 경험을 추가하는 연습 진행하기
- 모범 답안의 고득점 표현들을 익혀 직접 영작에 사용하기

말하기
- 내용의 논리적인 전개보다 영어로 많이 말할 수 있음을 보여주려 노력 → 답변의 논리성을 고려하느라 답변 속도나 전체적인 발화량이 감소하면 오히려 손해!
- 지나치게 화려한 표현보다는 문제와 상황에 적절한 표현 선택이 더 중요
- 복잡한 문장을 말하기 위해 속도가 느려진다면 차라리 쉽고 정확하게 빨리 말하는 것이 더 유리함을 기억하기

듣기
- 질문이나 지문의 디테일까지 파악하여 기억하거나 노트테이킹을 하는 연습 진행하기
- 원어민 MP3를 들으며 동시에 따라 말하는 쉐도잉 연습하기

케이트쌤 강력 추천 플랜

Q 1-2	Q 3-4	Q 5-7	Q 8-10	Q 11
15%	20%	15%	15%	25%

- 문항별 문제 유형과 체감 난이도가 다르므로 이에 따라 적절히 학습 비중 조절하기
- 아래의 요소들에 유의해 학습 진행하기
  토익스피킹 유형 파악: 문항별 준비 시간, 답변 시간과 평가 기준 숙지
  유형별 어휘와 빈출 질문 패턴 정리: 문항별로 다르게 정리
  목표 등급을 설정하고 이에 따른 모범 답변 학습 진행: 목표 등급에 따른 답변 연습 진행
  타이머 설정 후 실전처럼 문제 연습: 문항별 준비 시간, 답변 시간을 철저히 지켜 학습

CONTENTS

INTRODUCTION 토익스피킹 기본 정보
도서 특장점
학습 플로우
학습 플랜
목표 등급별 학습 방법

CHAPTER 1   Q1-2 지문 읽기   14
    STEP 1   유형 파악하기   16
    STEP 2   전략 익히기   20
    STEP 3   유형별 연습하기   26
    STEP 4   실전 연습하기   36

CHAPTER 2   Q3-4 사진 묘사하기   40
    STEP 1   유형 파악하기   42
    STEP 2   전략 익히기   46
    STEP 3   유형별 연습하기   52
    STEP 4   실전 연습하기   74

CHAPTER 3   Q5-7 듣고 질문에 답하기   80
    STEP 1   유형 파악하기   82
    STEP 2   전략 익히기   86
    STEP 3   유형별 연습하기   92
    STEP 4   실전 연습하기   116

CHAPTER 4 Q 8-10 제공된 정보를 사용하여 질문에 답하기 120

STEP 1 유형 파악하기 122
STEP 2 전략 익히기 126
STEP 3 유형별 연습하기 130
STEP 4 실전 연습하기 146

CHAPTER 5 Q 11 의견 제시하기 150

STEP 1 유형 파악하기 152
STEP 2 전략 익히기 156
STEP 3 유형별 연습하기 162
STEP 4 실전 연습하기 180

ACTUAL TEST 실전 모의고사 186

실전 모의고사 1 188
실전 모의고사 2 196
실전 모의고사 3 204

부록   시험장에 들고 가는 문항별 핵심 정리

* 실전 모의고사의 모범 답변 및 해설은 시원스쿨LAB(lab.siwonschool.com)에서 확인하실 수 있습니다.
* 실전 모의고사의 저자 해설 강의는 시원스쿨LAB(lab.siwonschool.com)에서 교재 앞날개의 쿠폰 번호 등록 후 사용 가능합니다.

QUESTIONS 1-2

지문 읽기
READ A TEXT ALOUD

 | | |
STEP 1 | STEP 2 | STEP 3 | STEP 4

Q 1-2	지문 읽기
Q 3-4	사진 묘사하기
Q 5-7	듣고 질문에 답하기
Q 8-10	제공된 정보를 사용하여 질문에 답하기
Q 11	의견 제시하기
ACTUAL TEST	실전 모의고사

STEP 1 STEP 2 STEP 3 STEP 4

유형 파악하기

기본 정보

번호	시간	득점 포인트	질문 유형
Q 1, 2	준비 시간: 45초 답변 시간: 45초	정확한 발음과 강세 자연스러운 억양	안내문, 광고문, 방송 대본, 소개문, 전화 자동 응답 메시지

시험 진행

TOEIC Speaking

Questions 1-2: Read a text aloud

Directions : In this part of the test, you will read aloud the text on the screen. You will have 45 seconds to prepare. Then you will have 45 seconds to read the text aloud.

안내문
Q 1-2 시험 진행 방식을 설명하는 안내문을 화면에 보여준 뒤 이를 음성으로 들려줍니다.

TOEIC Speaking　Question 1 of 11

Dayton's café is celebrating its 5th anniversary. To celebrate with our customers, we will be providing musical performances, small gifts, and free samples of desserts. That is not all. Those who have made a reservation online will get a special discount. If you would like to find out more about the events, call us back.

PREPARATION TIME
00:00:45

준비 시간 – Question 1
"Begin preparing now."라는 음성과 함께 지문을 미리 읽을 45초의 준비 시간이 주어집니다.

TOEIC Speaking　Question 1 of 11

Dayton's café is celebrating its 5th anniversary. To celebrate with our customers, we will be providing musical performances, small gifts, and free samples of desserts. That is not all. Those who have made a reservation online will get a special discount. If you would like to find out more about the events, call us back.

RESPONSE TIME
00:00:45

답변 시간 – Question 1
"Begin reading aloud now."라는 음성과 함께 '삐' 소리가 난 후 지문을 읽을 45초의 답변 시간이 주어집니다.

준비 시간 – Question 2

"Begin preparing now."라는 음성과 함께 지문을 미리 읽을 45초의 준비 시간이 주어집니다.

답변시간 – Question 2

"Begin reading aloud now."라는 음성과 함께 '삐' 소리가 난 후 지문을 읽을 45초의 답변 시간이 주어집니다.

ETS 채점 정보

점수	내용
0점	• 답변이 없거나 답변이 주제와 관련 없음
1점	• 발음과 억양이 적절하지 않음 • 다른 언어적 영향이 상당히 있음
2점	• 발음과 억양이 대체적으로 적절함 • 사소한 실수와 다른 언어적 영향이 있음
3점	• 발음과 억양이 적절함 • 약간의 발음 실수가 있을 수 있음

출제 유형

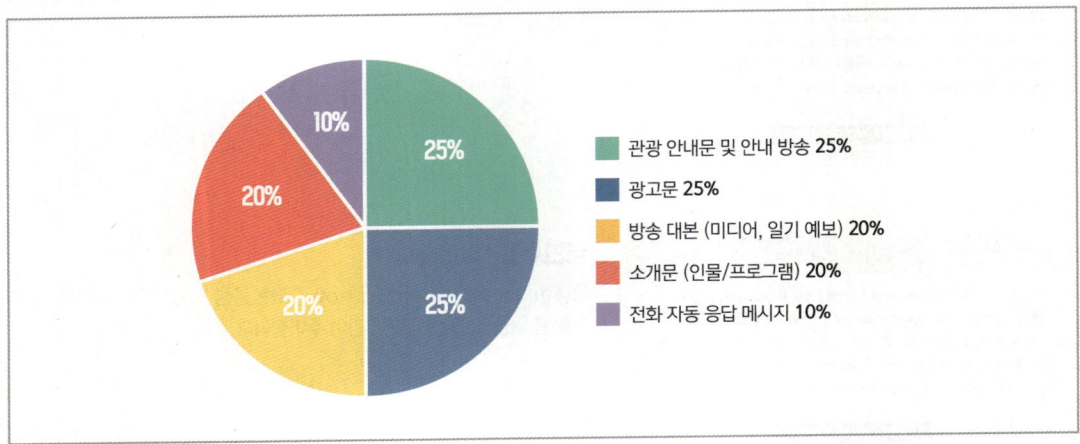

1 관광 안내문 및 안내 방송
고유명사가 자주 나오는 편이며 발음이 조금 어색하더라도 큰 감점 요인이 아니므로 크게 긴장할 필요는 없습니다. 정보 전달을 목적으로 하는 지문의 특성상 차근차근 끊어 읽는 것이 득점에 유리합니다.

2 광고문
고유명사, 숫자, 기호가 자주 출제되므로 준비 시간을 활용하여 미리 발음 연습을 진행합니다.

3 방송대본 (미디어, 일기 예보)
뉴스 프로그램, 토크쇼 등의 다양한 방송 대본과 인물 및 프로그램 내용을 소개하는 지문입니다. 평소 자주 등장하는 표현을 정리해두고 읽는 연습을 합니다. 발음하기 힘든 낯선 이름도 자주 출제되는 편입니다. 이 외에 일기 예보와 교통 정보 안내문도 출제됩니다.

4 소개문 (인물 / 프로그램)
만찬, 축제 등의 행사를 진행하며 행사 내용과 등장인물 등을 소개하는 지문입니다. 시간, 날짜를 나타내는 숫자가 비교적 많이 등장합니다.

5 전화 자동 응답 메시지
영업 시간 종료 등으로 인해 상대방이 전화를 받지 못했을 때 나오는 자동 응답 메시지입니다. 주로 정보를 전달하는 목적의 지문이므로 명확하고 차분하게 읽는 것이 중요합니다.

KATE 쌤의
Q1-2 고득점 꿀팁

1   준비 시간을 잘 활용하자
- ✓ 준비 시간 45초 중 30초 정도는 빠른 속도로 지문 전체 읽기.
- ✓ 나머지 15초에는 발음이 낯설고 어려운 단어 위주로 부분적인 연습하기.

2   전체적인 흐름과 전달력에 신경쓰자
- ✓ 한글에 없는 발음과 철자에 대한 발음 오류는 감점이 크지 않으므로 너무 긴장하지 말 것.
- ✓ 채점자는 정확하고 전달력 있는 발음을 기대하므로 평소 또박 또박 읽는 느낌으로 연습하기.

3   주제별 어휘를 정리해 두자
- ✓ 모르는 단어, 생소한 단어가 나왔을 때 긴장하지 않기 위해 빈출 어휘를 정리해서 연습하기.
- ✓ 고유 명사의 발음이 틀리는 것을 두려워하지 말자. 어색하게 발음해도 감점되지 않는다.

4   큰 소리로 내뱉자
- ✓ 자신감이 없을 때 입이 크게 벌어지지 않는 것은 당연하다. 하지만 시험 볼 때 이렇게 하면 녹음이 제대로 되지 않는다. 모르는 단어가 있어도 자신감 있게 크게 읽을 것.
- ✓ 평소 학습할 때도 허리와 어깨를 쫙 펴고 화면을 바라보면서 큰소리로 연습하자.
- ✓ 고사장은 상상 이상으로 시끄러우므로 집중력이 흐트러지지 않도록 주의.

5   답변 시간에는 지문을 한 번만 읽자
- ✓ 지문을 읽을 때 45초는 생각보다 긴 시간인데, 이 시간을 다 채워서 읽을 필요는 없다. 주어진 시간에 지문을 두 번 읽는다고 더 좋은 점수를 받는 것은 아니므로 한 번을 읽더라도 제대로 읽는 것이 중요.

STEP 1 · STEP 2 · STEP 3 · STEP 4

전략 익히기

전략 1 준비 시간 45초 활용하기

1 지문 유형 파악하기
다양한 지문 유형이 출제되므로 빈출 지문 관련 어휘를 잘 알아둡니다. 또한 문장 유형별로 고유의 억양이 있으므로, 문형을 잘 파악하여 정확한 억양을 구사해야 합니다.

2 신속하게 한 번 읽어보기
지문의 길이는 평균 40~60개의 단어입니다. 그렇지만 내용에 따라 읽는 속도가 느려질 수 있으므로 준비 시간에 반드시 읽는 속도와 어휘를 미리 점검하고 훑어보듯 읽어두세요.

3 부분 연습하기
지문 읽는 연습 중에 낯설거나 발음이 어려운 부분들이 나오면 남는 시간에 그 부분을 집중 연습합니다.
특히 이름, 고유명사, 지명 등이 출제되면 어떻게 발음할지 미리 결정하고 연습해 둡니다. 어려운 이름이 출제되면, 강세 없이 보이는 철자의 조합 그대로 최대한 자연스럽게 발음하도록 합니다.

TOEIC Speaking   Question 1 of 11

Dayton's café is celebrating its 5th anniversary. To celebrate with our customers, we will be providing musical performances, small gifts, and free samples of desserts. That is not all. Those who have made a reservation online will get a special discount. We will also be offering a 50% discount on all menus to the first fifty customers each day, during this event. If you would like to find out more about the events, call us back.

PREPARATION TIME
00:00:45

전략2 전달력 있게 읽기

1 끊어 읽기 및 억양

🔊 MP3 1_1

문장을 의미 단위로 끊어 읽고 지문의 특성에 맞게 올리거나 내려 읽어주는 것은 지문의 전달에 아주 중요한 역할을 합니다. 부호들을 활용하며 연습해보세요.

Dayton's café / is celebrating its / 5th anniversary. // To celebrate with our customers, ❷ ❷
/↗ we will be providing musical performances, ↗ small gifts, ↗ and free samples of ❶ ❶ ❶
desserts. // That is not all. // Those who have made a reservation online /↗ will get a ❹
special discount. ↘ // We will also be offering / a 50% discount /↗ on all menus ↗ to ❸
the first fifty customers each day /↗ during this event. // If you would like to find out ❸
more about the events, / call us back.
❺ , ❶

---

❶ **문장 부호 앞/뒤에서 끊어 읽기**
문장의 끝에 사용하는 부호에서는 억양을 내리고, 그 외의 부호에서는 억양의 끝이 떨어지지 않도록 유지합니다.

❷ **기호 및 대문자 앞, 뒤로 끊어 읽기**
기호, 숫자, 이름은 대부분의 지문에 등장하며 자음과 모음의 낯선 조합이 많이 보입니다. 하지만 적절한 곳에서 끊어 읽어 준다면 낯설고 어려운 단어들도 정확하게 발음할 수 있습니다. 이들 대부분은 중요한 정보이므로 또박또박 잘 끊어 읽어 줍니다.

❸ **전치사 구 앞에서 끊어 읽기**
전치사 뒤에 이어 오는 명사를 함께 묶어 전치사구라고 하며, 의미 단위로 끊어 읽어줍니다.

❹ **긴 주어 뒤에서 끊어 읽기**
주어가 길면 끊어 읽는 것이 지문을 전달하는 데 도움이 됩니다.

❺ **절 앞이나 뒤에서 끊어 읽기**
주어 + 동사로 이루어진 단위를 절이라고 부르는데, 대표적으로는 if절, when절, since절 등이 있습니다.

2 발음

자음과 모음의 조합을 제대로 발음하는 것이 발음의 기본입니다. 다양한 지문을 통해 어휘력과 발음을 동시에 향상시켜야 합니다. 자주 출제되지만 발음이 어렵거나 특이한 어휘들은 따로 정리해 주의합니다.

❶ 묵음
묵음 처리되는 철자에 유의해 자연스러운 발음을 연습합니다.

hour	champagne	psychology	knight
[아워]	[섐페~인]	[싸이콜로지]	[나잍]
h 묵음	g 묵음	p 묵음	k, gh 묵음

❷ 품사에 따라 다른 발음
같은 단어일지라도 문장에서 쓰인 품사에 따라 발음이 달라질 수 있습니다. 이렇게 예외적인 단어들은 따로 정리해 발음에 익숙해질 때까지 연습하도록 합니다.

present	record	live
몡 [프레즌트]	몡 [레커rd]	휑 [ㄹ라이v]
통 [프r젠t]	통 [리코오~rd]	통 [리v]

❸ 특이한 철자 발음
생소한 발음처럼 느껴지는 소리를 갖는 철자 모음에 유의합니다. 예를 들어, ch는 보통 [ㅅ], [ㅊ], [ㅋ]의 발음 소리를 갖고, ph는 [f]로 발음합니다.

choir	champagne	phone	dolphin
[콰이어]	[섐페~인]	[폰]	[돌핀]

3 강세

영어는 한국어처럼 모든 단어를 또박또박 읽는 언어가 아닙니다. 연음이 굉장히 활발히 이루어지기 때문에 각 단어가 지니고 있는 강세를 정확하게 발음하는 것이 전달력을 높이는 방법입니다. 하지만 연음에만 너무 집중한 나머지 억양과 강세를 틀린다면 감점이 있을 수 있으므로 올바른 강세를 위주로 스피킹 연습을 하는 것이 더 효과적입니다.

❶ 2음절 이상의 단어들의 강세
2음절 이상의 단어에서는 모든 음절이 강세를 받지 않습니다. 어떤 음절은 강세를 받고, 어떤 음절은 발음이 탈락되므로 이러한 차이에 유의해 발음 연습을 합니다.

register	computer	Italy
[뤠즈스터r]	[큼퓨우러r]	[이틀리], [이를리]
e발음 강조, i 발음 탈락	u 발음 강조, o와 e 발음 약하게	i 발음 강조, a 발음 탈락

❷ 단어의 형태에 따른 강세 변화
아래의 예시처럼 같은 어원을 같지만 품사와 활용에 따라 강세를 받는 음절이 달라지기도 합니다.

ec**o**nomy	econ**o**mical	econ**o**mic	ec**o**nomist
몡 경제	혱 경제적인	혱 경제의	몡 경제학자
comp**e**te	comp**e**titive	c**o**mpet**i**tion	comp**e**titor
동 경쟁하다	혱 경쟁을 하는	몡 경쟁	몡 경쟁자
ph**o**to	phot**o**grapher	phot**o**graphy	
몡 사진	몡 사진 작가	몡 사진술	

❸ 길이가 긴 단어들의 강세
음절이 많은 단어들은 강세를 2개 갖기도 합니다. 강한 강세와 약한 강세로 나눌 수 있습니다.

r**e**pres**e**ntative	**i**nform**a**tion	acc**o**mmod**a**tion

4 강조

❶ 내용어 강조
의미를 지니고 있는 내용어(명사, 동사, 형용사 등)는 조금 크게 읽으면 도움이 됩니다. 반면, 내용어만큼 중요한 의미를 담고 있지 않은 기능어(관사, 전치사, 연결사 등)는 약하게 발음합니다.

You should take your time to walk for the next hour.
당신은 앞으로 한 시간 정도 걷는 것이 좋겠어요.

The store will be closing in about fifteen minutes.
이 매장은 약 15분 뒤에 영업이 종료됩니다.

❷ 부정어 강조
부정을 나타내는 표현을 강조합니다.

The store will **not** be open for holidays.
이 매장은 공휴일에는 영업하지 않습니다.

If you **haven't** signed up for it, you should hurry.
만약 등록하지 않았다면 서두르세요.

❸ 의미상 강조
강조의 의미를 담고 있는 단어, 최상급과 비교급을 강조합니다.

This is the **only** chance.
이것은 단 한번 있는 기회입니다.

The hall is the **biggest** in the building. So I am sure we can accommodate **all** members.
이 연회장은 건물에서 가장 큽니다. 그래서 모든 사람을 수용할 수 있다고 확신합니다.

Q1-2 알아두면 유용한 표현

 숫자

783	seven hundred eighty three
1992	nineteen ninety two
2021	two thousand twenty one / twenty twenty one
25%	twenty five percént
50%	fifty percent
$3.50	three dollars .. fifty cents
$1.20	one dollar .. twenty cents / a dollor twenty
Ext.37	exténsion thirty seven
565-5900	five six five five nine zero zero
#703	room number seven oh/(zero) three
30°C	thirty degrēe Célsius [쎌씨어s]
50°F	fifty degree Fahrenheit [페러나잇]

 도로명

St.	Street
Dr.	Drive
Ave.	Avenue
Blvd.	Boulevard
Ln.	Lane
Rd.	Road

 기호

@	at
#	pound
.com	dot com

헷갈리기 쉬운 단어

facílity [f씰리티]	↔	fāculty [fa컬티]
spēcies [s뻬이쉬s]	↔	spācious [s뻬이셔s]
sēries [씨이뤼z]	↔	sērious [씨이뤼어s]
island [아일른d]	↔	Iceland [아이s른d]
bréath [브뤠th]	↔	brēathe [b뤼th/ㄷ]
Nōrth [노어rth]	↔	Nōrthern [노r 더rn]
cóuntry [컨ㅊ루ㅣ]	↔	cōunty [카운티]
recēipt [뤼씨이~잎]	↔	récipe [뤠쓰피]
arēna [어뤼나]	↔	ārea [애뤼어]
shōot [슈웉]	↔	suit [숱]
thought [똩/떹]	↔	though [도우]
abōard [어보오rd]	↔	abrōad [어브롿]
allōw [얼라우]		
bōat [보웉]	↔	bóught [밭/벝]

외래어

āmateur [애므춰]	vītamin [vǎi르민]
banāna [b내너]	rādio [뤠이디오]
sūper [쑤우뻐어r]	cōpy [카아뻬이~]
marathon [매러thon]	profile [프로우file]
sālmon [쌔믄]	buffet [뷔fēi]
café [카아fēi]	mobile [모우블] [모우바일]

유형별 연습하기

유형 1 관광 안내문 및 안내 방송

다양한 관광 안내문과 특정 지역을 소개하는 안내문, 공항 혹은 기내 방송문이 주로 출제됩니다. 대부분 정보를 전달하는 목적의 안내문으로 차분한 목소리로 또박또박 읽어줍니다. 지역 이름과 같은 고유 명사가 자주 등장하므로 준비 시간을 잘 활용하는 것이 중요합니다.

빈출 표현

시험에 자주 등장하는 아래의 표현을 MP3 음원을 활용하여 학습해 보세요.

MP3 1_빈출 표현 1

관광안내문

- ladies and gentlemen 신사 숙녀 여러분
- on behalf of ~를 대표하여, 대신하여
- a place where you can ~ 할 수 있는 장소
- relax 휴식을 취하다
- explore 탐험하다, 답사하다
- exhibit 전시
- head to ~로 향하다
- include 포함하다
- experience 경험하다
- take pictures 사진을 찍다

공항, 기내 방송

- attention 주목
- passenger 승객
- captain 기장
- flight attendant 승무원
- cabin crew 객실 승무원
- fasten your seat belt 안전벨트를 매다
- seatback 좌석 뒷부분
- tray table / folding tray
  (좌석 뒷부분에 붙어 있는) 접이식 쟁반 / 선반
- luggage 짐
- seat 좌석
- electronic device 전자 제품
- turn on / turn off 켜다 / 끄다
- aircraft 항공기
- leave / depart 떠나다
- departure 출발
- landing / arrival 도착
- take off 이륙하다
- gate 게이트
- during the flight 비행 중에
- on board 탑승한

상점 내 안내 방송

- attention 주목
- customers 고객들
- We will be closing. 마감할 예정입니다.
- cashier's desk 계산대
- offer 제공하다
- promotional events 홍보 행사
- buy 1 get 1 free 1+1
- discount 할인
- products 제품
- items 물품
- purchase 구매하다
- Thank you for visiting. 방문해 주셔서 감사합니다.

연습 문제

TOEIC Speaking　　　　　**Question 1 of 11**

Ladies and gentlemen, we are here at Golden Gate Bridge. It officially opened on May 27, 1937 and has been one of the most beloved bridges in the world. The bridge connects San Francisco to California's northern counties. Please take your time to walk along the bridge sidewalks and take pictures for the next hour. And then, we will be heading downtown for lunch.

RESPONSE TIME
00:00:45

답변 완성

Ladies and gentlemen, /↗ we are here at /↗ Golden Gate Bridge. ↘ // It officially
　　쉼표 뒤　　　　강조　　　전치사구 앞　　강조하며 또박 또박 읽기　　문장 끝　2음절 짧게 강세

opened /↗ on May 27, 1937 /↗ and has been one of the most beloved bridges ↗ in the
[o]→[오우]　숫자, 차분히 읽기　접속사 앞　　　연음하여 읽기　　[빌러빈]　전치사구 앞

world. ↘ // The bridge connects /↗ San Francisco ↗ to California's northern counties.
　문장 끝　　　　2음절 강세　　　　　　　　　　　　　　　　　　　　　[카운티즈]

↗ // Please take your time /↗ to walk along the bridge sidewalks /↗ and take pictures
　　　　　　　　　　　　to 동사 앞　　[ㄴ]묵음 접속사　　　　　　　　　　　앞 1음절 강세

/ for the next hour. ↘ // And then, /↗ we will be heading downtown / for lunch. ↘ //
전치사구 앞　　　　문장 끝　　　쉼표 뒤　　1음절 짧게 강세　　전치사구 앞　　문장 끝

해석 신사 숙녀 여러분, 저희는 지금 금문교에 도착했습니다. 1937년 5월 27일에 정식으로 개통되었고, 전 세계에서 가장 사랑받는 다리 중 하나입니다. 이 다리는 샌 프란시스코에서 캘리포니아의 북부 지역을 연결합니다. 지금부터 한 시간동안 다리 옆 보도를 걸으며 사진을 찍으세요. 그 다음, 점심 식사를 위해 시내로 향할 예정입니다.

유형 2 광고문

다양한 제품, 서비스, 행사 등에 관한 지문입니다. 목소리 톤은 평소보다 조금 더 설득력 있고 활기차게 읽어줍니다. 광고하고자 하는 상호명, 제품명이 등장하므로 준비 시간에 미리 연습해 둡니다.

빈출 표현

시험에 자주 등장하는 아래의 표현을 MP3 음원을 활용하여 학습해 보세요.

MP3 1_빈출 표현 2

광고문

- various 다양한
- a wide range of 다양한, 선택의 폭이 있는
- be on sale 세일 중이다
- definitely 확실히
- customers 고객들
- promotional events 홍보 행사
- offer 제공하다, 제안하다
- 20% off 20% 할인
- purchase 구매하다, 구매
- unforgettable 잊지 못할
- come and experience 와서 경험해보세요

- Are you looking for ~? ~을 찾고 계신가요?
- Visit us at ~ ~에 방문해 보세요
- Visit our website at www.____.com
  www.____.com에 방문해 주세요
- You can enjoy. 즐길 수 있습니다.
- I guarantee 보장합니다
- Hurry! 서두르세요!
- You will not be disappointed!
  실망하지 않으실 거예요!

 연습 문제

TOEIC Speaking   **Question 1 of 11**

If you are looking for a perfect camping spot for your family, you can visit us at New Forrest Park, located in the suburbs of Clinton City. You can enjoy various outdoor activities, including camping and treasure hunts. Your kids will have a lot of fun. So, come to the New Forrest Park for an unforgettable camping experience with your family.

RESPONSE TIME
00:00:45

 답변 완성

If you are looking for a perfect camping spot for your family, /↗ you can visit us (/) at
　　　　　　　모음 짧게　　1음절, 'p' 발음 주의　　　　　　　　쉼표 뒤　　발음 약하게
New Forrest Park, /↗ located in the suburbs of Clinton City. ↘ // You can enjoy various
　　　1음절　　　　　　2음절 강세　　　　1음절 강세　　　　　　　　　　발음 약하게　　1음절 강세
outdoor activities, /↗ including camping and treasure hunts. ↘ // Your kids will have
　　　2음절 강세　　쉼표 뒤　2음절 강세　　　　　　　　1음절 강세, 's'→'z'
a lot of fun. ↘ // So, come to the New Forrest Park /↗ for an unforgettable camping
　연음　　　문장 끝　　　　　　　　　　　　　　　　　　전치사구 앞　부정적인 의미의 접두사→강세
experience /↗ with your family. ↘ //
　2음절 강세　전치사구 앞

해석   당신의 가족을 위한 완벽한 캠핑 장소를 찾고 계신다면, 클린턴 시티 외곽에 위치한 뉴포레스트 공원에 방문해 보세요. 캠핑과 보물찾기를 포함한 다양한 야외 활동을 즐길 수 있습니다. 여러분의 자녀가 매우 즐거워할 것입니다. 가족과 함께 잊지 못할 캠핑 경험을 해보고 싶다면 뉴포레스트 공원으로 오세요.

유형 3 방송 대본

뉴스 프로그램, 토크쇼, 일기 예보, 직원 및 고객을 위한 안내 방송과 같이 다양한 방송 대본으로, 등장 인물과 프로그램을 소개하거나 정보를 전달하는 지문이 주로 출제됩니다. 정보를 전달하는 지문에서는 끊어 읽기에 유의하여 소리 내서 읽는 연습을 하는 것이 중요합니다.

빈출 표현

시험에 자주 등장하는 아래의 표현을 MP3 음원을 활용하여 학습해 보세요.

MP3 1_빈출 표현 3

라디오 (프로그램 / 교통)

- coming up next 다음으로는
- in the radio booth 라디오 부스에
- We will hear about ~ ~에 대해 들어보겠습니다
- We'll be right back after the ads. 광고 후에 돌아오겠습니다.
- for detailed information 상세한 정보를 위해서
- reporting to you live 생방송으로 보도합니다
- traffic report 교통 정보
- Stay tuned. 채널을 고정하세요.
- brought to you by ~ ~의 협찬으로 전달되는

일기 예보

- weather report 일기 예보
- temperature 온도
- 24°C (twenty four degrees Celsius) 섭씨 24도
- 50 °F (fifty degrees Fahrenheit) 화씨 50도
- We're expecting 예상합니다
- throughout the day 낮에는
- don't forget to ~을 잊지 마세요

TV 방송 대본

- Welcome to ~ ~에 오신 걸 환영합니다
- Today's show 오늘 방송에서는
- first half of the program 1부 방송에서는
- We will be talking about ~ ~에 대해 얘기할 것입니다
- We will discuss ~ ~을 의논할 것입니다
- We will be interviewing 인터뷰할 것입니다
- host 진행자
- On our next episode 다음 에피소드에서는
- demonstrate 시연하다
- I'm honored to introduce 소개하게 되어 영광입니다
- on national television 전국 방송에

 **연습 문제**

TOEIC Speaking   **Question 1 of 11**

Now, coming up next, I've got Michelle Evans in the studio to talk about her newly released album *The absolute*. She will tell us why this particular album is so special to her, and we will also hear about her world tour schedule this year. We'll be right back after the ads.

RESPONSE TIME
00:00:45

 답변 완성

Now, coming up next, /↗ I've got (/) Michelle Evans in the studio /↗ to talk about her
추임새: 끊어 읽기 필요X   쉼표 뒤   사람 이름 앞   1 음절 강세 to 부정사 앞
newly released album /↗ The absolute . ↘ // She will tell us why this particular album is
    2 음절 강세   부호 앞   1,3 음절 강세 문장 끝   2 음절 강세
so special to her, /↗ and we will also hear about her world tour schedule this year. ↘ //
의미상 강조 1 음절 강세 부호 뒤+접속사 앞   의미상 강조   1 음절 강세   문장 끝
We'll be right back (/↗) after the ads. ↘ //
               전치사구 앞   문장 끝

해석   자, 다음으로 스튜디오에 미쉘 에반씨를 모셔서, 그녀가 최근에 발매한 앨범, *디 앱솔루트*에 대해서 이야기를 나눠보도록 하겠습니다. 이 앨범이 그녀에게 왜 특별한지에 대해 이야기할 것이며 또한 올해 그녀의 월드 투어 일정에 대해서 들을 것입니다. 광고 후에 다시 돌아오겠습니다.

유형 4 소개문

행사가 진행되는 중에 말할 수 있는 환영사, 개회사, 축사와 같이 사람 혹은 일정을 소개하는 지문입니다.

빈출 표현

시험에 자주 등장하는 아래의 표현을 MP3 음원을 활용하여 학습해 보세요.

◀)) MP3 1_빈출 표현 4

소개문

- It is my pleasure to ~하게 되어 영광입니다
- I'm honored 영광입니다
- I'm thrilled to ~하게 되어 기쁩니다
- We have gathered 우리가 이 자리에 모였습니다
- We have prepared 준비했습니다
- We have invited 초대했습니다
- introduce 소개하다
- annual 매년의, 연례의
- event 행사
- banquet 연회
- fundraising 기금마련
- charity event 자선 행사
- auction 경매
- famous / renowned 유명한
- look forward to ~을 기대하다

 **연습 문제**

TOEIC Speaking　　　　　　　　**Question 1 of 11**

Tonight, we have gathered to honor the employees who are retiring this year. They will be ending their career at Best Global Corporation. However, their dedication and contribution will be remembered and honored for a long time. Thanks to their hard work over the years, our business could grow to be one of the most successful businesses in the country.

RESPONSE TIME
00:00:45

 답변 완성

Tonight, /⌒ we have gathered to honor the employees /⌒ who are retiring this year. ↘ //
2음절 강세 쉼표 뒤　　　　1음절 강세　　'h' 묵음　　3음절 강세　　　2음절 강세　　　문장 끝

They will be ending their career /⌒ at Best Global Corporation. ↘ // However, /⌒ their
　　　　　　'e'모음 짧게　2음절 강세 전치사구 앞　1음절 강세　1음절 강세　문장 끝　의미상 강조 쉼표 뒤

dedication and contribution /⌒ will be remembered and honored / for a long time. ↘ //
1,3음절 강세　　1,3음절 강세　긴 주어 뒤　　　2음절 강세　　1음절, 'h' 묵음　전치사구 앞　　　문장 끝

Thanks to their hard work over the years, /⌒ our business could grow to be one of the
　　　　　　　　　　　　　　　　　　　　　쉼표 뒤　　1음절 강세　　　　　　　의미상 연음, 강조

most successful businesses in the country. ↘ //
1음절 강세　2음절 강세　1음절 강세

해석 오늘 밤, 저희는 올해 퇴직을 앞둔 직원들을 축하하기 위해 이 자리에 모였습니다. 비록 베스트 글로벌 코퍼레이션에서 은퇴를 하지만 그들의 헌신과 기여는 오랜 시간 동안 기억될 것입니다. 여러 해에 걸친 그들의 노고 덕분에 자사는 국내에서 가장 성공적인 기업 중 하나로 성장할 수 있었습니다.

유형 5 전화 자동 응답 메시지

영업 시간 종료 등으로 인해 상대방이 전화를 받지 못했을 때 나오는 자동 응답 메시지입니다. 대부분의 지문은 Thank you for calling ~ 혹은 You've reached ~ 로 시작하여 상호명 혹은 사람 이름이 뒤이어 옵니다. 고유명사와 숫자, 내선 번호가 나오면 끊어 읽기와 함께 억양에 주의합니다.

빈출 표현

시험에 자주 등장하는 아래의 표현을 MP3 음원을 활용하여 학습해 보세요.

◀) MP3 1_빈출 표현 5

전화 자동 응답 메시지

- unavailable 불가능한
- at the moment 지금
- customer service center 고객 서비스 센터
- corporate 기업
- information 정보
- general inquiries 일반적인 질문들
- associates 직원들
- representative 담당자
- otherwise 그게 아니라면
- extension 내선 번호
- after the tone 삐 소리 후
- four digits 4 자리 수
- as soon as possible 가능한 빨리
- press the pound key # 버튼을 누르세요
- Thank you for calling 전화주셔서 감사합니다
- You have reached~ ~입니다
- Stay on the line. 끊지 말고 기다려 주세요.
- Remain on the line. 끊지 말고 기다려 주세요.
- leave a message 메시지를 남기세요
- return your call 회신하다

K-tip

자동 응답 메시지는 주로 정형화된 구성의 지문이 출제되므로, 평소 약간의 연습을 통해서도 매우 자신감 있게 읽어 나갈 수 있는 지문 유형입니다. 보통 상호명에 유의하여 발음해주며, ~을 원하는 경우 다이얼의 몇 번을 눌러달라는 If you ~ / To ~ / For ~, press 1 / 2 / 3. 의 문장 구조가 늘 등장합니다. 각 번호 부분에 강조를 두어 읽고 문장의 끝은 확실하게 내려줍니다.

 **연습 문제**

TOEIC Speaking   **Question 1 of 11**

Thank you for calling the Creston Electronics Store customer service center. For information on the products, press one. For order tracking, press two. For questions on delivery, please press three. Otherwise, to speak with one of our representatives, please stay on the line.

RESPONSE TIME
00:00:45

 **답변 완성**

MP3 1_10

Thank you for calling / ∪ the Creston Electronics Store customer service center. ↘ // For
                상호명 앞   3음절 강세   1음절 강세 1음절 강세   문장 끝
information on the products, / ∪ press one. ↘ // For order tracking, / ∪ press two. ↘ //
1,3음절 강세(3음절 강하게) 1음절 강세 쉼표 뒤 의미상 강조 문장 끝   쉼표 뒤   강조 문장 끝
For questions on delivery, / ∪ please press three. ↘ // Otherwise, to speak with one of
    1음절 강세   2음절 강세 쉼표 뒤   'th'발음 주의, 강조   의미상 강조   연음
our representatives, / ∪ please stay on the line. ↘ //
   1,3음절 강세   쉼표 뒤   연음

해석   크레스톤 일렉트로닉스 매장 고객 서비스 센터에 전화해 주셔서 감사합니다. 제품 정보 문의는 1번, 주문 배송 추적은 2번을 눌러 주세요. 배송 관련 문의는 3번을 눌러 주세요. 담당자와 상담을 원하시면 전화를 끊지 말고 기다려 주시기 바랍니다.

실전 연습하기

다음의 지문을 45초의 준비 시간과 45초의 답변 시간을 지켜 읽어보세요.

MP3 1_실전 연습 1

1

TOEIC Speaking   Question 1 of 11

Hello, everyone. My name is Kerry. On behalf of One Joy Tours, I'd like to welcome you to Los Cabos, San Jose, a beautiful city where you can relax, sit by the beach, and enjoy the great view. After sunset, you can also enjoy a peaceful moonlit walk along the water. So, be excited to have a wonderful and relaxing vacation here in San Jose.

PREPARATION TIME 00:00:45   RESPONSE TIME 00:00:45

MP3 1_실전 연습 2

2

TOEIC Speaking   Question 1 of 11

Ladies and gentlemen, the captain has turned on the Fasten Seat Belt sign. If you haven't already done so, please stow your carry-on luggage under the seat in front of you or in the overhead bin. Please take your seat and fasten your seatbelt. Also, make sure your seatback and folding trays are in their upright position.

PREPARATION TIME 00:00:45   RESPONSE TIME 00:00:45

3

TOEIC Speaking Question 1 of 11

Good morning, Wild Oats Market customers! So that we can prepare for our big promotional event tomorrow, our store will be closing a little earlier than usual today. We apologize for any inconvenience. But we are sure you will be excited tomorrow. We will be offering 30% off on all items available in the store. Plus, we will also offer a free delivery service for any purchase of $100 or more.

PREPARATION TIME 00:00:45   RESPONSE TIME 00:00:45

4

TOEIC Speaking Question 1 of 11

How long have you been using your current computer? Isn't it about time to get a new one? If so, visit our website at Acetechstore.com. All you need is a checking account and your current phone number, and I guarantee you'll qualify for a brand new computer for less than five dollars a day. Hurry! We only have a limited amount in stock!

PREPARATION TIME 00:00:45   RESPONSE TIME 00:00:45

답변 확인하기

1_11   1_12   1_13   1_14

5

TOEIC Speaking   Question 1 of 11

Today on "The Vocalists", I'm very honored and happy to introduce you to the incredible final top 10 contestants. Tonight, here at Staples Center, they will be performing live on stage in front of thousands of people. Each contestant has teamed up with one of the best producers in the music industry. And they are very excited to finally meet you on stage.

PREPARATION TIME 00:00:45   RESPONSE TIME 00:00:45

6

TOEIC Speaking   Question 1 of 11

This is KBC, and I'm Jenna Wilson with the weather. Right now, the temperature is a comfortable fifteen degrees Celsius and it is clear. We're expecting blue skies throughout the day. However, there is a thirty percent chance of showers at night, so don't forget to bring your umbrella when you go out. Now, stay tuned for the local news.

PREPARATION TIME 00:00:45   RESPONSE TIME 00:00:45

7

TOEIC Speaking   Question 1 of 11

Ladies and gentlemen, I am thrilled to introduce you to Tamira Burch, a world renowned celebrity designer. She is here today to provide her fans with great fashion tips. Also, we will take a peek at her new clothing line for the coming fall season. Please join me in warmly welcoming our guest, Tamira Burch.

PREPARATION TIME 00:00:45   RESPONSE TIME 00:00:45

 답변 확인하기   1_15   1_16   1_17   해설서 p.8

8

TOEIC Speaking — Question 1 of 11

Thank you and welcome to the Bredford Community Center's annual banquet. As you know, every year, we gather at the community center to raise money for local nursing homes. For this year's events, we have prepared a few different fundraising events, such as concerts and auctions. And with the money we raise, we will be able to provide a better living environment in the nursing home.

PREPARATION TIME 00:00:45   RESPONSE TIME 00:00:45

9

TOEIC Speaking — Question 1 of 11

You have reached Serco Technology. All our sales representatives are busy and cannot help you right now, but we would like to return your call as soon as possible. For current information, please visit our website. Otherwise, please leave a message with your name and number, and we will get back to you as soon as our representatives are available.

PREPARATION TIME 00:00:45   RESPONSE TIME 00:00:45

10

TOEIC Speaking — Question 1 of 11

Thank you for calling Ace Corporate. If you know your party's extension, please enter it now, or you can press one to dial-by-name. And for sales, please press two. If you would like to speak to one of our customer service representatives, please press three.

PREPARATION TIME 00:00:45   RESPONSE TIME 00:00:45

QUESTIONS 3-4

사진 묘사하기
DESCRIBE A PICTURE

STEP 1 | STEP 2 | STEP 3 | STEP 4

Q 1-2	지문 읽기
Q 3-4	**사진 묘사하기**
Q 5-7	듣고 질문에 답하기
Q 8-10	제공된 정보를 사용하여 질문에 답하기
Q 11	의견 제시하기
ACTUAL TEST	실전 모의고사

유형 파악하기

기본 정보

번호	시간	득점 포인트	질문 유형
Q 3, 4	준비 시간: 45초 답변 시간: 30초	정확한 문법 적절한 어휘 선택 사진과의 연관성 시간 내 충분히 말하기	인물 묘사 사물/배경 묘사

시험 진행

TOEIC Speaking

Question 3-4: Describe a picture

Directions : In this part of the test, you will describe the picture on your screen in as much detail as you can. You will have 45 seconds to prepare your response. Then you will have 30 seconds to speak about the picture.

안내문
Q 3-4 시험 진행 방식을 설명하는 안내문을 화면에 보여준 뒤 이를 음성으로 들려줍니다.

준비 시간
"Begin preparing now."라는 음성과 함께 45초의 준비 시간이 주어집니다.

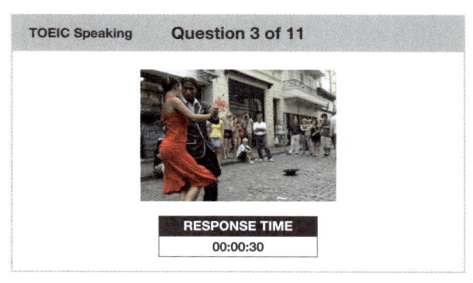

답변 시간
"Begin speaking now."라는 음성과 함께 사진을 묘사할 30초의 답변 시간이 주어집니다.

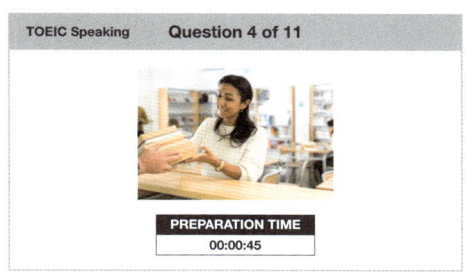

준비 시간
"Begin preparing now."라는 음성과 함께 45초의 준비 시간이 주어집니다.

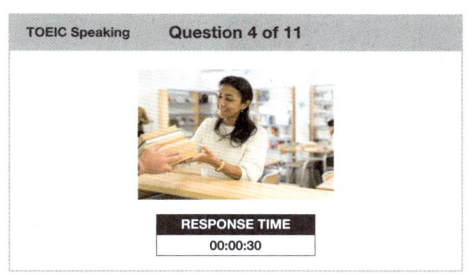

답변 시간
"Begin speaking now." 라는 음성과 함께 30초의 답변 시간이 주어집니다.

ETS 채점 정보

점수	내용
0점	답변이 없거나 답변이 주제와 전혀 관련 없음
1점	답변이 사진과 관련이 있을 수 있지만 전달하는 내용이 매우 제한적임 • 답변이 중단되는 시간이 길고 자주 멈칫하여 이해하는 데 상당한 노력이 요구됨 • 선택한 어휘가 의미를 방해하며 단어 선택이 매우 반복적임
2점	답변이 사진과 관련은 있지만 중요한 내용을 빠트리거나 중요하지 않은 세부 사항을 장황하게 설명함 • 전반적으로 순조롭게 답변하지만, 이해하는 데 약간의 노력이 요구됨 • 어휘가 제한적이거나 때때로 부정확함 • 사용된 구문이 제한적이며 전반적인 내용 이해를 방해함
3점	답변이 사진과 관련이 있으며 적절한 세부 사항을 포함함 • 대부분의 답변이 순조롭고 일관되며, 이해하는 데 어려움이 거의 없음 • 어휘가 정확하며 사진과 관련이 있음

출제 유형

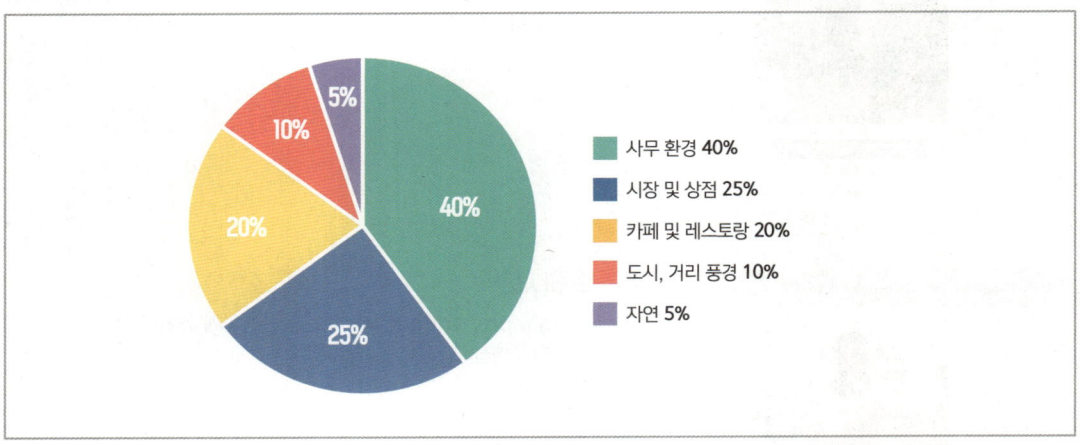

1 사무 환경

한 두명의 사람이 업무를 하거나 의논하거나
회의를 진행하는 사진

2 상점

식료품점, 슈퍼마켓, 야외 시장 등을 배경으로
쇼핑을 하거나 계산하는 사진

3 카페 및 레스토랑

손님이 메뉴를 살펴보거나 주문하는 사진,
종업원이 주문을 받거나 서빙하는 사진

4 도시, 거리 풍경

횡단보도, 인도, 버스 정류장 등을 배경으로 사람들이
서있거나 걸어가는 사진

5 자연

호수나 강을 끼고 있는 공원이나 공원 벤치에서 사람들이
이야기를 나누는 사진, 걷거나 조깅하는 사진

KATE 쌤의
Q 3-4 고득점 꿀팁

1 준비 시간에 사진 묘사 순서를 정하자
- ✓ 준비 시간 초반 5초 동안 사진 묘사 순서를 정해야 답변 시간 30초를 잘 활용할 수 있다.

2 장소별 / 테마별로 어휘를 암기하자
- ✓ 장소별 어휘와 표현을 인물, 사물, 배경별로 암기한다. 어떤 사진이 출제되더라도 당황하지 않고 암기한 표현을 사용할 수 있다.

3 알고 있는 표현을 잘 활용하자
- ✓ 어렵고 긴 문장을 만들 필요는 없다. 잘 알고 있는 표현을 유창하게 말하는 것이 중요하다.
- ✓ 사진 속 상황에 맞는 주요 요소만 표현해주면 된다. 예를 들어 '와인을 따르고 있다'라는 표현이 떠오르지 않는다면 '와인병을 들고 있다'라고 표현해도 충분하다.

4 전달력 있게 말하자
- ✓ 표현이 귀에 쏙쏙 들리게 또박또박 말하는 것이 중요하다.
- ✓ 서술형 문항에서는 발음이 중요하다. 하지만 채점관이 원어민에 가까운 발음을 기대하는 것은 아니니 걱정하지 말자. 발음의 유창성보다 상대방이 듣고 이해할 수 있도록 정확하게 말하는 것이 중요하다.

5 표현의 반복을 피하자
- ✓ 동일한 표현을 여러 번 반복하면 감점의 요소가 될 수 있다. 예를 들어 is wearing 이라는 표현을 반복적으로 사용한다면 채점관은 수험자의 표현 능력이 매우 제한적이라고 판단하니 유의하자.

STEP 1  STEP 2 STEP 3 STEP 4

전략 익히기

전략1 준비 시간 45초 활용하기

1 구도 잡고 순서 정하기

다양한 사진이 출제될 수 있으므로, 안정적인 묘사를 위해서는 사진 묘사의 구도와 순서를 미리 정해야 합니다. 채점자가 사진을 보지 않은 상태에서도 쉽게 상상할 수 있도록 차분히 설명합니다. 사진에서 가장 눈에 띄는 대상을 중심 대상으로 하여 주요 특징들을 먼저 묘사합니다. 이후, 주변 대상을 묘사할 때에는 특징적인 인물이나 사물을 언급해 줍니다.

기본 묘사 순서

2 어휘 브레인스토밍

인물 묘사에만 치우치지 않고 사물과 배경까지 다양하게 묘사하면 표현이나 문장 구조의 반복을 피할 수 있습니다. 내용의 반복은 고득점 취득에 방해 요인이 됩니다. 브레인스토밍을 통해 어휘를 정리해보세요.

장소	A park 공원
중심 대상 (인물)	A man 남자 한 명 - wearing casual clothes and blue gloves 캐주얼한 옷을 입고 파란 장갑을 낀 - sitting on the bench 벤치에 앉아 있는 - painting the beautiful scenery 아름다운 풍경을 그리고 있는 - next to him, painting tools 그의 옆에, 그림 도구들
주변 대상 (인물+사물)	Three people 세 명의 사람들 - standing at a fence 펜스에 서 있는 - looking at the lake 호수를 바라보고 있는 - enjoying the view of the lake 호수의 풍경을 즐기고 있는 On the lake 호수에 - some boats 몇몇 배들
배경 / 느낌	- bushes and trees 관목들과 나무들 - The weather seems nice. 날씨가 좋아 보임

전략2 만능 답변 템플릿 익히기

1 장소 / 이벤트

> This is a picture of 장소 / 이벤트.   이것은 장소 / 이벤트의 사진입니다.
>
> This is a picture taken + in / at / on + 장소 / 이벤트.   이것은 장소 / 이벤트에서 찍힌 사진입니다.

2 중심 대상(인물)

▶ 구도를 잡아 중심 대상 묘사하기

In the front (of the picture), there is(are) _____.
In the middle (of the picture), there is(are) _____.   ⎫ there is(are) / I see 대상.
On the left / right (of the picture), I see _____.

▶ 인물 외모 묘사하기

의상   wearing 의상 / in 의상
         예) wearing a suit / in a dress / …

머리   has(have) _____ hair
         예) has long brown hair / has blond hair / has a beard

▶ 인물 동작 및 표정 묘사하기

동작   주어 is(are) + 동사 -ing. (현재 진행 시제 사용)

예문 **The man is standing near the tree.** 남자가 나무 주변에 서 있습니다.
       They are holding their phones. 그들은 휴대폰을 들고 있습니다.

표정   주어 look(s) / seem(s) 형용사.

예문 **They look excited.** 그들은 신나 보입니다.
       She looks tired. 그녀는 피곤해 보입니다.

▶ 지목해서 인물 묘사하기

~하고 있는 사람   사람 (who is) 동사-ing

예문 **The man wearing a hat is standing near the tree.**
       모자를 쓴 남자가 나무 가까이에 서있습니다.
       The girl wearing glasses is raising her hand.
       안경을 쓴 소녀가 그녀의 손을 들고 있습니다.

~에 있는 사람   사람 on/in/at 위치

예문 **The man on the left is the manager.** 왼쪽에 있는 남자는 매니저입니다.

3 주변 대상

▶ 위치 전치사들 활용

Next to ~,
Behind ~,   there is(are) / I see 대상.
Between ~,

예문 **Next to the woman, I see windows.** 여자 옆에, 창문이 보입니다.
Behind the man, there is a table. 남자 뒤에, 탁자가 있습니다.
Between the buildings, I see a tree. 빌딩들 사이에, 나무가 보입니다.

▶ 사물의 구체적인 묘사

크기, 색, 모양, 구성 묘사 가능

예문 **It is big and round. / They have buttons. / It has a screen.**
크고 동그랗습니다. / 버튼이 있습니다. / 화면이 있습니다.

4 배경 / 느낌

▶ 배경

In the background, ~

예문 **In the background, I see a lot of buildings and signs.**
배경에는, 많은 빌딩들과 표지판이 보입니다.

In the distance, ~

예문 **In the distance, I see a pond.** 먼 곳에, 연못이 보입니다.
In the distance, some people are riding bicycles.
먼 곳에, 몇몇의 사람들이 자전거를 타고 있습니다.

▶ 느낌/추측

It seems like 주어 + 동사.

예문 **It seems like they are having a party.** 그들은 파티를 하는 것처럼 보입니다.
It seems like she is the mother. 그녀는 엄마로 보입니다.

I think 주어 + 동사

예문 **I think they are a family.** 제 생각에 그들은 가족인 것 같습니다.

전략3 답변 완성하기

1 답변 연습
앞서 익힌 만능 답변 템플릿을 적용하여 답변을 완성합니다.

장소	This is a picture of	공원 .
	This is a picture taken	공원에서 .
중심 대상 (인물)	On the right (side of the picture), there is	캐쥬얼한 옷을 입은 .
	He is 벤치에 앉아 있는 and	호수를 그리는 중인 .
	Next to him, I see	붓과 같은 몇몇 그림 도구들 .
주변 대상 (인물+사물)	On the left, there are	세 사람 .
	They are	펜스 앞에 서서 호수를 바라보는 중인 .
배경/느낌	Around the lake, I see	나무와 관목들 .
	And the weather	좋아 보임 .
	It seems	공원이 아주 평화로운 .

2 답변 완성

장소	This is a picture of a park. This is a picture taken in a park.
중심 대상 (인물)	On the right (side of the picture), there is a man wearing casual clothes. He is sitting on the bench and painting the lake on the canvas. Next to him, I see some painting tools like brushes.
주변 대상 (인물+사물)	On the left, there are three people. They are standing at a fence, looking at the lake.
배경/느낌	Around the lake, I see some bushes and trees. And the weather seems very nice.

K-tip

Q 3-4 난해한 사진이 등장했을 때 대처법

특정 물건의 이름을 모를 경우

집합 명사나 조금 더 넓은 범위를 가진 포괄적인/일반적인 어휘를 사용할 것

예시 중장비, 기기류 ▶ equipment, machines, devices
도구 ▶ tools (gardening tools, cooking utensils, lab equipment, …)
가구류 ▶ furniture
교통수단류 ▶ some kind of vehicle

유형별 연습하기

유형 1 사무 환경 (실내)

빈출 표현

시험에 자주 등장하는 아래의 표현을 MP3 음원을 활용하여 학습해 보세요.

◁)) MP3 2_빈출 표현 1

동작 묘사

- sitting / standing at the table 테이블에 앉아 있는 / 서 있는
- leaning on the table 테이블에 기대고 있는
- looking at the computer screen 컴퓨터 화면을 쳐다보고 있는
- typing something (on the computer) 타이핑 중인
- reading some documents 문서를 읽고 있는
- talking on the phone 통화 중인
- discussing something 무언가를 의논 중인

- explaining something 무언가를 설명 중인
- working together 함께 일하는 중인
- having a meeting 회의를 하고 있는
- sitting around the table 테이블에 둘러앉아 있는
- giving a presentation 발표를 하고 있는
- paying attention to the presentation 발표에 주목하고 있는 `고득점 표현`
- pointing at ~ ~을 가리키고 있는
- making copies 복사를 하고 있는 `고득점 표현`

사물 묘사

- I see files and binders on the bookshelves. 책장에 파일들과 바인더들이 보인다.
- There are many desks and chairs in the office. 사무실에는 책상들과 의자들이 많이 있다.
- There are some file cabinets in the office. 사무실에는 문서 보관함들이 있다.

- The desk lamps are on. 스탠드가 켜져 있다.
- Some books are stacked up on the desks. 책 몇 권이 책상 위에 쌓여있다.
- I see some partition walls in between the desks. 책상들 사이사이에 칸막이 벽이 보인다. `고득점 표현`

분위기 묘사

- People are working very hard. 사람들이 매우 열심히 일하고 있다.
- They look (quite) busy. 그들은 꽤 바빠 보인다.
- They seem to be businessmen. 그들은 회사원 같다.

 **연습 문제**

구도 및 순서 잡기

❶ 사무실 > ❷ 왼쪽, 두 명 > ❸ 뒤쪽, 두 명 > ❹ 배경 / 느낌

어휘 브레인스토밍

장소	- an office 사무실
중심 대상 (인물)	- wearing suits 정장을 입고 있는 - standing at the table 테이블에 서 있는 - holding (a piece of) paper, reading it 문서를 들고, 그것을 보고 있는 - **discussing something** 무언가를 의논 중인 고득점 표현
주변 대상 (인물+사물)	- looking at the computer screen 컴퓨터 화면을 보고 있는 - sitting at the table 테이블에 앉아 있는 - leaning on the table 테이블에 기대어 있는
배경/느낌	- documents on the table 테이블 위의 문서들 - background, binders on the shelves 배경, 책장 위에 바인더들

답변 완성

어휘 브레인스토밍을 활용해 IH - AL 등급 답변을 완성해보세요.

장소	This is a picture of [사무실].
중심 대상	[왼쪽에], there are two people [정장을 입은]. They are both [테이블에 서 있는]. And it seems like they're [무언가를 의논 중인]. One of them is [문서를 들고 있는], and looking at it.
주변 대상	[뒤에], I see two people looking at the computer screen.
배경/느낌	Also, I see some [문서들] on the table, and binders on the shelves.

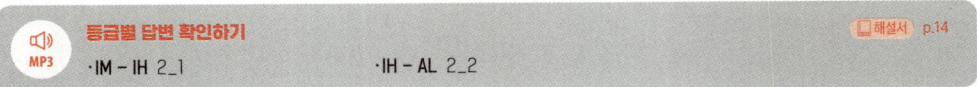

유형 2 상점

빈출 표현

시험에 자주 등장하는 아래의 표현을 MP3 음원을 활용하여 학습해 보세요.

🔊 MP3 2_빈출 표현 2

동작묘사

- shopping for ~ ~을 쇼핑하고 있는
- looking into the display window 진열창 안을 들여다보는 중인 **고득점 표현**
- standing in front of the racks / shelves 거치대 / 선반 앞에 서 있는
- holding the items 물건을 들고 있는
- looking at some items 몇몇 물건을 보고 있는
- choosing an item 물건을 고르는 중인
- looking around 둘러보고 있는
- reaching for an item on the top shelf 위쪽 선반의 물건에 닿으려고 팔을 뻗은 **고득점 표현**
- checking the price tag 가격표를 확인하고 있는
- pushing a cart 카트를 밀고 있는
- holding a basket 바구니를 들고 있는

- putting something in the basket 바구니에 무언가를 넣고 있는
- carrying bags 가방을 들고 있는
- waiting in line at the counter 계산대에서 줄을 서서 기다리고 있는
- paying with a credit card 신용카드로 결제하고 있는
- taking money out of the wallet 지갑에서 돈을 꺼내고 있는 **고득점 표현**
- helping the customers 고객을 돕고 있는
- arranging the products on the shelves 선반의 물건을 정리하고 있는 **고득점 표현**
- pointing at some items 물건을 가리키고 있는
- wearing an apron 앞치마를 입은

사물묘사

- Many items are displayed on the shelves. 선반에 많은 물건들이 진열되어 있다.
- Various kinds of items are displayed on the racks. 다양한 종류의 제품들이 선반에 진열되어 있다.
- Some boxes are stacked up on the shelves. 몇몇의 박스들이 선반 위에 쌓여있다.

- They are sorted by kinds. 종류별로 분류되어 있다. **고득점 표현**
- I see signs here and there. 여기저기에 표지판이 있다.
- The products are neatly arranged. 물건이 깔끔하게 정리되어 있다.

분위기 묘사

- The store seems quite busy. 가게가 꽤 바빠 보인다.
- It is very crowded with people. 사람들로 매우 붐빈다.
- The staff / clerk seems very friendly. 직원이 매우 상냥해 보인다.

연습 문제 1

구도 및 순서 잡기

❶ 식료품 가게/상점 > **❷** 꼬마 한 명 > **❸** 왼쪽, 남자 한 명 오른쪽, 선반 > **❹** 배경/느낌

어휘 브레인스토밍

장소	- a (grocery) store (식료품) 가게
중심 대상	- in a blue sweater 파란 스웨터를 입고 있는 - standing near the shelves 선반 근처에 서 있는 - holding broccoli(in her hands) 브로콜리를 손에 들고 있는
주변 대상	- looking at the man 남자를 쳐다보고 있는 - crouching in front of her 그녀 앞에 쭈그리고 있는 - holding a shopping basket and smiling at her 쇼핑 바구니를 들고 그녀를 향해 웃고 있는
배경/느낌	- right, lots of vegetables, piled up 오른쪽, 많은 채소들, 쌓여 있는 - carrots, onions, potatoes, and more 당근, 양파, 감자 그리고 더 많은 - They are very neatly arranged. 깔끔하게 진열되어 있다.

답변 완성

어휘 브레인스토밍을 활용해 IH-AL 등급 답변을 완성해보세요.

장소	This is a picture taken [식료품 가게에서].
중심 대상	[가운데에] of the picture, there is [파란 스웨터를 입은 여자아이]. She is [선반 근처에 서 있는], holding broccoli (in her hands).
주변 대상	She is looking at the man (who is) [그녀 앞에 쭈그리고 있는 남자]. [제 생각에는] he is her father. He is [들고 있는] a shopping basket, and smiling at her.
배경/느낌	[오른쪽에], lots of vegetables are [선반 위에 쌓여 있는]. I see carrots, onions, potatoes, [그리고 더 많이]. They are very [깔끔하게 정리된].

연습 문제 2

구도 및 순서 잡기

❶ 상점 > ❷ 왼쪽, 여자 > ❸ 오른쪽, 여자 > ❹ 배경(물건들)

어휘 브레인스토밍

장소	- a store 상점
중심 대상 (인물)	- left, a woman, in casual clothes 왼쪽, 한 여자, 캐주얼한 옷을 입은 - the staff member 직원 - standing behind the counter, scanning an item 카운터 뒤에 서 있는, 물건을 스캔 중인
주변 대상 (인물)	- right, a woman, wearing a pink shirt 오른쪽, 한 여자, 핑크색 셔츠를 입은 - take something out of the basket 〔고득점 표현〕 바구니에서 무언가를 꺼내기 위해 몸을 숙이고 있는 - must be the customer 손님인 것 같음
배경/느낌	- back, a lot of products, displayed on the shelves 뒤에, 많은 상품들, 선반에 진열되어 있는

답변 완성

어휘 브레인스토밍을 활용해 IH-AL 등급 답변을 완성해보세요.

장소	This is a picture ⬚상점에서 찍힌⬚ .
중심 대상	⬚왼쪽에⬚ of the picture, there is a woman ⬚캐쥬얼한 옷을 입은⬚ . And I think she is ⬚직원⬚ . She is ⬚카운터 뒤에 서 있는⬚ . And she is ⬚물건을 스캔 중인⬚ with a device. ⬚옆에⬚ her, I see a small screen and ⬚몇 개의 장비들⬚ .
주변 대상	⬚오른쪽에⬚ , there is a woman ⬚핑크색 셔츠를 입은⬚ . She is ⬚구부리고 있는⬚ to take something out of the basket. She must be ⬚손님⬚ .
배경/느낌	In the back, a lot of products are ⬚선반에 진열되어 있는⬚ .

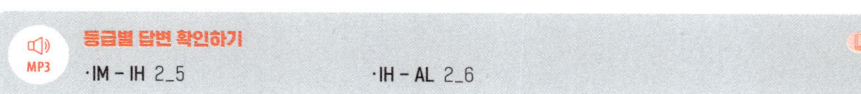

유형 3 카페, 레스토랑

빈출 표현

시험에 자주 등장하는 아래의 표현을 MP3 음원을 활용하여 학습해 보세요.

🔊 MP3 2_빈출 표현 3

동작 묘사

- sitting at the table 테이블에 앉아 있는
- sitting around the table 테이블에 둘러앉아 있는
- looking at the menu 메뉴를 보고 있는
- ordering food / ordering some dishes
  음식을 주문 중인
- drinking coffee / drinking some beverage
  커피를 마시고 있는 / 음료를 마시고 있는 `고득점 표현`
- eating something 무언가를 먹고 있는
- having a meal 식사를 하고 있는
- holding wine glasses 와인 잔을 들고 있는
- waiting in line 줄을 서서 기다리는
- paying with the credit card
  신용카드로 결제하고 있는
- handing over his credit card
  그의 신용카드를 건네고 있는 `고득점 표현`

- standing at the table 테이블에 서 있는
- standing behind the counter 계산대 뒤에 서 있는
- using a cash register `고득점 표현`
  금전 등록기를 사용 중인
- taking order 주문을 받고 있는
- wearing a uniform 유니폼을 입고 있는
- wearing an apron 앞치마를 입고 있는
- holding a tray 쟁반을 들고 있는
- cleaning the table 테이블을 치우고 있는
- serving dishes (to the customers)
  (손님에게) 음식을 서빙하고 있는
- pouring water into a glass
  유리잔에 물을 붓고 있는 `고득점 표현`

배경 묘사

- I see a lot of tables and chairs. 테이블과 의자가 많이 보인다.
- The tables are covered with white tablecloths. 테이블들이 흰 식탁보로 덮여 있다. `고득점 표현`
- Some napkins and cups are set up on the tables. 테이블 위에 냅킨과 컵 몇 개가 있다.

분위기 묘사

- The restaurant seems quite busy. 레스토랑이 꽤 바빠 보인다.
- It is very crowded with people. 사람들로 매우 붐빈다.
- It seems like they are having a business lunch / dinner. 업무상 점심 / 저녁을 하는 것 같아 보인다.
- The food looks delicious. 음식이 맛있어 보인다.
- The waiter seems very friendly. 종업원이 매우 상냥해 보인다.

연습 문제 1

구도 및 순서 잡기

| ❶ 레스토랑 | ❷ 앞쪽, 세 명 | ❸ 뒤쪽, 여자 한 명 | ❹ 배경 / 느낌 |

어휘 브레인스토밍

장소	- a restaurant 레스토랑
중심 대상 (인물)	- front, three people, 앞, 세 명의 사람들, 격식 있는 옷을 입고 있는 - sitting at the table 테이블에 앉아 있는 - having a meal together 식사 중인, 함께 식사중인
주변 대상 (인물+사물)	- back, a woman 뒤, 여자 한 명 - in a uniform 유니폼을 입고 있는 - standing at the table 테이블에 서 있는 - serving dishes 음식을 서빙하고 있는 - the waitress 여자 종업원
배경/느낌	- in front of her, two men 그녀 앞에, 두 명의 남자들 - wearing suits / in suits 정장을 입고 있는 - facing each other smiling 서로를 마주보고 있는, 웃고 있는 - Near them, brown curtains 그들 근처에, 갈색 커튼

답변 완성

어휘 브레인스토밍을 활용해 IH - AL 등급 답변을 완성해보세요.

장소	This is a picture of [레스토랑].
중심 대상 (인물)	[앞쪽에], there are three people. They are [식탁에 앉은], and [식사 중인] together.
주변 대상 (인물+사물)	In the back, there is a woman [유니폼을 입은]. She is standing at the table, [음식을 서빙하는]. So, she must be the waitress.
느낌	[그녀 앞쪽에], there are two men [정장을 입은]. They are [서로를 마주보고 있는], and one of them is smiling. [그들 근처에], there are some brown curtains.

등급별 답변 확인하기
· IM – IH 2_7   · IH – AL 2_8

해설서 p.19

연습 문제 2

구도 및 순서 잡기

| ❶ 카페 | ❷ 왼쪽, 남자 | ❸ 남자 앞, 여자 | ❹ 배경 / 느낌 |

어휘 브레인스토밍

장소	- a café 카페
중심 대상	- left, a man, in casual clothes 왼쪽, 남자, 캐주얼한 옷을 입은 - standing at the counter, getting his coffee 카운터에 서 있는, 커피를 받고 있는 - must be a customer 손님인 것 같음
주변 대상	- In front of him, a woman with long hair 그 남자 앞에, 긴 머리를 가진 여자 - handing coffee over to the man 남자한테 커피를 건네고 있는 - smiling 웃고 있는
배경/느낌	- back, doors and lots of bottles on the shelves 뒤에, 문들 그리고 선반 위에 많은 병들 - stairs 계단

답변 완성

어휘 브레인스토밍을 활용해 IH-AL 등급 답변을 완성해보세요.

장소	This is a picture of 카페 .
중심 대상	On the left, there is a man 캐쥬얼한 옷을 입은 . He is 카운터에 서 있는 , getting his coffee. So he 손님일 것입니다 .
주변 대상	In front of him, there is a woman 긴 머리를 가진 . She is 커피를 건네고 있는 to the man. And she's smiling.
배경/느낌	뒤쪽에 , I see doors, and 선반 위의 많은 병들 . Also, there are stairs.

유형 4 도시, 거리 풍경

빈출 표현

시험에 자주 등장하는 아래의 표현을 MP3 음원을 활용하여 학습해 보세요.

🔊 MP3 2_빈출 표현 4

동작묘사

- sitting on a bench 벤치에 앉아 있는
- leaning on a bench 벤치에 기대고 있는
- walking along the path 길을 따라 걷고 있는
- taking a walk in the park
  공원에서 산책을 하고 있는 〔고득점 표현〕
- jogging / running 조깅을 하고 있는 / 뛰고 있는
- taking pictures 사진을 찍고 있는

- getting some rest 휴식을 취하고 있는
- sitting around the fountain
  분수대 주변에 둘러앉아 있는
- fishing on a dock 부두에서 낚시를 하고 있는
- having a party 파티를 하고 있는
- having a picnic 소풍 중인
- having a great time 즐거운 시간을 보내고 있는

사물묘사

- The road is under construction. 도로가 공사 중이다.
- There are many trees and street lamps along the street. 길을 따라 나무와 가로등이 많이 있다.
- I see traffic signs here and there. 여기저기에 교통 표지판들이 보인다.
- The traffic is quite heavy on the road. 길에 교통이 꽤 혼잡하다.
- Some cars are parked along the street. 차 몇 대가 길을 따라 주차되어 있다.
- It is crowded with people. 사람들로 붐빈다.

분위기묘사

- The weather seems very nice. 날씨가 매우 좋아 보인다.
- It looks a bit cloudy. 날씨가 약간 흐려 보인다.
- It looks calm and peaceful. 고요하고 평화로워 보인다.
- It must be fall. 가을임이 분명하다.

연습 문제 1

구도 및 순서 잡기

❶ 공원 ❷ 가운데, 한 명 ❸ 뒤쪽, 사람들 벤치와 나무들 ❹ 배경 / 느낌

어휘 브레인스토밍

장소	- a park 공원
중심 대상	- middle, a man, in a T-shirt and shorts 가운데에, 남자 한 명, 캐주얼한 옷을 입은 - wearing a helmet 헬멧을 쓰고 있는 - crouching next to his bicycle 그의 자전거 옆에 쭈그리고 앉아 있는 - looking at the wheels 바퀴를 보고 있는 - seems like he is fixing the bike 자전거를 고치고 있는 것 같음
주변 대상	- back, some people with bikes 뒤에, 자전거를 가지고 있는 사람들 - a green bench and many trees 초록색 벤치와 많은 나무들
배경/느낌	- And the weather seems very nice. 날씨가 매우 좋아보인다.

답변 완성

어휘 브레인스토밍을 활용해 IH-AL 등급 답변을 완성해보세요.

장소	This is a picture of [공원].
중심 대상	In the middle, there is a man [티셔츠와 반바지를 입고 있는]. He is also [헬멧을 쓰고 있는]. He is [쭈그리고 앉아 있는] next to his bicycle, and [바퀴들을 보고 있는]. It seems like he is [자전거를 고치고 있는].
주변 대상	[뒤에], I see some people with bikes. Also, there is a green bench and many trees.
배경/느낌	And the weather seems very nice.

연습 문제 2

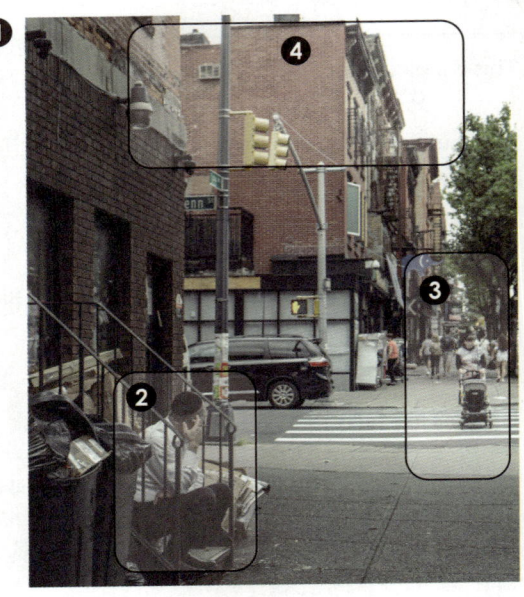

구도 및 순서 잡기

| ❶ 거리 | ❷ 왼쪽, 남자 | ❸ 건물 뒤쪽, 여자 | ❹ 배경 / 느낌 |

어휘 브레인스토밍

장소	- a street 거리
중심 대상 (인물)	- left, a man, in a white shirt and black pants 왼쪽, 한 남자, 흰색 셔츠와 검은색 바지를 입은 - sitting on the stairs, scratching his head 계단에 앉아서 머리를 긁고 있는 - waiting for someone 누군가를 기다리는
주변 대상 (인물)	- back, a woman, pushing a stroller 뒤쪽, 한 여자, 유모차를 밀고 있는 - crossing the street 길을 건너고 있는 - some buildings along the street 거리를 따라 있는 건물들 - some traffic lights, signs, trees 신호등, 표지판, 나무
배경/느낌	- **taken in the late afternoon** 늦은 오후에 찍힌 〔고득점 표현〕

답변 완성

어휘 브레인스토밍을 활용해 IH-AL 등급 답변을 완성해보세요.

장소	This is a picture of [거리].
중심 대상	[왼쪽에] of the picture, there is a man [흰 셔츠와 검은 바지를 입은]. He is sitting on the stairs, and [머리를 긁고 있는]. It seems like he's waiting for someone.
주변 대상	[뒤에], I see a woman [유모차를 밀고 있는]. She is [길을 건너는]. Also, there are some buildings [길을 따라]. And I see some [신호등, 표지판], and trees as well.
배경/느낌	[~하게 보입니다] this picture was taken in the late afternoon.

- IM - IH 2_13
- IH - AL 2_14

유형 5 자연

빈출 표현

시험에 자주 등장하는 아래의 표현을 MP3 음원을 활용하여 학습해 보세요.

🔊 MP3 2_빈출_표현 5

동작묘사

- sitting on the grass 잔디 위에 앉아 있는
- walking along the beach 해안가를 따라 걷고 있는
- be on the boat 배에 타고 있는
- enjoying the view 경치를 즐기고 있는
- having a picnic 소풍 중인
- having a great time 즐거운 시간을 보내고 있는

배경묘사

- There are a lot of trees with green leaves. 푸른 잎이 무성한 나무들이 많이 있다.
- Many leaves are piled up on the path. 길에 낙엽들이 많이 쌓여있다.
- I see yachts / boats in the water. 물에 요트 / 보트가 보인다.
- By looking at the color of the leaves, I can tell that it is summer.
  잎의 색깔을 보아 여름이라고 말할 수 있다. <고득점 표현>
- There is a park by the lake. 호숫가에 공원이 있다.
- I see flowers, bushes, and trees everywhere. 꽃, 관목, 그리고 나무들이 주변에 많이 있다.
- They are surrounded by trees and bushes. 그들은 나무와 관목들로 둘러싸여 있다.

분위기묘사

- It looks calm and peaceful. 고요하고 평화로워 보인다.
- It must be fall. 가을임이 분명하다.

 연습 문제

구도 및 순서 잡기

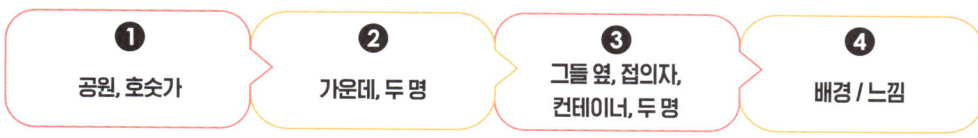

❶ 공원, 호숫가 ❷ 가운데, 두 명 ❸ 그들 옆, 접의자, 컨테이너, 두 명 ❹ 배경 / 느낌

어휘 브레인스토밍

장소	- a lake pier 호숫가
중심 대상	- middle, two people, in casual clothes 가운데에, 두 사람, 캐주얼한 옷을 입은 - both fishing 둘 다 낚시를 하고 있는 - One of them, standing on the dock, using a fishing rod 그들 중 한 사람, 부두 위에 서 있는, 낚시대를 사용하고 있는 - The other one, using a fishing net 다른 한 사람, 그물을 사용하고 있는
주변 대상	- Next to them, two folding chairs, a small container 그들 옆에, 두 개의 접의자, 작은 컨테이너 하나
배경/느낌	- In the back, a lot of trees and bushes. 뒤에, 많은 나무와 관목

답변 완성

어휘 브레인스토밍을 활용해 IH-AL 등급 답변을 완성해보세요.

장소	This is a picture 　호숫가에서 찍힌　.
중심 대상	가운데에　, there are two people 　캐쥬얼한 옷을 입은　. They are 　둘 다 낚시를 하고 있는　. One of them is 　부두 위에 서 있는　 using 　낚싯대　. The other one is using a fishing net.
주변 대상	그들 옆에　, I see 　접의자 두 개　, and 　작은 컨테이너 한 개　.
배경/느낌	In the back, I see 　많은 나무와 관목　.

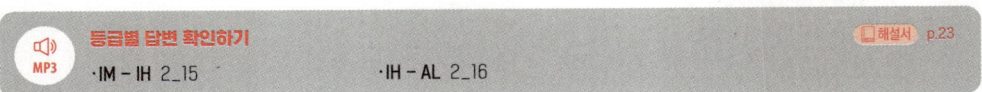

Q 3-4 알아두면 **유용한 표현**

 외모, 복장, 액세서리

- The woman has long curly hair. 여자는 긴 곱슬머리입니다.
- He has blond hair. 그는 금발머리입니다.
- The man has a beard / mustache. 남자는 턱수염 / 콧수염이 있습니다.
- The woman has a ponytail. 여자는 하나로 묶은 머리를 하고 있습니다.
- people wearing casual / formal clothes 캐주얼하게 / 정장을 입은 사람들
- a man in a suit 정장을 입은 남자
- There is a woman in a dress. 원피스를 입은 여자가 있습니다.
- The man is wearing a short-sleeved T-shirt. 남자는 짧은 소매 티셔츠를 입고 있습니다.
- Most people are wearing long-sleeved clothes. 대부분의 사람들은 긴 소매 옷을 입고 있습니다.
- A girl is wearing a sleeveless top and shorts. 한 여자아이는 민소매 상의와 반바지를 입고 있습니다.
- A man is wearing a checkered shirt. 한 남자가 체크무늬 셔츠를 입고 있습니다.
- He is wearing a vest. 그는 조끼를 입고 있습니다.
- He is wearing an apron. 그는 앞치마를 입고 있습니다.
- The man is wearing glasses and a suit. 그 남자는 안경을 쓰고 정장을 입고 있습니다.
- The man is wearing a uniform. 그 남자는 작업복을 입고 있습니다.
- Some people are wearing traditional costumes. 몇몇 사람들이 전통 의상을 입고 있습니다.
- They are wearing hooded sweat shirts and sweat pants. 그들은 모자가 달린 추리닝을 입고 있습니다.
- They are wearing hats and gloves. 그들은 모자를 쓰고 장갑을 끼고 있습니다.

 배경, 느낌

- The weather seems very nice. 날씨가 매우 좋아 보입니다.
- It is rainy. 비가 옵니다.
- It looks a bit cloudy. 조금 흐려 보입니다.
- I see a lot of tall buildings along the street. 많은 높은 건물들이 길을 따라 보입니다.
- There is heavy traffic on the street. 교통이 혼잡합니다.
- There are many trees with green leaves. 푸른 잎이 무성한 나무들이 많이 있습니다.
- It is crowded with people. 사람들로 붐빕니다.
- It looks calm and peaceful. 조용하고 평화로워 보입니다.

실전 연습하기

45초의 준비 시간과 30초의 답변 시간을 지켜 실전처럼 사진을 묘사해 보세요.

1

- 장소
- 중심 대상
- 주변 대상
- 배경/느낌

등급별 답변 확인하기
· IM – IH 2_17
· IH – AL 2_18

2

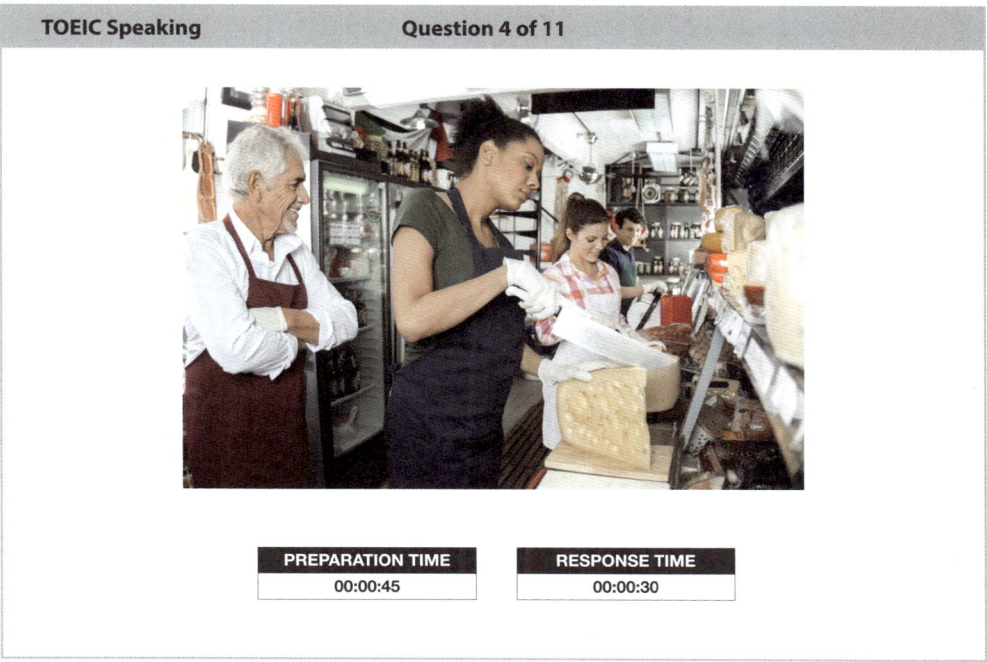

장소	

중심 대상	

주변 대상	

배경/느낌	

등급별 답변 확인하기

· IM – IH 2_19   · IH – AL 2_20

3

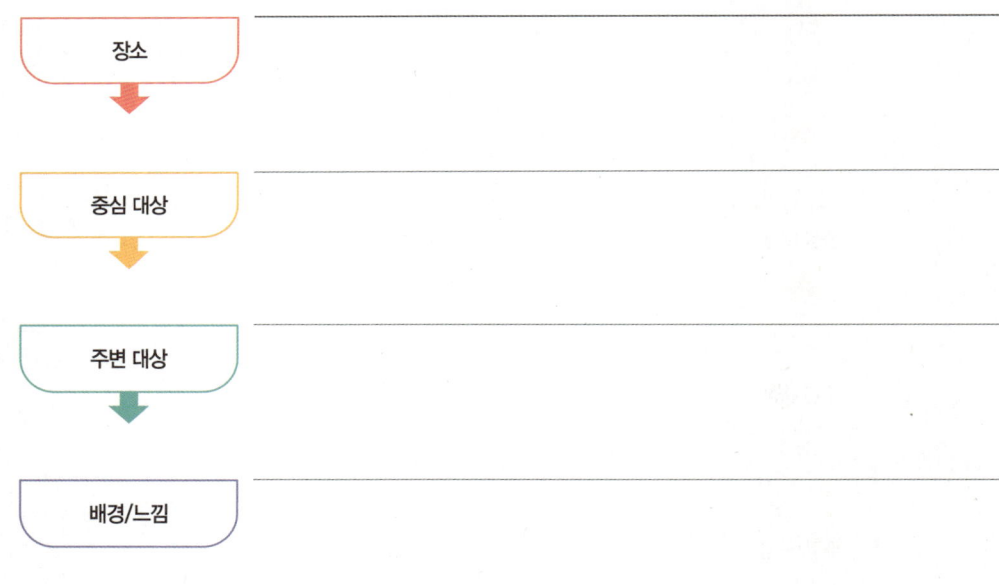

- 장소
- 중심 대상
- 주변 대상
- 배경/느낌

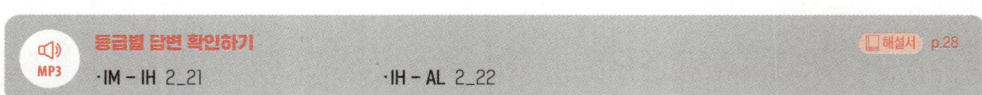

4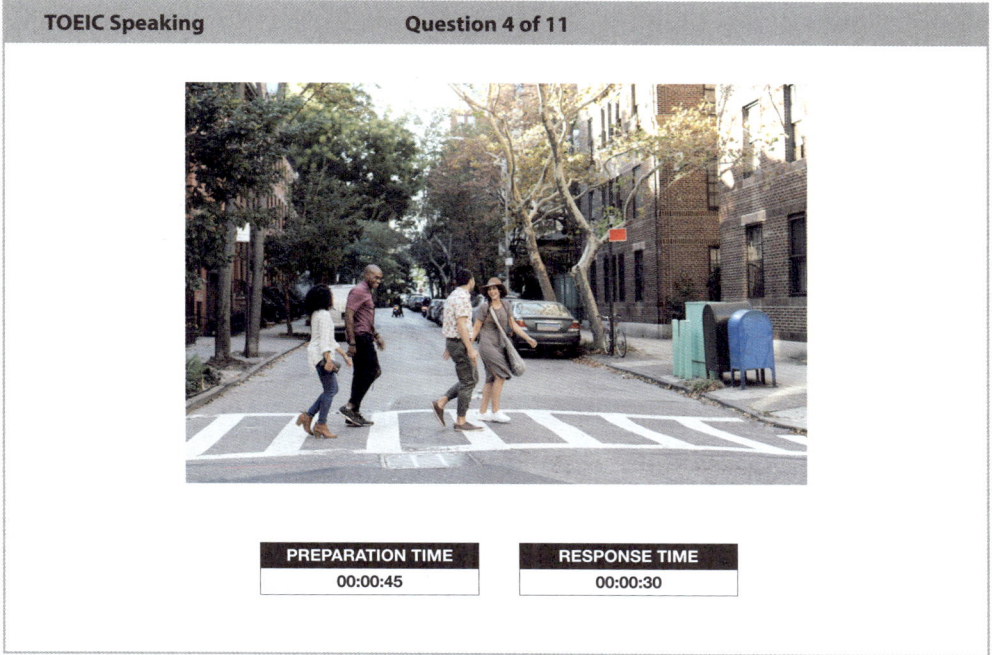

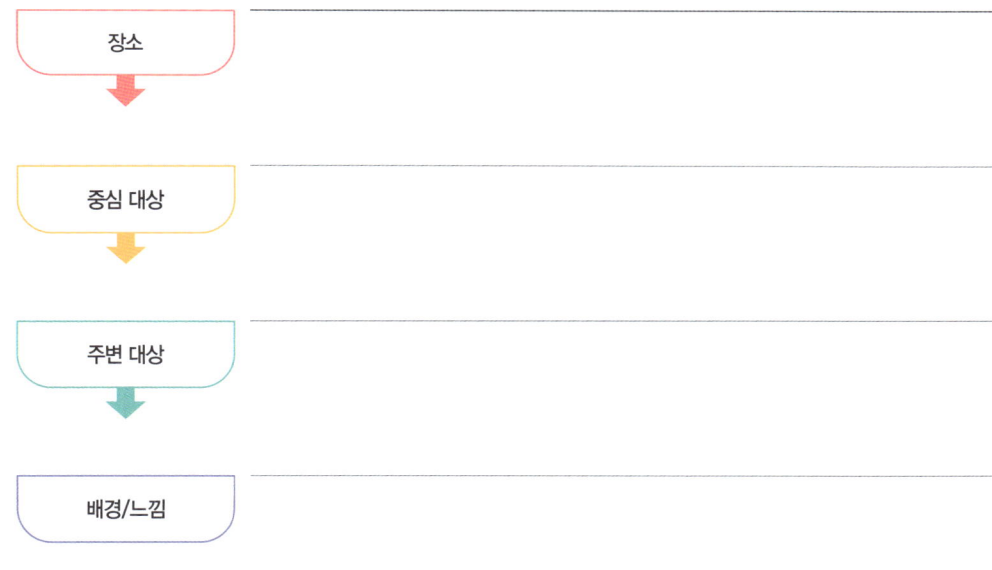

- 장소
- 중심 대상
- 주변 대상
- 배경/느낌

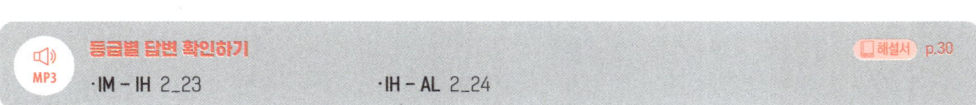

5

- 장소
- 중심 대상
- 주변 대상
- 배경/느낌

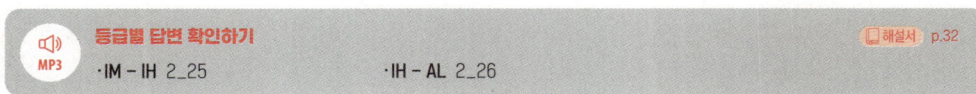

6

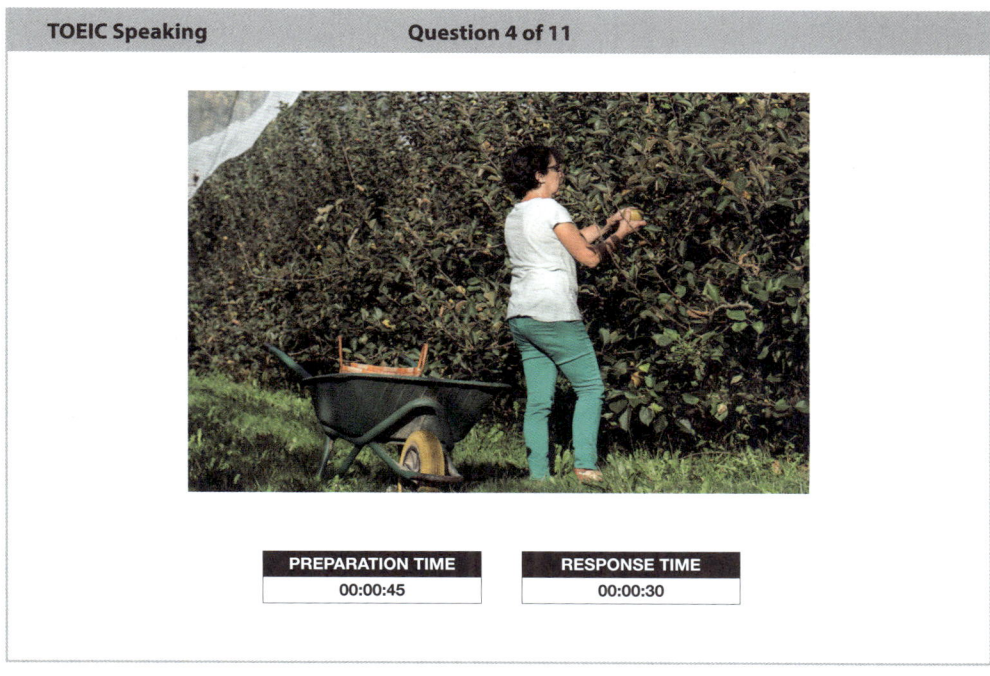

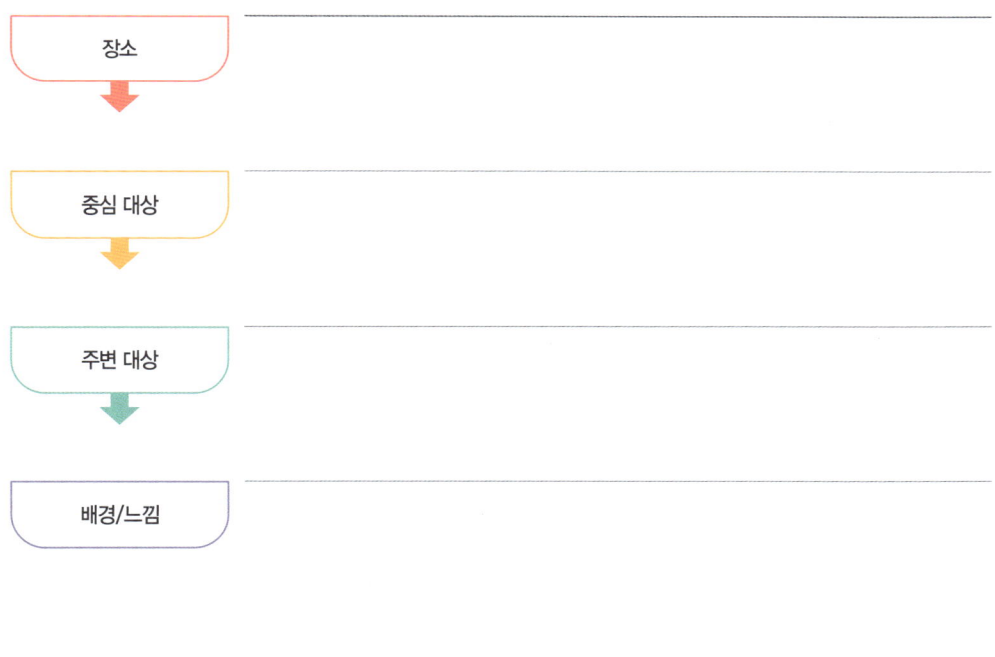

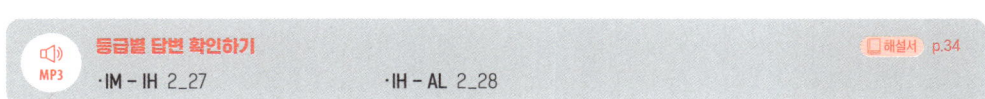

QUESTIONS 5-7

듣고 질문에 답하기
RESPOND TO QUESTIONS

 STEP 1 | STEP 2 | STEP 3 | STEP 4

| Q 1-2 | 지문 읽기 |

| Q 3-4 | 사진 묘사하기 |

Q 5-7 듣고 질문에 답하기

| Q 8-10 | 제공된 정보를 사용하여 질문에 답하기 |

| Q 11 | 의견 제시하기 |

ACTUAL TEST 실전 모의고사

STEP 1

유형 파악하기

기본 정보

번호	시간	득점 포인트	질문 유형
Q 5, 6, 7	준비 시간: 문항별 3초 답변 시간: 15/15/30초 ★ 노트테이킹 권장 X	주제 관련성 시간 내 답변 완성 문장/내용 완성도	설문 조사 지인과의 통화

시험 진행

TOEIC Speaking

Questions 5-7: Respond to questions

Directions: In this part of the test, you will answer three questions. You will have three seconds to prepare after you hear each question. You will have 15 seconds to respond to Questions 5 and 6 and 30 seconds to respond to Question 7.

안내문
Q 5–7 시험 진행 방식을 설명하는 안내문을 화면에 보여준 뒤 이를 음성으로 들려줍니다.

TOEIC Speaking

Imagine that a US marketing firm is doing research in your country, and you have agreed to participate in a survey about coffee shops.

상황 설명
화면 상단에 설문 조사 혹은 지인과 전화 통화하는 상황을 설명하는 안내문과 주제가 등장합니다.

TOEIC Speaking   Question 6 of 11

Imagine that a US marketing firm is doing research in your country, and you have agreed to participate in a survey about coffee shops.

What is your favorite beverage in a coffee shop and when was the last time you drank it?

PREPARATION TIME	RESPONSE TIME
00:00:03	00:00:15

준비 시간 & 답변 시간 – Question 6
5번 문제를 읽어준 뒤, "Begin preparing now."라는 음성과 함께 3초의 준비 시간이 주어집니다. 이후 "Begin speaking now."라는 음성과 함께 15초의 답변 시간이 주어집니다.

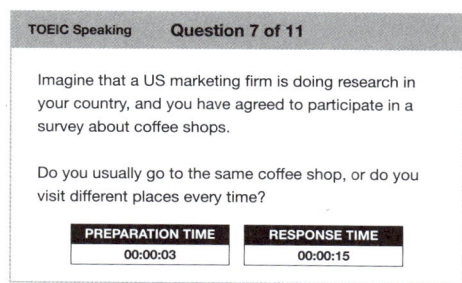

준비 시간 & 답변 시간 – Question 7
6번 문제를 읽어준 뒤, "Begin preparing now."라는 음성과 함께 3초의 준비 시간이 주어집니다. 이후 "Begin speaking now."라는 음성과 함께 15초의 답변 시간이 주어집니다.

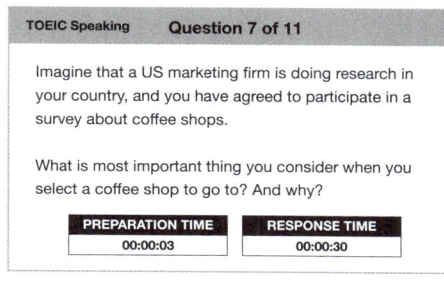

준비 시간 & 답변 시간 – Question 7
7번 문제를 읽어준 뒤, "Begin preparing now."라는 음성과 함께 3초의 준비 시간이 주어집니다. 이후 "Begin speaking now."라는 음성과 함께 30초의 답변 시간이 주어집니다.

ETS 채점 정보

0점
- 답변이 없거나 답변이 주제와 전혀 관련 없음

1점
답변이 주제를 적절하게 다루지 못함
- 답변을 이해하는 데 상당한 노력이 요구됨
- 어휘가 부정확하거나 화면에 제시된 단어에 의존해 이를 되풀이 함

2점
답변이 주제와 관련이 있지만 때때로 의미가 모호함
- 어휘가 제한적이거나 다소 부정확하지만 전반적인 의미는 명확함

3점
답변이 주제를 적절하게 다룸
- 답변 대부분이 순조롭고 일관되며 이해하는 데 어려움이 거의 없음
- 어휘 선택이 적절하고 정확함
- 사용된 구문이 질문의 요구를 만족시킴

출제 유형

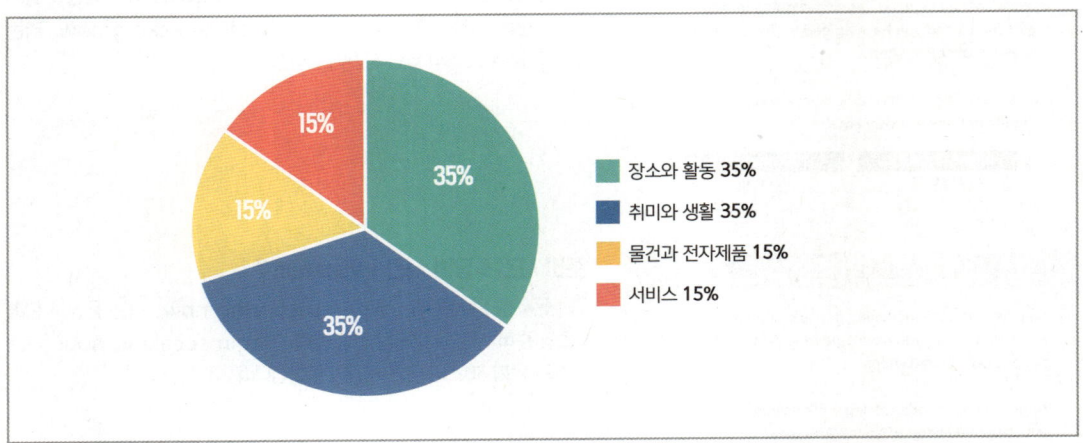

1 장소와 활동
실내 활동이나 야외 활동에 관한 질문이 주로 나옵니다. 활동과 비슷한 주제로 장소에 관한 문제도 자주 나옵니다.
예) park, café, library, volunteer work, participating in events

2 취미와 생활
일상 생활 속에서 일어날 수 있는 질문이 나옵니다. 조금 광범위한 주제이지만 비교적 친숙한 소재가 등장합니다.
예) sports, reading, movies, video games, shopping, healthy food, video chat

3 물건과 전자제품
특정 물건의 구매나 사용에 대한 질문들이 출제됩니다. 물건 중에서도 특히 전자제품을 소재로 한 질문이 자주 등장합니다.
예) clothes, watch, shoes, TV, e-reader, laptop

4 서비스
다양한 서비스에 관련된 질문이 출제됩니다. 서비스 비용, 이용, 장단점 등의 질문들이 출제됩니다.
예) delivery service, rental service

KATE 쌤의
Q 5-7 고득점 꿀팁

1 질문 속 키워드를 서둘러 파악하자
- ✓ 의문사, 주어, 동사를 빠르게 찾아서 해석하기.

2 출제 빈도가 높은 질문 패턴을 파악하자
- ✓ 자주 나오는 의문사는 정해져 있으니 의문사별로 정리해두자.

3 빈출 주제별로, 표현을 암기해두자
- ✓ 질문이 다양해도 특정 주제에 쓰이는 표현은 뻔하다.
- ✓ 자주 사용하는 표현을 정리해서 암기해두면 다양한 질문에 유창하게 답할 수 있다.

4 과유불급! 답변 시간은 적당히 채울 것
- ✓ 답변 시간을 완벽히 채울 필요는 없다.
- ✓ 답변 시작을 알리는 삐– 소리가 난 직후 바로 답변을 시작하면 말의 앞부분이 잘려 녹음이 안되기도 한다. 또한 답변 시간의 제일 끝까지 답하게 되면 다음 문항으로의 진행에 문제가 될 수 있으니 적당한 시간에 마무리하자.

5 문장으로 답할 것
- ✓ 비교적 간단한 의문사형 질문인 5번과 6번 문항은 나도 모르게 단어로 답변하기 쉬우니 주의하자. IH – AL 이상이 목표라면 문장으로 답하는 것이 매우 중요!

전략 익히기

전략1 주제 파악하기

Q 5-7 질문들의 주된 배경은 마케팅 회사 및 언론사/잡지사 등의 기관에서 실시하는 설문 조사이거나, 지인/친구 간의 통화입니다. 어떤 주제에 대한 대화가 이루어질 것인지는 화면 상단의 상황 설정문을 통해 알 수 있습니다. 이러한 배경에 따라 질문의 출제 유형이 크게 달라지는 것은 아니므로 실제 시험에서는 상황 설정문의 주제에 집중합니다.

유형1 설문 조사 상황에서 질문에 답변하기

TOEIC Speaking

Imagine that an Australian **marketing firm** is doing research in your country.
↳ 전화 대상: 마케팅 회사

And you have agreed to participate in a survey about **smartphones**.
↳ 주제: 스마트폰

유형2 지인과 전화 통화를 하는 상황에서 질문에 답변하기

TOEIC Speaking

Imagine that you are talking on the telephone with **a friend**. You are talking about
↳ 전화 대상: 친구

your friend's upcoming trip to your city.
↳ 주제: 당신이 살고 있는 도시로 여행을 올 친구

전략 2 질문 유형과 요점 파악하기

의문사를 먼저 확인하여 질문의 요지를 빠르게 파악하는 것이 중요합니다. 하나의 문항에 질문이 2개씩 나오기도 하므로, 주어진 답변 시간 내에 각 질문에 답변을 충실히 할 수 있도록 합니다.

Q5 15초	두 가지 정보 질문 • 시간, 장소, 빈도 등 • 의문사 활용	• Where do you normally read books and how often? 주로 어디에서 책을 읽고 얼마나 자주 읽나요? • When was the last time you visited a museum, and how long did you stay there? 마지막으로 박물관을 방문한 적이 언제인가요? 그리고 얼마나 그곳에 머물렀나요?
Q6 15초	간단한 정보 질문 • 기본 의문문 + why or why not? • 의견, 장단점 등	• Do you often upload pictures on social media? Why or why not? 소셜미디어에 자주 사진을 올리나요? 이유는 무엇인가요? • What are some downsides of living alone? 혼자 사는 것의 단점은 무엇인가요?
Q7 30초	제안 혹은 구체적인 의견 질문 • 고려 사항, 의견, 선호도 등	• What is the most important thing to consider when you purchase products online? Why? 인터넷으로 물건을 구매할 때, 무엇을 가장 중요하게 생각하나요? 이유는 무엇인가요? • Would you rather live in a busy city or a quiet suburban area? 복잡한 도시에 사는 것을 선호하나요? 아니면 조용한 교외 지역에 사는 것을 선호하나요?

전략 3 답변 시간 활용하기

1 질문의 의도에 맞춰 답변하기

질문으로 제시된 의문문의 유형을 파악한 후, 그에 알맞는 답변 문장을 말합니다. 제시된 의문문의 성격에 맞게 시간 내에 답변하도록 합니다.

2 답변 시간에 맞춰 융통성 있게 답변하기

어떤 질문은 내용이 단순해서 답변 시간이 많이 남게 됩니다. 답변 시간의 반 이상은 채우도록 노력해봅니다. 5번, 6번의 경우 평소 10초 정도 선으로 답변의 길이를 정하여 연습하는 것도 좋습니다.

3 의문문의 종류에 따라 정확한 문법을 구사하여 답변하기

의문사 의문문, be 동사 의문문, do 의문문, 조동사 의문문 등 기본적인 의문문의 틀을 익히고 이에 맞는 문장으로 답하는 연습을 합니다.

전략 4 의문문의 종류 익히기

1 be동사 의문문

am, is, are, was, were을 활용하여 묻는 문항들입니다. 답변 시 주어와 시제에 유의합니다.

질문 패턴	**be동사** + 주어 ~?
답변 패턴	Yes / No, 주어 + be 동사 ~.

Q **Is planning ahead** important when you travel?
     be 동사   주어

A Yes, **planning ahead is** important when I travel.
           주어   be 동사

Q 당신이 여행을 할 때 미리 계획을 짜는 것은 중요한가요?
A 네, 제가 여행을 할 때 미리 계획을 짜는 것은 중요합니다.

질문 패턴	**Is / Are** there ~ ?
답변 패턴	Yes, there is / are ~. No, there isn't / aren't ~.

Q **Are there** any hair salons in your neighborhood?

A1 Yes, **there are** some hair salons in my neighborhood.

A2 No, **there aren't** any hair salons in my neighborhood.

Q 당신의 동네에 미용실이 있나요?
A1 네, 저희 동네에는 미용실이 몇 곳 있습니다.
A2 아니요, 저희 동네에는 미용실이 없습니다.

K-tip

some 과 any

some은 '몇 개의' 혹은 '약간의'라는 뜻으로, 복수 명사와 불가산 명사 모두에 사용이 가능한 수량어로 긍정문에 주로 사용됩니다. any는 '어떤, 어떠한'의 뜻을 가지며 부정문과 의문문에 주로 사용됩니다.

2 do동사 의문문

do, does, did를 활용하여 묻는 문항들입니다. 질문의 시제에 유의하고, 이와 동일한 시제를 활용해 답변하도록 합니다.

질문 패턴	**Do / Does / Did** + 주어 + 동사?
답변 패턴	Yes, 주어 + do / does / did.
	No, 주어 + don't / doesn't / didn't.

Q **Do you** have a computer?
  do 동사 주어

A Yes, **I do**. I have a computer.
  주어 do 동사

Q 당신은 컴퓨터를 가지고 있나요?
A 네, 그렇습니다. 저는 컴퓨터를 가지고 있습니다.

Q **Do you and your friends** enjoy going to the park?
  do 동사   주어

A No, **we don't**. We don't enjoy going to the park.
  주어 do 동사

Q 당신과 친구들은 공원에 가는 것을 좋아하나요?
A 아니요, 그렇지 않습니다. 우리는 공원에 가는 것을 좋아하지 않습니다.

3 조동사 의문문

can, will, could, would, should와 같은 조동사를 활용하여 묻는 문항들입니다. 조동사 뒤에는 반드시 동사원형이 와야 함을 기억합니다.

질문 패턴	**조동사** + 주어 + 동사원형 ~ ?
답변 패턴	Yes / No, 주어 + 조동사. 주어 + 동사 ~ .

Q **Can you** drive without a GPS navigation system?
  조동사 주어

A Yes, **I can**. I can drive without a GPS navigation system.
    주어 조동사
  (Yes, I can drive without a GPS navigation system.)

Q 당신은 GPS 내비게이션 시스템 없이 운전할 수 있나요?
A 네, 그렇습니다. 저는 GPS 내비게이션 시스템 없이 운전할 수 있습니다.

Q **Would you** like a department store to be built in your town?
  조동사 주어

A Yes, **I would**. I would like a department store to be built in my town.
    주어 조동사
  (Yes, I would like a department store to be built in my town.)

Q 당신이 살고 있는 동네에 백화점이 지어졌으면 좋겠나요?
A 네, 그렇습니다. 우리 동네에 백화점이 지어졌으면 좋겠습니다.

4 의문사 의문문

육하원칙에 따른 의문사를 활용하여 질문하는 문항들이 많이 출제됩니다. 무엇을 묻고 있는지 잘 파악해야 이에 맞는 적절한 답변을 말할 수 있으므로, 의문사에 유의해 질문의 의도를 파악합니다.

질문 패턴	의문사 + be동사 + 주어 ~ ?
답변 패턴	주어 + be동사 + 의문사에 대한 답변.

Q What **is** your favorite music?
　　의문사 be동사　　주어

A My favorite music **is** hip hop.
　　　　주어　　　be동사

Q 당신이 가장 좋아하는 음악은 무엇인가요?
A 제가 가장 좋아하는 음악은 힙합입니다.

Q In your country, **how much is** a movie ticket?
　　　　　　　　　　의문사　　be동사　　주어

A In my country, **a movie ticket is** about 8 dollars.
　　　　　　　　　　주어　　　be동사

Q 당신이 살고있는 나라에서 영화표는 얼마인가요?
A 우리나라에서 영화표는 약 8달러 정도입니다.

질문 패턴	의문사 + do / does / did + 주어 + 동사 ~ ?
답변 패턴	주어 + 동사 + 의문사에 대한 답변.

Q When **do you** clean your house?
　　의문사 do동사 주어

A **I clean** my house on the weekend.
　　주어 동사

Q 언제 집을 청소하나요?
A 저는 주말에 집을 청소합니다.

Q Who **did you** go there with?
　　의문사 do동사 주어

A **I went** there with my friends.
　　주어 동사

Q 그 곳에 누구와 함께 갔나요?
A 저는 그 곳에 친구들과 함께 갔습니다.

질문 패턴	**의문사** + **조동사** + 주어 + 동사원형 ~ ?
답변 패턴	주어 + 조동사 + 동사원형 + 의문사에 대한 답변.

Q In your area, **where can you** buy clothes?
      의문사 조동사 주어

A In my area, **I can** buy clothes at the department stores.
      주어 조동사

Q 당신이 사는 곳에서는 어디에서 옷을 살 수 있나요?
A 제가 사는 곳에서는 백화점에서 옷을 살 수 있습니다.

Q **How far would you** go to visit an art museum?
      의문사 조동사 주어

A **I would** go about 2 hours to visit an art museum.
      주어 조동사

Q 미술관에 가기 위해 얼마나 멀리 갈 건가요?
A 미술관에 가기 위해 저는 약 2시간 정도 갈 것입니다.

Q **How much would you** spend on books every month?
      의문사 조동사 주어

A **I would** spend 50 dollars on books every month.
      주어 조동사

Q 매달 책에 얼마를 소비할 것인가요?
A 매달 책에 50달러를 소비할 것입니다.

K-tip

Q 5-7 답변 주의 사항

- 질문 내용이 무엇인지 제대로 이해하고, 질문과 연관된 답변을 하는 것이 가장 중요합니다.
- 답변 시간이 짧기 때문에 단도직입적으로 질문에 답변하도록 합니다.
- 답변은 짧더라도 문장으로 말하는 것이 좋습니다. 몇몇 키워드나 핵심 단어로만 간단히 답변하는 것은 좋지 않은 습관입니다.
- 평소 타이머로 직접 시간을 재며 연습하고, 주어진 시간을 모두 활용하여 답변하는 습관을 기르도록 합니다.

유형별 연습하기

유형1 장소와 활동

장소와 활동 관련 주제로 자주 출제되는 문제 유형과 답변 방식을 알아보겠습니다.

When was the last time you 동사? 마지막으로 동사한 것은 언제인가요?	▶	The last time was 기간 ago라는 틀을 활용하면 효과적입니다. 뒤이어 오는 질문들도 과거 시제를 사용합니다.

Q When was the last time you went to a café?
A The last time was about two days ago.

Q 마지막으로 카페에 간 것은 언제인가요?
A 마지막은 이틀 전입니다.

How often do you 동사? 얼마나 자주 동사하나요?	▶	얼마나 자주 무엇을 하는지를 묻는 빈도 질문에는 특정 기간에 몇 회인지 구체적으로 답하는 것이 더 안전합니다. 아래의 틀을 이용해 답변합니다. Once / twice / _____ times + a + 기간 every 기간

Q How often do you go to a park?
A I go to a park once a week.

Q 얼마나 자주 공원에 가나요?
A 저는 일주일에 한 번 공원에 갑니다.

> **How do you get information about 장소 / 활동?**
> 장소 / 활동에 대한 정보를 어떻게 얻나요?
>
> ▶ 주로 인터넷, 어플, 혹은 지인에게서 얻는다고 답변합니다.
> 이 외에도 TV 프로그램(TV program), 신문(newspaper), 잡지(magazine)를 답변에 활용할 수 있습니다.

Q How do you get information about places to go for a picnic?
A I can easily get information on the Internet or I can use apps. Sometimes I ask people.

Q 소풍을 갈 장소에 대해 어떻게 정보를 얻나요?
A 인터넷을 통해 쉽게 정보를 얻거나 어플을 사용할 수 있습니다. 가끔 사람들에게 물어봅니다.

> **Where do you normally 동사?**
> 보통 동사를 어디에서 하나요?
>
> ▶ at 장소 혹은 in 지역 / 국가 / 실내장소를 이용해서 답변합니다.

Q Where do you normally read books?
A I normally read books at home. Sometimes I read them in the library.

Q 보통 어디에서 책을 읽나요?
A 보통 책을 집에서 읽습니다. 가끔 도서관에서 읽기도 합니다.

> **How do you get to 장소?**
> 장소에 어떻게 가나요?
>
> ▶ 걸어서(walk), 운전해서(drive), 혹은 교통수단을 이용(take)한다고 답변합니다.

Q How do you get to the nearest bank?
A1 I walk to the nearest bank. Sometimes I drive to the bank.
A2 I take the bus to the bank.

Q 가장 가까운 은행에 어떻게 가나요?
A1 가장 가까운 은행에 걸어서 갑니다. 가끔 운전해서 가기도 합니다.
A2 은행에는 버스를 타고 갑니다.

> **How far is the nearest 장소?**
> 가장 가까운 장소는 얼마나 떨어져 있나요?
>
> ▶ 걸리는 시간은 **It takes 시간**
> 교통 수단은 **by 교통수단**을 활용해 설명합니다.

Q How far is the nearest library from your house?
A1 It takes about 20 minutes by bus.
A2 It's a five minute walk from my house. `추가 확장 답변`

Q 집에서 가장 가까운 도서관은 얼마나 떨어져 있나요?
A1 (가장 가까운 도서관까지는) 버스로 약 20분 정도 걸립니다.
A2 (가장 가까운 도서관까지는) 집에서부터 걸어서 5분 거리에 있습니다.

> **If there is a new 장소 / 활동,**
> **would you be willing to 동사?**
> 만약 새로운 장소 / 활동이 있다면, 동사할 의향이 있나요?
>
> ▶ 새로운 무언가가 있다면 시도해 볼 의향이 있는지를 묻는 질문입니다. 답변 시간이 30초인 6번 문제로 종종 출제되므로 이유와 함께 암기하도록 합니다.
> 아래의 이유 문장은 장소와 활동의 종류에 상관없이 다른 문제에서도 동일하게 활용할 수 있습니다.

Q If there is a new café in your town, would you be willing to go there?
A1 If there is a new café in my town, I would be willing to go there.
I like drinking coffee. And I find it very interesting to try out different things. `이유 문장`
A2 I wouldn't be willing to go there.
I'm not interested in coffee. And I don't like spending my time or money on it. `이유 문장`

Q 만약 당신의 동네에 새로운 카페가 생긴다면, 방문할 의향이 있나요?
A1 만약 동네에 새로운 카페가 생긴다면, 방문할 의향이 있습니다.
저는 커피 마시는 것을 좋아합니다. 그리고 색다른 것들을 시도해보는 것은 굉장히 흥미롭습니다.
A2 저는 방문할 의향이 없습니다.
저는 커피에 관심이 없고 시간이나 돈을 커피에 사용하는 것을 좋아하지 않습니다.

> **K-tip**
>
> 새로운 무언가가 생긴다면 시도해 볼 의향이 있는지를 묻거나 장소 / 활동 선택 시 어떤 점을 고려하는지를 묻는 문항에 이유를 더할 때는 아래의 패턴을 활용하면 효과적으로 답변할 수 있습니다.
>
> I like 동사ing. I find it very interesting to 동사.
> 저는 ~을 좋아합니다. 동사하는 것은 매우 흥미롭습니다.
> I don't like 동사ing. I'm not interested in 명사.
> 저는 ~을 좋아하지 않습니다. 저는 명사에 관심이 없습니다.

Are there any / many 장소 in your neighborhood?
당신의 동네에 장소가 (많이) 있나요?

▶ 그 장소의 존재 유무와 개수를 말하면 됩니다.

Q Are there any theaters in your neighborhood? If so, how many are there?
A1 Yes, there is one theater in my neighborhood.
A2 Yes, there are 2 theaters in my neighborhood.
A3 No, there aren't any theaters in my neighborhood.

Q 당신의 동네에는 영화관이 있나요? 만약 그렇다면, 몇 개가 있나요?
A1 네, 동네에는 영화관이 1개 있습니다.
A2 네, 동네에는 영화관이 2개 있습니다.
A3 아니요, 동네에는 영화관이 없습니다.

K-tip

고득점 문항 분석 포인트 "장소 선택 시 어떤 점을 고려하는가?"

What are some things to consider when you choose ~ ?

주로 어떤 장소를 선택할 땐, 그 규모 및 크기를 고려한다고 하면 답변하기 편리합니다. 장소가 커지면 그만큼 공간의 활용도가 높아지므로 편리하고, 활동을 더 효과적으로 할 수 있기 때문입니다.

Q What are some things to consider when you choose which gym to go to?

A I usually consider the size of the place.
I prefer to go to larger ones. It's because it's more convenient to use. It's more spacious. And there are more facilities, equipment, facilities, and staff.

Q 헬스장을 선택할 때 어떤 점을 고려하나요?

A 저는 보통 그 공간의 크기를 고려합니다. 더 큰 곳을 좋아합니다. 사용하기 더 편리하기 때문입니다.
더 널찍하고, 더 많은 기구, 시설, 그리고 직원들이 있습니다.

빈출 표현

시험에 자주 등장하는 아래의 표현을 MP3 음원을 활용하여 학습해 보세요.

MP3 3_빈출 표현 1

장소

- the nearest 가장 가까운
- how often 얼마나 자주
- once a week 일주일에 한 번
- how far 얼마나 멀리
- It takes 시간. 얼마의 시간이 걸리다.
- Are there any ~ ? ~가 있나요?
- Are there many ~ ? ~가 많이 있나요?
- my colleagues 내 동료들
- outdoor 야외

- location 위치
- use apps 어플을 사용하다
- close to ~ ~에 가까운
- be familiar with ~ ~에 익숙한
- feel comfortable 편하다고 느끼다
- It is convenient. 편리하다.
- the same 동일한
- different 다른
- consider 고려하다

활동

- activity 활동
- by oneself 스스로
- share 공유하다
- try 시도하다
- fun 재미있는
- interesting 재미있는, 흥미로운
- boring 지루한
- various 다양한
- camping 캠핑
- workout 운동
- I heard 듣기로는
- enjoy 동사ing ~하는 것을 즐겨하다
- event 행사
- worry about ~에 대해 걱정하다

- indoor 실내
- outdoor 야외
- in the neighborhood 동네에서
- in the park 공원에서
- experience 경험 / 경험하다
- refreshing 상쾌한
- play sports 스포츠를 하다
- go 동사ing ~하러 가다
- exercise 운동하다
- work out 운동하다
- recommend 추천하다
- do activities 활동을 하다
- attend 참석하다
- prepare 준비하다

 연습 문제 1 장소

TOEIC Speaking

Imagine that an Australian **marketing firm** is doing research in your country.
↳ 전화 대상: 마케팅 회사

And you have agreed to participate in a survey about **parks**.
↳ 주제: 공원

Q5 Do you enjoy going to the park? Also, is there a park in your neighborhood?

A5 Yes, I _____. I enjoy _____.
           그렇습니다   공원 가는 것

And _____ in my neighborhood.
      작은 공원이 하나 있습니다

Q6 When was the last time you went to a park, and what did you do there?

A6 The last time was _____, and I _____ there.
                         이틀 전   친구들과 만나서 놀았다

Q7 What are some improvements that can be made in the park in your area?

A7 I wish _____. Then, it would be _____.
             좀 더 컸으면   여유 공간이 더

And _____ trees and flowers.
      더 많을 것입니다

So, it _____ and nice.
        더 아름다울 것 같습니다

Also, I wish _____ tables and benches.
                더 있었으면

해설서 p.36

TOEIC Speaking

Imagine that **a radio station** is doing a program on various kinds of family activities.
↳ 전화 대상: 라디오 방송국

And you have agreed to participate in a telephone interview about **picnics**.
↳ 주제: 소풍

Q5 When was the last time you went on a picnic? And who did you go with?

A5 The last time (I went on a picnic) was about _____.
　　　　　　　　　　　　　　　　　　　　　　　나흘 전

　　And I went with _____.
　　　　　　　　　　　나의 가족

Q6 Where did you go? What kind of activities did you do there?

A6 I went _____.
　　　　　　우리 동네에 있는 한 공원으로

　　We _____, and we _____.
　　　　배드민턴을 쳤다　　　　　산책을 했다

Q7 Do you often go on a picnic? Why or why not?

A7 _____ on a picnic, because it is _____.
　　네, 나는 종종 간다　　　　　　　　　재밌고 상쾌하게 하는

　　I usually go to parks, when the _____.
　　　　　　　　　　　　　　　　　　날씨가 좋다

　　The air is fresh, and it is _____.
　　　　　　　　　　　　　　　널찍한

　　_____ usually _____ snacks and drinks.
　　가족과 나　　　　　　준비하다

　　And we go to the park in our town. We _____ and _____.
　　　　　　　　　　　　　　　　　　　　　잔디 위에 앉다　　　　쉬다

　　And _____, we play badminton or _____.
　　　　때때로　　　　　　　　　　　　　산책을 하다

유형 2 취미와 생활

취미와 생활 관련 주제로 자주 출제되는 문제 유형과 답변 방식을 알아보겠습니다.

> **When did you last 동사?**
> 마지막으로 동사한 것은 언제인가요?
>
> ▶ 언제 마지막으로 했는지를 묻는 질문으로, 앞서 유형 1에서 배운 when was the last time ~ ?과 동일한 방식으로 답변합니다.

Q   When did you last go out to enjoy leisure activities?
A   The last time was about two weeks ago.

Q   여가 활동을 즐기기 위해 마지막으로 외출한 것은 언제인가요?
A   마지막은 2주 전입니다.

> **When do you 동사?**
> 동사를 언제 하나요?
>
> ▶ 아래의 표현을 활용해 특정 생활이나 취미를 하는 시점 혹은 시간대를 말하면 됩니다.

- 하루   in the morning / in the afternoon / in the evening / at night / at 시간
- 일주일   on weekdays / on 요일 / on weekends
- 한 해   at the beginning of the year / at the end of the year / in 월 / in 계절

Q   When do you usually work out?
A   I usually work out in the morning / on weekdays.

Q   보통 운동을 언제 하나요?
A   저는 보통 아침에 / 주중에 운동을 합니다.

> **Do you often 동사? How often?**
> 자주 동사하나요? 얼마나 자주 하나요?
>
> ▶ Do you often은 자주 하는지의 여부를 묻는 질문이니 yes / no로 답할 수 있습니다. How often은 얼마나 자주 하는지를 묻는 것이므로, 기간과 횟수로 답변합니다.

Q   Do you often watch documentary films?
A1 Yes, I do. I often watch documentary films.
A2 No, I don't. I hardly ever / never watch documentary films.

Q   다큐멘터리 영화를 자주 보나요?
A1 네, 저는 다큐멘터리 영화를 자주 봅니다.
A2 아니요, 저는 다큐멘터리 영화를 거의 보지 않습니다. / 전혀 보지 않습니다.

Who do you 동사 with?
누구와 동사하나요?

▶ 동행하거나 함께하는 사람을 몇 명 암기해둡니다.

- 가족, 친척 my family, my relatives
- 동료 my colleagues, my co-workers
- 친구 my friends
- 주변 지인 neighbors, acquaintance

Q Who do you usually celebrate your birthday with?
A I usually celebrate my birthday with my family and friends / with my colleagues.

Q 보통 누구와 생일을 축하하나요?
A 보통 가족과 친구와 / 직장 동료들과 생일을 축하합니다.

Have you ever 동사(p.p)?
동사해본 적이 있나요?

▶ 경험의 유무를 묻는 질문입니다. 질문에서 현재완료형 시제가 쓰인 경우 동일한 시제로 답변합니다.

Q Have you ever traveled by train?
A1 Yes, I have. I have traveled by train.
A2 No, I haven't. I've never traveled by train.

Q 기차로 여행을 해본 적이 있나요?
A1 네, 기차로 여행을 해본 적이 있습니다.
A2 아니요, 기차로 여행을 해본 적이 없습니다.

How long do you 동사?
얼마나 오래 동사하나요?

▶ 기간의 단위인 minutes, hours, days, weeks, months, years를 사용해서 답변합니다.

Q How long do you talk on the phone every day?
A I talk on the phone for about five minutes / for about 2 hours.

Q 매일 전화 통화를 얼마나 오래 하나요?
A 저는 통화를 5분 정도 / 2시간 정도 합니다.

Would you prefer A or B?
A를 선호하나요, 아니면 B를 선호하나요?

▶ 둘 중 하나의 선호를 묻는 것이므로 한가지 보기를 선택해 답해줍니다.

Q Would you prefer to buy books from a bookstore or borrow them from a library?
A I would prefer to buy books from a bookstore.

Q 책을 서점에서 구매하는 것을 선호하나요, 아니면 도서관에서 빌리는 것을 선호하나요?
A 저는 책을 서점에서 구매하는 것을 선호합니다.

What are some advantages / disadvantages(downsides) of ~ ?

~의 장점 / 단점은 무엇이 있나요?

▶ 장점이나 단점 중 한가지를 주로 묻는 유형입니다. 보통 7번 문제로 출제되며, 이유 문장을 추가해 30초의 답변 시간을 채워 나갑니다.

Q What are some advantages of using a delivery service for grocery shopping?
A It's convenient because I don't have to carry heavy bags. 이유 문장
It's efficient since I don't have to bring them back home by myself. 이유 문장

Q 식료품을 구매할 때 배달 서비스를 이용하는 것의 장점은 무엇인가요?
A 무거운 가방을 들어도 되지 않기 때문에 편리합니다. 혼자 집으로 식료품을 가져오지 않아도 되기 때문에 효율적입니다.

Q What are some downsides of using a delivery service for grocery shopping?
A I usually have to pay for it. And I think it's a waste of money. 이유 문장
And sometimes it takes some time to have them delivered. 이유 문장

Q 식료품을 구매할 때 배달 서비스를 이용하는 것의 단점은 무엇인가요?
A 보통 제가 돈을 지불해야 하고, 이것은 돈 낭비라고 생각합니다. 그리고 가끔 배송을 받는 데 시간이 걸리기도 합니다.

K-tip

고득점 문항 분석 포인트 "~을 다른 사람에게 추천하겠는가?"

Would you recommend others to ~ ?

특정 취미나 생활 패턴을 다른 사람에게 추천하겠는지를 묻는 질문입니다. 주로 7번으로 출제되며, 이유를 추가로 설명합니다.

Q Would you recommend others to keep a journal? Why or why not?
A1 Yes, I would recommend others to keep a journal.
You can keep track of the events in your life, and I think it's important. Also, I think it is fun to write about my day. 이유 문장
A2 No, I wouldn't recommend others to keep a journal.
I think it's a waste of time. It takes time to sit and think about your day. And sometimes it can be stressful to write it every day. 이유 문장

Q 다른 사람들이 일기를 쓰도록 추천할 건가요? 왜 그런가요?
A1 네, 다른 사람들이 일기를 쓰도록 추천할 것입니다. 인생의 사건들을 기록할 수 있고, 저는 이것이 중요하다고 생각합니다. 또한, 제 하루에 대해 기록하는 것이 재미있다고 생각합니다.
A2 아니요, 다른 사람들이 일기를 쓰도록 추천하지 않을 것입니다. 일기는 시간 낭비라고 생각합니다. 앉아서 하루에 대해 생각하는 것은 시간이 걸리는 일입니다. 그리고 때로는 일기를 매일 쓰는 것이 스트레스일 수 있습니다.

빈출 표현

시험에 자주 등장하는 아래의 표현을 MP3 음원을 활용하여 학습해 보세요.

MP3 3_빈출 표현 2

취미

- hobby 취미
- activity 활동
- free time 자유 시간
- equipment 장비
- facility 시설
- genre 장르
- option 선택권
- interesting 재미있는, 흥미로운
- take a class 수업을 듣다
- try out 시도해보다

- enjoy 동사ing ~하는 것을 즐기다
- be interested in ~ ~에 관심이 있다
- spend time 동사ing ~하는 것에 시간을 보내다
- go 동사ing ~ 하러 가다
- rent 대여하다
- borrow 빌리다
- play 스포츠 (특정 종목) 스포츠를 하다
- be willing to ~ ~할 의향이 있다
- recommend 추천하다

생활

- use the service 서비스를 이용하다
- used to 동사 ~하곤 했었다
- be familiar with ~ ~에 익숙하다
- special occasion 특별한 일
- recommend 추천하다
- online service 온라인 서비스
- every time 매번
- in our daily lives 우리의 일상 생활에서
- neighbor 이웃
- renovate 개조하다
- on my own 스스로

- move to ~로 이사하다
- in your area 당신의 동네에
- realtor 부동산 중개인
- celebrate 축하하다
- traditional 전통의
- culture 문화
- entire day 하루 종일
- in my entire life 내 인생 통틀어
- neighborhood 동네
- home improvements 주택 개조
- professional 전문가

 연습 문제 1 취미

TOEIC Speaking

Imagine that **a record company** is doing a research and you have agreed to participate
↳ 전화 대상: 음반회사

in a survey on **music**.
↳ 주제: 음악

Q5 How often do you listen to music? And what kind do you enjoy listening to?

A5 I listen to music _____.
　　　　　　　　　　　매일

And I _____ to hip hop and pop music.
　　　듣는 것을 즐기다

Q6 When do you listen to music, and where?

A6 I usually listen to music _____ _____.
　　　　　　　　　　　　　　아침에　　　　　집에서

(Sometimes, I listen _____ work / school.)
　　　　　　　　　　~로 가는 길에

Q7 Do you prefer to listen to the same music genre or to different genres every time?

A7 I usually listen to the _____ every time.
　　　　　　　　　　　다른 장르들

I like _____.
　　　새로운 것들을 시도하는 것

And it is _____ with music.
　　　　　같다

So, I usually carry several different genres in my phone.

 **연습 문제 2 생활**

TOEIC Speaking

Imagine that you are talking to **a friend** over the phone. You are having a conversation
↳ 전화 대상: 친구

about **renovating homes**.
↳ 주제: 집 개조

Q5 Have you ever tried renovating any part of your home?

A5 Yes, _____. I have tried _____.
　　　　　나는 있다　　　　　　　　　　　　내 주방을 개조하는 것

Q6 How do you get information on remodeling, besides the Internet?

A6 I _____ or I get information _____.
　　　　TV 프로그램들을 보다　　　　　　　　　　　　　잡지들로부터

Q7 For home improvements, would you prefer to do it on your own or hire a professional?

A7 For home improvements, I would prefer to _____.
　　　　　　　　　　　　　　　　　　　　　　　　　스스로 하다

I can _____ since _____ to hire a professional.
　　　　돈을 절약하다　　　　　　돈이 많이 들다

If I do it myself, I can _____ and I can decorate
　　　　　　　　　　　　　　나만의 재료들을 고르다

it _____.
　　내가 원하는 방식

해설서 p.39

유형 3 물건과 전자제품

물건과 전자제품 관련 주제로 자주 출제되는 문제 유형과 답변 방식을 알아보겠습니다.

> **Do you use / own 물건? Why or why not?**
> 물건을 사용 / 소장하나요? 왜 그런가요?
>
> ▶ 특정 물건을 사용하는지 혹은 소장하고 있는지를 묻는 질문입니다. 그 이유와 함께 종종 묻습니다.

Q Do you own a laptop computer? Why or why not?
A1 Yes, I do. I own a laptop, because I need it for work.
A2 No, I don't. I don't own a laptop, because I don't need it.

Q 노트북을 소유하고 있나요? 왜 그런가요?
A1 네, 저는 노트북을 소유하고 있고, 업무를 위해 필요하기 때문입니다.
A2 아니요, 노트북을 소유하고 있지 않고, 필요하지 않기 때문입니다.

> **What kind of 물건 do you ~ ?**
> 어떤 종류의 물건을 ~ 하나요?
>
> ▶ 어떤 종류 혹은 브랜드를 사용하거나 소장하고 있는지를 답하면 됩니다.

Q What kind of shoes do you usually wear?
A1 I usually wear sneakers. → 신발의 종류를 분명히 말할 수 있을 때
A2 I usually wear Nike shoes. → 특정 종류가 떠오르지 않으면 브랜드명이라도 말할 것

Q 보통 어떤 종류의 신발을 신나요?
A1 저는 보통 운동화를 신습니다.
A2 저는 보통 나이키 신발을 신습니다.

> **When did you last use the 물건, and on what occasion?**
> 마지막으로 물건을 사용한 것은 언제이고, 어떤 일로 사용했나요?
>
> ▶ 마지막 사용 시점과 그 배경을 설명하면 됩니다.
> 배경은 'to동사'를 활용하면 자연스럽습니다.

Q When did you last use a printer, and on what occasion?
A1 The last time I used a printer was 2 hours ago, and I used it to print out the assignment.
A2 I used a printer yesterday, and I used it to print out an e-mail.

Q 마지막으로 프린터를 사용한 것은 언제이고, 어떤 일로 사용했나요?
A1 마지막으로 프린터를 사용한 것은 2시간 전이고, 과제를 인쇄하기 위해 사용했습니다.
A2 저는 어제 프린터를 사용했고, 이메일을 인쇄하기 위해 사용했습니다.

Which influences your decision the most when you purchase 전자제품?
전자제품을 구매할 때 어떤 요소가 결정에 가장 큰 영향을 미치나요?

▶ 7번에서 자주 출제되는 유형으로, 보통 보기의 고객 후기나 제품 설명을 택하면 여러 문항에 대비가 됩니다.

Q Which influences your decision the most when you purchase a phone?
-customer reviews   -good product descriptions   -TV advertisements

A Good production descriptions would be the most important. Good descriptions are very detailed. So I can learn about the pros and cons of the product. That way, I can make a better decision when I purchase a phone. 이유 문장

Q 휴대폰을 구매할 때 어떤 요소가 결정에 가장 큰 영향을 미치나요?
-고객 리뷰   -좋은 제품 설명   -TV 광고

A 좋은 제품 설명이 가장 중요합니다. 좋은 제품 설명은 자세합니다. 따라서 제품의 장단점에 대해 알 수 있습니다. 이를 통해, 휴대폰을 살 때 더 좋은 결정을 내릴 수 있습니다.

In your country, where can people buy the 물건?
당신의 나라에서 사람들은 주로 어디서 물건을 구매하나요?

▶ 물건 구매 장소 및 방법을 암기하면 됩니다.
온라인(online), 매장(at a store),
편의점 (at convenience stores), 백화점(at department stores) 등을 활용해 답변니다.

Q In your country, where can people buy magazines?

A In my country, people normally buy magazines online / at bookstores.

Q 당신의 나라에서 사람들은 주로 어디서 잡지를 구매하나요?
A 사람들은 잡지를 보통 온라인으로 / 서점에서 구매합니다.

How much do you spend on 물건?
물건에 얼마를 소비하나요?

▶ 특정 물건을 사용, 관리, 구매하는 데 얼마의 비용을 쓰는지를 묻습니다. spend 금액 on 제품의 틀을 이용해 답하면 됩니다.

* 물건이 얼마냐고 물을 수도 있습니다. How much does the 물건 cost?

Q How much do you spend on books every month?

A I spend about 50 dollars on books every month.

Q 매달 책에 얼마를 소비하나요?
A 저는 매달 50불 정도를 책에 소비합니다.

Would you read the reviews before purchasing 물건?
물건을 구매하기 전 리뷰를 읽을 건가요?

▶ 후기의 장단점을 생각하여 답합니다. 6번 문제로 출제되는 경우 이유 문장도 추가로 더해줍니다.

Q Would you read the customers' reviews thoroughly before purchasing a camera?

A1 Yes, I would. A camera is not cheap. So I want to find out the pros and cons of the camera. Then I can make a better decision. `이유 문장`

A2 No, I wouldn't. There are too many reviews, so it's confusing. And sometimes they are not reviews from real customers. Companies hire people to write good reviews. `이유 문장`

Q 카메라를 구매하기 전 고객들의 리뷰를 꼼꼼하게 읽어볼 건가요?

A1 네, 그렇습니다. 카메라는 저렴하지 않습니다. 따라서 카메라의 장단점을 알고 싶습니다. 그러면 더 좋은 결정을 내릴 수 있습니다.

A2 아니요, 그렇지 않습니다. 너무 많은 리뷰가 있어서 혼란스럽습니다. 그리고 때때로 그 리뷰는 실제 고객의 것이 아닙니다. 회사들이 좋은 리뷰 작성을 위해 사람들을 고용하기도 합니다.

Which of the following factors do you consider most when you buy 물건? 다음 보기 중 물건을 구매할 때 가장 많이 고려하는 요소는 무엇인가요?	▶	주로 3개의 보기와 함께 출제됩니다. 평소 물건 구매 시 중요한 고려 요소(price, brand, design, location 등)를 떠올려 답변하는 연습을 진행하고, 이에 대한 이유도 함께 덧붙입니다.

Q Which of the following factors do you consider most when you buy clothes?
-design -brand -wearability

A I would say brand is the most important. I usually get famous brand clothes. The more famous the brand is, the better the quality is. Even if it is expensive, it's worth the money. `이유 문장`

Q 다음 보기 중 옷을 구매할 때 가장 많이 고려하는 요소는 무엇인가요?
-디자인 -브랜드 -착용감

A 저는 브랜드가 가장 중요하다고 말할 것입니다. 저는 보통 유명한 브랜드의 옷을 구매합니다. 브랜드가 유명할수록, 품질이 더 좋기 때문입니다. 비싸더라도 그만큼 가치가 있습니다.

K-tip

고득점 문항 분석 포인트
"물건을 구매할 때 가장 중요하게 여기는 것은 무엇인가?"

Which of the following is the most important when you buy ~ ?

바로 위에서 학습한 문제 유형과 유사한 문제로, 브랜드 외에도 가격을 선택하면 다양한 물건에 대입하여 답변하기 편리합니다. 전체적인 답변 틀은 브랜드를 선택했을 때와 동일합니다.

Q Which of the following is the most important feature to consider when you buy 물건?
-brand -price -durability

A Price is the most important feature to consider. I usually get more expensive ones. The higher the price is, the better the quality is. So even if I pay a high price for it, it's worth the money.

Q 다음 보기 중 물건을 구매할 때 가장 중요하게 여기는 요소는 무엇인가요?
-브랜드 -가격 -내구성

A 가격이 가장 중요한 고려 요소입니다. 저는 보통 더 비싼 물건을 구매합니다. 가격이 높을수록, 품질이 더 좋기 때문입니다. 따라서 높은 가격을 지불할지라도 그만큼 가치가 있습니다.

빈출 표현

시험에 자주 등장하는 아래의 표현을 MP3 음원을 활용하여 학습해 보세요.

MP3 3_빈출 표현 3

물건

- products / items 물건
- electronic device 전자제품
- appliance store 전자제품점
- current 현재의, 최근의
- design / appearance 디자인 / 외관
- price 가격
- function 성능
- quality 품질
- gift 선물
- used / secondhand 중고의
- brand new 완전 새 것인
- taste 취향
- features 특징
- buy 사다
- purchase 구매하다, 구매
- get 사다, 구하다, 얻다
- consider 고려하다
- pay attention to 주목하다
- can't afford ~할 여건이 안 된다
- prefer 선호하다
- use 사용하다
- shop for ~를 사기 위해 쇼핑하다
- important 중요한
- it costs 금액 ~의 비용이 든다
- trend 유행
- factors 요인, 요소

전자제품

- electronic device 전자 기기
- favorite 가장 좋아하는
- fix 고치다
- repair 수리하다
- service center 서비스 센터
- technician 기술자
- durability 내구성
- reputation 평판, 명성
- quality 품질
- advertisement (Ads) 광고
- consumers 소비자들
- customer 고객
- TV commercials TV 광고
- warranty 보증 기간
- worth 가치가 있는
- spend money on ~ ~를 사는 데 돈을 쓰다
- It's a waste of money. 돈 낭비이다.
- convenient 편리한
- instruction manual 사용 설명서
- review 후기

연습 문제 1 물건

TOEIC Speaking

Imagine that you are talking to **a friend** on the phone and you are having a conversation about **a watch**.
↳ 전화 대상: 친구
↳ 주제: 시계

Q5 When was the last time you bought a watch, and how much was it?

A5 The last time (I bought a watch) was about _____.
　　　　　　　　　　　　　　　　　　　　　　　　　　2년 전

And it was about _____.
　　　　　　　　　　　100달러

Q6 Do you think a watch is a good gift for your friends?

A6 Yes, I think a watch is a _____ for my friends.
　　　　　　　　　　　　　　　　　좋은 선물

It is a _____ item.
　　　　　유용한

Q7 What is the most important thing you pay attention to when you buy a new watch?

A7 _____ of the watch is the most important.
　　　디자인

I like _____ . Because if the design is _____ , I easily
　　　단순한 디자인　　　　　　　　　　　　　　　너무 화려하다

_____ .
질려버리다

So, _____ , the design is _____ .
　　　나에게　　　　　　　　　　　　　아주 중요한

And my _____ for watches are black, white, and red.
　　　　　가장 좋아하는 색깔들

연습 문제 2 전자제품

TOEIC Speaking

Imagine that you are having a conversation with your **friend** on the phone. You are talking
↳ 전화 대상: 친구

about **e-readers**.
↳ 주제: 전자책

Q5 Do you use an e-reader? Why or why not?

A5 Yes, I do. I use an _____, because it is _____ to use.
　　　　　　　　　　　　　　 전자책　　　　　　　　　　　　편리한

Q6 Do you think an e-reader is a good gift for children?

A6 Yes, I think an e-reader is a _____ for children.
　　　　　　　　　　　　　　　　　　좋은 선물

　　　It is useful. Children should _____.
　　　　　　　　　　　　　　　　　　많이 읽다

　　　So, it would _____ them to read more.
　　　　　　　　　　장려하다

Q7 What are some advantages of using an e-reader compared to printed books?

A7 First of all, it is very _____ because it is _____.
　　　　　　　　　　　　　　　편리한　　　　　　　　　　　무겁지 않은

　　　Printed books are _____. Also _____ find books on e-readers.
　　　　　　　　　　　　 들고 다니기 무거운　　　　　 ~하기 쉽다

　　　Secondly, I can _____ since e-books are cheaper than printed books.
　　　　　　　　　　　　 돈을 아끼다

해설서 p.41

유형 4 서비스

서비스 관련 주제로 자주 출제되는 문제 유형과 답변 방식을 알아보겠습니다.

> **How often have you used the 서비스 in the past 기간?**
> 과거 기간동안 서비스를 얼마나 자주 이용했나요?
>
> ▶ 특정 기간 내의 사용 빈도를 묻는 질문입니다. 기간의 단위보다 짧은 빈도로 답해야 함을 기억합니다.

Q How often have you used an online banking service **over the past six months**?

A I have used it *once a week over the past six months*.
→ 질문의 기간이 6개월 내이므로 빈도는 개월의 단위이거나 그보다 더 짧아야 함

Q 지난 6개월 동안 얼마나 자주 온라인 뱅킹을 이용했나요?
A 지난 6개월 동안 일주일에 한 번 사용했습니다.

> **How do people find out about the 서비스?**
> 사람들이 서비스에 대해 어떻게 알아내나요?
>
> ▶ 정보를 얻는 수단으로 답변하면 됩니다.

Q How do people find out about catering services?

A They usually find out about them *on the Internet* especially *on search engines or social media sites*. Some people use *apps*.

Q 출장 연회 서비스에 대해 어떻게 정보를 얻나요?
A 사람들은 특히 검색 엔진이나 소셜 미디어 사이트와 같은 인터넷에서 정보를 얻습니다. 몇몇 사람들은 어플을 이용합니다.

> **Would you use the 서비스? / Why or why not?**
> 서비스를 사용할 의향이 있나요? 왜 그런가요?
>
> ▶ 특정 서비스를 사용할 의향이 있는지의 여부를 묻는 질문입니다. 아래의 이유와 함께 암기합니다. Why or why not?의 꼬리 질문에 반드시 답하도록 합니다.

Q If a bookstore offers delivery service, would you use it?

A1 *Yes, I would use it. It would be very convenient to* use the delivery service, *since I won't have to* carry heavy books back home. Also, it would save me time. 이유 문장

A2 *No, I wouldn't use it. It would cost me money*. And I think it would be *a waste of money*. 이유 문장

Q 서점이 배송 서비스를 제공한다면, 이용할 의향이 있나요?
A1 네, 저는 사용할 것입니다. 배송 서비스를 이용하는 것은 집으로 무거운 책들을 가지고 오지 않아도 되기 때문에 매우 편리할 것입니다. 또한, 제 시간을 절약해줄 것입니다.
A2 아니요, 저는 사용하지 않을 것입니다. 그것은 돈이 들고, 저는 돈 낭비라고 생각합니다.

What are some reasons people use the 서비스?
사람들이 서비스를 사용하는 이유는 무엇인가요?

▶ 특정 서비스를 사용하는 이유와 그 장점을 추가해 답변합니다.

Q   What are some reasons people use food delivery services?
A   People use them because it's convenient for them. They don't have to prepare, cook, or clean up afterwards. So, it's time-efficient and cost-efficient at the same time. 이유 문장

Q   사람들이 음식 배송 서비스를 이용하는 이유는 무엇인가요?
A   편리하기 때문에 이용합니다. 사람들은 음식을 준비하고, 요리하거나 식사 후 청소를 하지 않아도 됩니다. 따라서, 시간과 비용상 동시에 효율적입니다.

What are some problems people experience when using the 서비스? And what are some improvements that can be made?
사람들이 서비스를 사용할 때 겪는 문제점에는 무엇이 있나요? 어떤 개선점이 있을 수 있나요?

▶ 문제점과 개선점을 암기해두면 됩니다.

Q   What are some problems people experience when using laundry services?
A   They are pretty expensive. So, people spend a lot of money on them.
    And sometimes the service makes mistakes, and it can be annoying.

Q   사람들이 세탁 서비스를 사용할 때 겪는 문제점에는 무엇이 있나요?
A   세탁 서비스는 꽤 비쌉니다. 따라서, 사람들은 많은 돈을 지불해야 합니다.
    때때로 서비스에는 실수가 있기도 하고, 이것은 짜증스러운 일입니다.

How many times have you used the 서비스 in the past few years?
과거 몇 년 동안 서비스를 몇 번 이용했나요?

▶ 특정 기간 내 서비스 사용 횟수를 답하면 됩니다.

Q   How many times have you used a moving service in the past 10 years?
A   I have used a moving service about 3 times in the past 10 years.

Q   지난 10년 동안 이사 서비스를 몇 번 이용했나요?
A   지난 10년 동안 이사 서비스를 3번 이용했습니다.

K-tip

고득점 문항 분석 포인트
"서비스를 선택할 때 가장 중요하게 고려하는 것은 무엇인가?"

What do you think you should consider when you ~ ?

서비스 선택 시 중요하게 고려하는 사항들을 외워둡니다.

Q What do you think you should consider when you choose a phone service provider?

A I should consider the service quality.
The staff should be friendly and kind. I would feel very upset if they aren't kind.
Also, they should be very fast. I would feel annoyed if they are very slow with their service.

Q 휴대폰 통신사를 선택할 때 가장 중요하게 고려해야 하는 것은 무엇인가요?

A 저는 서비스 품질을 고려해야 합니다. 직원은 친절하고 착해야 합니다. 그렇지 않다면 매우 화가 날 것입니다.
또한, 매우 빨라야 합니다. 서비스가 느리면 매우 짜증스러울 것입니다.

빈출 표현

시험에 자주 등장하는 아래의 표현을 MP3 음원을 활용하여 학습해 보세요.

MP3 3_빈출 표현 4

서비스

- service 서비스
- service provider 서비스 업체
- method 수단
- mobile apps 어플
- branch 지점
- on the phone 전화로
- convenient 편리한
- improvements 개선
- diverse 다양한
- poor service 형편없는 서비스, 부족한 서비스
- service quality 서비스 품질
- find out 알게 되다
- use the service 서비스를 이용하다
- plan 계획하다
- cost 비용 / 비용이 들다
- prepare 준비하다
- be satisfied with the service 서비스에 만족하다
- be disappointed with the service 서비스에 실망하다
- complain 불평하다
- properly 적절하게
- review 후기
- warranty 품질 보증 기간

 **연습 문제 1 은행 서비스**

TOEIC Speaking

Imagine that your **friend** is moving to your town, and she has some questions about the
↳ 전화 대상: 친구

bank service in your town.
↳ 주제: 은행 서비스

Q5 When did you last visit a bank branch?

A5 · The last time (I visited a bank) was about _____.
　　　　　　　　　　　　　　　　　　　　　　　· 나흘 전에

　　I went to deposit some money.

　　· I visited a bank _____.
　　　　　　　　　　　　이틀 전에

Q6 How many times have you used the bank service in the past three months?

A6 I have used the bank service _____.
　　　　　　　　　　　　　　　　　세 번 정도

Q7 Would you suggest I use an online banking service? Why or why not?

A7 Yes. _____ you use an online banking service.
　　　　　나는 추천할 거야

　　Most of all, it is _____ because you don't have to go to the bank
　　　　　　　　　　　　편리한

　　or _____ of the branch.
　　　　영업 시간을 걱정하다

　　Also, you don't have to _____ to _____.
　　　　　　　　　　　　　줄 서서 기다리다　　　서비스를 이용하다

해설서 p.42

연습 문제 2 자동차 임대 서비스

TOEIC Speaking

Imagine that your **co-worker from an overseas branch** is visting, and has some
↳ 전화 대상: 해외 지점 직장 동료

questions about the **car rental service**.
↳ 주제: 자동차 임대 서비스

Q5 On what occasions have you used a car rental service, and for how long?

A5 I have used a car rental service _____,
나의 출장을 위해

and it was _____.
이틀 동안

Q6 How do I decide which car rental service to use? Where can I get the information about it?

A6 You can get the information _____.
인터넷에서

You should _____ to decide.
후기들을 살펴보다

Q7 What are some things to consider when I choose a car rental service?

A7 You should consider the _____.
서비스 품질

When you rent a car, _____ with the car.
때때로, 당신은 ~에 문제가 있다

Then, you _____. So, the service _____.
그들의 서비스가 필요하다   빨라야 한다

Also, they should be _____.
상냥하고 친절하다

실전 연습하기

각 문항별 준비 시간 3초와 답변 시간 15초, 30초를 지켜 질문에 답변해 보세요.

🔊 MP3 3_실전 연습 1

1

> **TOEIC Speaking**
>
> Imagine that you are talking to a friend over the phone. You are having a conversation about clothing stores.

Question 5 준비 시간 3초, 답변 시간 15초

🎧 When was the last time you went to a clothing store, and how long did you stay there?

🎤 _____

Question 6 준비 시간 3초, 답변 시간 15초

🎧 Would you visit a new clothing store that also sells shoes? Why or why not?

🎤 _____

Question 7 준비 시간 3초, 답변 시간 30초

🎧 Have you thought about buying clothes online? Why or why not?

🎤 _____
_____

 등급별 답변 확인하기
• IM – AL 3_9

📘 해설서 p.44

2

> **TOEIC Speaking**
>
> Imagine that a US marketing firm is doing a survey on food delivery. You have agreed to participate in a telephone interview on food delivery service.

Question 5 준비 시간 3초, 답변 시간 15초

 When was the last time you ordered food for delivery? How long did it take?

 _____

Question 6 준비 시간 3초, 답변 시간 15초

 What did you order? Do you often order it?

 _____

Question 7 준비 시간 3초, 답변 시간 30초

 When ordering food for delivery, which of the following factors is more important to you?

· the diversity in menus   · quick delivery

 _____

_____

3

TOEIC Speaking

Imagine that a magazine publisher is doing a survey. You have agreed to participate in the survey about magazines.

Question 5   준비 시간 3초, 답변 시간 15초

 In your country, where do people usually buy magazines?

 _____

Question 6   준비 시간 3초, 답변 시간 15초

 What kind of magazines do you enjoy reading? How often do you read them?

 _____

Question 7   준비 시간 3초, 답변 시간 30초

 Do you prefer to read printed magazines or see magazines online?

 _____

_____

 등급별 답변 확인하기
· IM – AL 3_11

해설서 p.48

4

TOEIC Speaking

Imagine that you are talking to a friend on the phone. You are talking about baking.

Question 5 준비 시간 3초, 답변 시간 15초

 Do you ever bake? Or does anyone in your family bake?

Question 6 준비 시간 3초, 답변 시간 15초

 How do you get recipes for baking?

Question 7 준비 시간 3초, 답변 시간 30초

 Would you rather buy baked goods from the bakery, or would you rather bake at home?

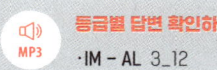

QUESTIONS 8-10

제공된 정보를 사용하여 질문에 답하기

RESPOND TO QUESTIONS USING INFORMATION PROVIDED

 STEP 1 | STEP 2 | STEP 3 | STEP 4

Q 1-2	지문 읽기
Q 3-4	사진 묘사하기
Q 5-7	듣고 질문에 답하기
Q 8-10	**제공된 정보를 사용하여 질문에 답하기**
Q 11	의견 제시하기
ACTUAL TEST	실전 모의고사

STEP 1

유형 파악하기

기본 정보

번호	시간	득점 포인트	질문 유형
Q 8, 9, 10	표 읽기: 45초 준비 시간: 문항별 3초 답변 시간: 15/15/30초 ★ 노트테이킹 권장 X	주제 관련성 시간 내 답변 완성 문장/내용 완성도	행사 일정표 개인 일정표 기타 (이력서, 영수증)

시험 진행

TOEIC Speaking

Questions 8-10: Respond to questions using information provided

Directions: In this part of the test, you will answer three questions based on the information provided. You will have 45 seconds to read the information before the questions begin. You will three seconds to prepare and 15 seconds to respond to Questions 8 and 9. You will hear Question 10 two times. You will have three seconds to prepare and 30 seconds to respond to Question 10.

안내문
Q 8-10 시험 진행 방식을 설명하는 안내문을 화면에 보여준 뒤 이를 음성으로 들려줍니다.

TOEIC Speaking

10th Annual Teachers Conference
Room #703, Convention Center

Friday, August 7th

8:00 a.m. – 9:00 a.m.	Registration for the conference
9:00 a.m. – 10:00 a.m.	Coffee and refreshments
10:00 a.m. – 10:30 a.m.	Opening speech : Martin Cole
10:30 a.m. – 12:00 p.m.	Keynote Speech : Alison Hart

*Teachers must register for the conference.

PREPARATION TIME
00:00:45

준비 시간 - 표 읽기
표가 화면에 등장한 뒤 표를 읽을 45초의 준비 시간이 주어집니다.
그 뒤, 상황을 설명하는 나레이션을 들려줍니다. 준비 시간 이후에도 표는 화면에 계속 표시됩니다.

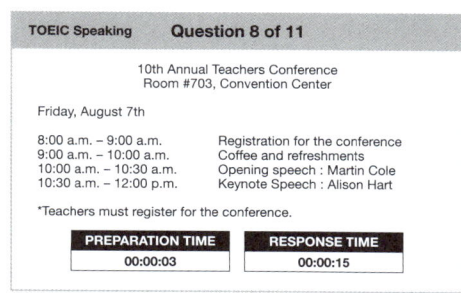

준비 시간 & 답변 시간 – Question 8

8번 문제를 읽어준 뒤, "Begin preparing now."라는 음성과 함께 3초의 준비 시간이 주어집니다. 이후 15초의 답변 시간이 주어집니다.

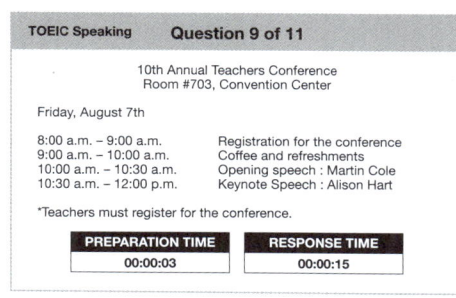

준비 시간 & 답변 시간 – Question 9

9번 문제를 읽어준 뒤, "Begin preparing now."라는 음성과 함께 3초의 준비 시간이 주어집니다. 이후 15초의 답변 시간이 주어집니다

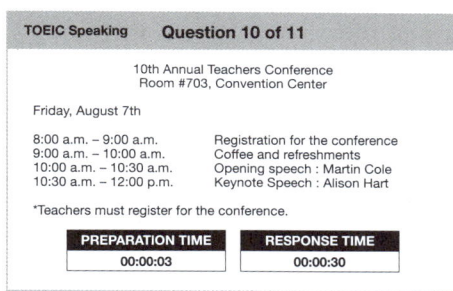

준비 시간 & 답변 시간 – Question 10

10번 문제를 읽어준 뒤, "Begin preparing now."라는 음성과 함께 3초의 준비 시간이 주어집니다. 이후 30초의 답변 시간이 주어집니다
* 10번 문제는 두 번 들려줍니다.

ETS 채점 정보

점수	내용
0점	답변이 없거나 답변이 주제와 전혀 관련 없음
1점	답변이 주제를 적절하게 다루지 못하고 표의 정보가 없거나 부정확함 • 답변을 이해하는 데 상당한 노력이 요구됨 • 어휘가 부정확하거나 화면에 제시된 단어에 의존해 이를 되풀이함
2점	답변이 대체적으로 적절하지만, 표의 정보가 부분적으로 부족하거나 부정확함 • 어휘가 제한적이거나 다소 부정확하지만, 전반적인 의미는 명확함 • 구문 사용이 내용을 이해하는 데 약간의 노력을 요구함
3점	답변이 주제를 적절하게 다루며 표의 정보가 정확함 • 답변 대부분이 순조롭고 일관되며, 이해하는 데 어려움이 거의 없음 • 질문에 맞는 적절한 어휘를 사용하며 주제에 맞게 구문을 사용함

출제 유형

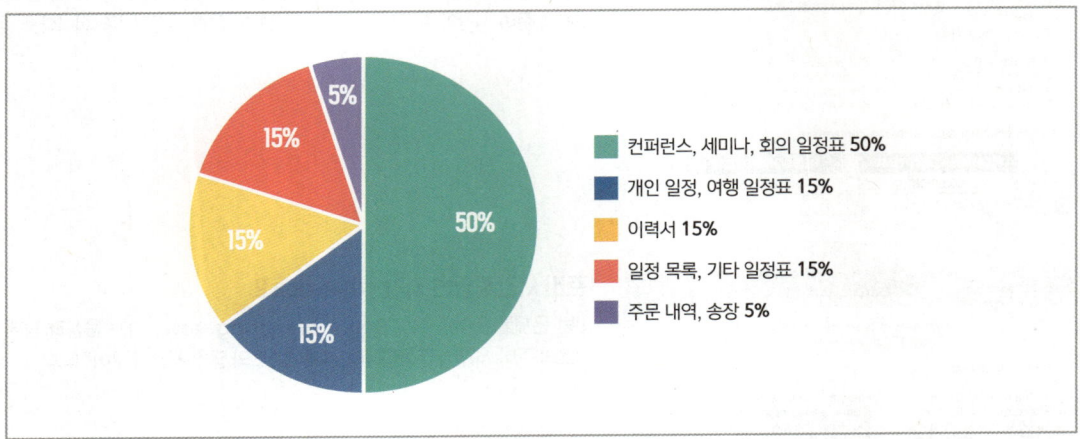

1. **컨퍼런스, 세미나, 회의 일정표**
   학회, 세미나, 워크샵, 비즈니스 회의 등의 다양한 일정표가 출제됩니다. 주로 시간대별 일정을 나열한 도표가 출제됩니다. 낯선 주제나 안건이 등장하므로, 도표의 내용을 완벽히 이해하기 힘들 수 있습니다. 따라서 표 전체의 틀과 흐름 파악에 주력하는 것이 좋습니다.

2. **개인 일정, 여행 일정표**
   여행 및 출장 일정표가 출제됩니다. 여행 일정표에는 방문지와 방문 일정이 출제됩니다. 비행 일정이 포함되어 있는 경우도 있습니다.

3. **이력서**
   주로 면접관의 입장에서 질문이 출제되고 지원자들의 이력서나 지원서를 바탕으로 구체적인 항목을 질문하는 형식입니다. 한 지원자의 개인 정보, 지원 분야, 학력, 능력, 그리고 경력에 대한 정보가 제공됩니다.

4. **일정 목록, 기타 일정표**
   시스템 점검 일정, 면접 일정, 행사 개최 목록 등 다양한 도표들로 출제됩니다. 대부분의 경우 날짜와 시간 정보가 표에 자주 포함되므로 시간과 시기를 정확하게 표현할 줄 아는 것이 중요합니다.

5. **주문 내역, 송장, 기타**
   다양한 물건을 주문한 거래 내역 및 송장이 출제됩니다. 그 외 다양한 표들이 출제되기도 합니다.

KATE 쌤의
Q 8-10 고득점 꿀팁

1. 표 읽는 시간을 최대한 활용하자
- ✓ 45초 동안 도표를 눈으로 스캔하자. 자세한 분석 보다는 어떤 정보가 어디에 있는지 위치를 스캔하고 분위기를 파악하는 정도면 충분!
- ✓ 제목 확인 → 특이 사항 확인 → 내용 확인 순으로 확인하면 쉽게 정리할 수 있다.
- ✓ 내용을 확인할 때 중복되는 정보도 확인하자.

2. 타이머를 준비해서 연습하자
- ✓ 평소 연습 시 표 읽는 시간 45초, 답변 시간 15초, 30초에 얼만큼 보고 말할 수 있는지 확인할 것.

3. 일정표에 따른 빈출 질문은 암기해서 연습하자
- ✓ 일정표마다 나오는 질문은 정해져 있다. 특정 지문이나 도표에 따른 질문 패턴들은 정리해두자. 예를 들면 행사 일정표에서는 시작 시간, 행사 장소 및 날짜 등을 묻는 패턴이 반드시 출제된다. 이렇게 특정 도표에 따른 빈출 질문을 잘 파악해두면 순발력 있게 답변할 수 있다.

4. 시간 내 답변 완성이 목표
- ✓ 질문을 들을 때 의문사와 질문 의도를 잘 파악하자. 의문사와 핵심 단어를 듣는 연습을 하자.
- ✓ 부가 정보는 말하다가 끊겨도 감점이 없지만 질문에 핵심이 되는 답변이 부족하거나 없으면 감점의 요인이 된다는 점을 명심.

5. 문장으로 답할 것!
- ✓ 비교적 간단한 의문사형 질문인 8번과 9번은 나도 모르게 단어로만 답변하기 쉬우므로 주의할 것!
- ✓ 토익스피킹 IH등급 이상이 목표라면 문장으로 답변하는 것이 매우 중요하다.

전략 익히기

전략1 표의 종류와 전체적인 내용 파악하기

Q 8-10에서는 표를 읽기 위해 주어지는 45초의 준비 시간 동안 제시된 표의 종류와 전체적인 내용을 위주로 속독합니다. 아래의 자주 출제되는 유형을 미리 학습하고, 제목, 특별 정보, 본문 세부 일정 순으로 표의 내용을 파악합니다.

- 행사 일정표: 학회, 세미나, 워크샵 등의 발표, 연설, 토론 일정 등장
- 여행 일정표: 출발 및 도착 일정, 이동 수단 등의 정보 등장
- 이력서: 개인 정보, 학력, 능력, 경력 등의 정보 등장

TOEIC Speaking

10th Annual Teachers Conference
Room #703, Convention Center

Friday, August 7th

Time	Event
8:00 a.m. – 9:00 a.m.	Registration for the conference
9:00 a.m. – 10:00 a.m.	Coffee and refreshments
10:00 a.m. – 10:30 a.m.	Opening speech : Martin Cole
10:30 a.m. – 12:00 p.m.	Keynote Speech : Alison Hart Topic : communicating with students
12:00 p.m. – 12:30 p.m.	Q & A session
12:30 p.m. – 1:30 p.m.	Lunch
1:30 p.m. – 2:30 p.m.	Workshop 1: Making Lesson Plans
2:30 p.m. – 3:30 p.m.	Workshop 2: Teaching Social Skills to Students
3:30 p.m. – 4:30 p.m.	Informal conversation

* Teachers must register for the conference.
* Each teacher is given a booklet and a pen.
* A buffet lunch is provided in the cafeteria.

❶ 제목: 주제, 장소
제목은 주로 이벤트의 주제와 그에 대한 기본 정보가 주어집니다. 어떤 행사가 언제, 어디서 진행되는지를 파악할 수 있습니다. 기본 정보인만큼, 시험에서 8번 문항으로 자주 출제됩니다.

❷ 특이 사항
특별히 염두에 둬야 하는 내용을 소개합니다. 9번 문항으로 자주 출제되는 부분이므로 표의 기호나 이탤릭체, 강조된 부분에 집중합니다.

❸ 본문 내용: 세부 일정
시간대별 일정의 세부 내용이 등장합니다. 어떤 일정인지에 따라 다르지만, 주로 그 시간에 다뤄지는 주제를 소개합니다. 또한, 해당 일정의 담당자나 관련인이 나열됩니다. 10번 문항으로 자주 출제됩니다.

- 표 읽는 시간 45초 동안 '제목 → 특이 사항 → 본문 정보' 순으로 속독하도록 합니다. 시간별 행사나 사람 이름, 장소 등 최대한 많은 정보를 눈으로 익혀둡니다.
- 우선, 지문 상단에 위치한 제목부터 확인합니다. 그리고 지문의 하단 혹은 사이사이에 등장하는 기호 등 특별 정보를 주시하도록 합니다. 마지막으로, 중복되는 정보가 있다면 10번 문항으로 출제될 확률이 높으니 이에 집중하도록 합니다.

전략2 답변 시간 활용하기

1 지문을 살펴 보며 질문 듣기
질문을 완전하게 이해하지 못했더라도 지문에 등장한 단어 몇 개만 들어도 답변이 가능하므로 지문에서 눈을 떼지 않고 질문을 듣는 것이 좋습니다.

2 질문은 표 읽는 시간 45초 후 통화 상대에게 질문하듯이 전개
Q 8-10의 첫 문제인 8번은 전화 건 사람의 자기 소개, 전화 목적, 그리고 마무리 멘트로 이어지는 상황 설명이 먼저 나온 다음 제시됩니다. 따라서 8번 질문이 시작되는 지점을 정확하게 파악하기 위해서는 이 상황 설명 부분을 집중해서 들어야 합니다.

> [8번 질문 제시 전 예시 멘트]
> Hello, my name is Jonah Davis. I'm planning to attend the Teachers Conference next week, but I still haven't received the schedule yet. So I have a few questions about it.

전략 3 Q 8-10 질문 유형과 요점 파악하기

1 Question 8 단편적인 정보를 묻는 문항

8번 문항은 의문사를 이용하여 주로 장소나 날짜, 시간 등의 단편적인 정보를 묻습니다. 질문이 2개인 경우가 많아서 서둘러 답변해야 15초 내로 답변을 완성할 수 있습니다.

- **질문의 의문사를 정확히 기억하고 모두 답하기**

질문의 의문사가 2개일 경우 하나라도 빠트려 답변하면 감점이 될 수 있으므로, 문장의 유창함 보다는 답변의 유무를 우선적으로 고려합니다. 질문에서 쓰인 주어와 동사를 정확하게 일치시켜 답변할 필요는 없으며, 내용에 맞게 답변하면 됩니다.

> Q Where will the conference be held, and what time will it begin?
> A The conference will be held in room seven-oh-three, and it will begin at eight a.m.
>
> Q 컨퍼런스는 어디에서 열릴 예정이며, 몇 시에 시작하나요?
> A 컨퍼런스는 703호실에서 열릴 예정이고, 오전 8시에 시작합니다.

2 Question 9 정보 확인을 요청하는 문항

9번 문항은 전화를 건 사람이 갖고 있는 정보가 옳은 것인지 확인하는 질문이 주어지며, 15초의 답변 시간이 주어집니다.

- **질문 내용이 표와 다른 경우**

9번 문항에서 흔히 출제되는 유형이며 질문 내용이 표와 다른 경우 잘못된 정보임을 말해주는 데 그쳐서는 안되고, 표에 나온 정확한 정보까지 부연 설명을 해줘야 고득점을 받는 데 유리합니다.

> Q I don't have to register for the conference, do I?
> A Actually, that's incorrect. You have to register for the conference.
>
> Q 컨퍼런스를 위해 따로 등록하지 않아도 되죠?
> A 사실, 틀린 정보입니다. 컨퍼런스에 따로 등록해야 합니다.

- **질문 내용이 표와 같은 경우**

단답형으로 Yes만 하지 않고, 표에서 확인한 관련 정보를 추가로 제공합니다.

> Q As far as I remember, there was a workshop about lesson plans. Am I right?
> A Yes, there is a workshop about lesson plans.
>
> Q 제 기억으로는 수업 계획에 대한 워크샵이 있었던 것 같은데, 맞나요?
> A 네, 수업 계획에 대한 워크샵이 있습니다.

- **질문 내용이 표에 없는 경우**

간혹 표에 없는 정보를 질문에서 묻기도 하는데, 이 때에는 당황하지 않고 정보를 찾을 수 없다는 사실을 전달합니다.

> **Q** I heard that there will be a workshop about making games and activities, am I right?
> **A** Actually, there is no information about games or activities / that.
>
> **Q** 게임과 활동 만들기에 대한 워크샵이 있을 예정이라고 들었는데, 맞나요?
> **A** 사실, 게임이나 활동에 대한 / 그것에 대한 정보는 없습니다.

3 Question 10 세부 정보를 요청하는 문항

10번 문항은 주로 특정 시점 이전 혹은 이후의 세부 일정을 묻거나, 특정 조건에 부합하는 세부 일정을 모두 열거하라는 내용이 출제됩니다. 답변 시간은 30초가 주어집니다. 의문문이 아닌 평서문으로 질문을 하기도 하므로 주의합니다.

• 순서 표현을 활용해 항목 열거하기

10번은 여러 개의 세부 일정을 나열하는 문제가 출제되므로, 순서 표현을 정확하게 익혀두는 것이 좋습니다. 목록을 순차적으로 말할 때는 First, Second(ly), Third(ly), Lastly를 사용하고, 일정의 흐름을 강조할 때에는 First of all, And, And then, After that, Also 등을 적절히 활용합니다.

> **Q** I'd like to get some details / information about the events before lunch.
> **A** First of all, there is registration for the conference. And(Secondly), there is time for coffee and refreshments. And then / After that(Thirdly), there is an opening speech by Martin Cole. Also(Lastly), there is a question and answer session.
>
> **Q** 점심 시간 이후 행사 일정에 대한 세부 사항 / 정보를 알고 싶어요.
> **A** 가장 먼저, 컨퍼런스 등록이 있습니다. 그리고(둘째로), 커피와 다과를 위한 시간이 있습니다. 그 뒤에는(셋째로), 마틴 콜이 진행하는 개회사가 있습니다. 또한(마지막으로), 질의응답 시간이 있습니다.

• 특정 조건에 부합하는 모든 정보를 문의하는 경우

특정 주제나 행사 종류에 부합하는 관련 정보를 모두 제시해달라는 문제도 자주 출제됩니다.

> **Q** I heard there will be workshops during the conference. Can you tell me about them?
> **A** There are 숫자 workshops. One is about 워크샵 주제 / 제목.
> And the other is about 또 다른 워크샵 주제 / 제목.
> **Q** 컨퍼런스 중에 워크샵이 있을 예정이라고 들었어요. 워크샵 일정에 대해 모두 말해주시겠어요?

• 놓치게 되는 일정에 대해 문의하는 경우

본인이 놓치게 되는 일정이 있는지를 문의하는 질문이 출제되기도 합니다. 시작 시간보다 늦게 도착 예정인 경우 get there, be there, make it there 등의 도착을 의미하는 표현이 등장하며, 반대로 마지막 일정보다 일찍 떠나야 하는 경우 leave, depart, early와 같은 단어가 나옵니다. 이 때에는 놓치게 될 일정을 순차적으로 말해줍니다.

> **Q** I have a very important appointment scheduled in the afternoon, and I'll have to leave at one. What will I miss?
> **A** Well... you will miss 놓치는 일정 개수 sessions. First, 이하 순차적으로 말하기
> **Q** 오후에 아주 중요한 일정이 있어 1시에 떠나야 합니다. 어떤 일정을 놓치게 되나요?

유형별 연습하기

유형1 컨퍼런스, 세미나, 회의 일정표

TOEIC Speaking

Travel Writers and Photographers Conference 2018

Q8 Venue: Grand Ballroom, Maple Center
Date: Saturday, September 25th

Agenda

Time	Event
12:30 p.m. – 1:00 p.m.	Registration
1:00 p.m. – 1:30 p.m.	Welcome & Opening (Thomas West, Conference chair)
1:30 p.m. – 2:00 p.m.	*Inside a travel writer's life* (Ed Mitchell)
2:30 p.m. – 3:00 p.m.	*Challenges that travel writers go through* (Diane Ross)
3:00 p.m. – 3:30 p.m.	Coffee and snacks (provided)
3:30 p.m. – 4:00 p.m.	*Inside a travel photographer's life* (George Holmes) **Q10**
4:00 p.m. – 4:30 p.m.	*Use of technology in travel photography* (Maria Lopez)
4:30 p.m. – 4:50 p.m.	Question & Answer session
4:50 p.m. – 5:50 p.m.	Informal Gathering **Q8**

Q9 *Required to show an ID when registering.
*For more information, visit www.TWPC.com

질문 제시 전 멘트

Hi, my name is Diane Ross. I'm one of the speakers, and will be attending the conference on Saturday. And I had a few questions about the conference that day.

1 Question 8

8번 문항은 주로 이벤트 장소나 시작 시간, 끝나는 시간을 묻는 질문이 많으며, 주로 표 상단에 답변 단서가 제시되는 경우가 많습니다. 그리고 의문사 2개를 사용해 연이어 질문하는 경우가 많습니다. 그러므로 질문의 의문사를 잘 듣고 기억해두는 게 중요합니다.

질문 핵심 키워드

> **Q8** Where will the conference take place, and what time will it end?
>
> **IM - IH** **A8** The venue is _____. And it ends at _____.
>
> **IH - AL** **A8** The conference will take place in _____, and it ends at _____.

2 Question 9

9번 문항은 주로 정보 확인 유형이 많은데, 질문을 듣고 키워드를 파악한 후 표에서 관련 항목을 찾아내 답변해야 합니다. 9번 예제의 키워드는 register과 prepare로, 제시된 일정 중 '*'항목인 required to show ID when registering에서 확인할 수 있습니다.

질문 핵심 키워드

> **Q9** I remember I am supposed to register once I get there. Is there anything I need to prepare for that?
>
> **IM - IH** **A9** Yes, you need _____ for registration.
>
> **IH - AL** **A9** Yes, there is. You are required to _____ when registering.

3 Question 10

10번 문항에서는 **details**라는 말과 함께 특정 주제에 부합하는 일정이나 항목을 모두 알려달라는 경우가 많습니다. 여러 가지 항목을 나열하여 답변해야 하므로, 정보를 잘 요약해서 말하는 게 시간 내 답변을 완성하는 데 유리합니다.

질문 핵심 키워드

> **Q10** I'm also excited to hear about the travel photographer's sessions. Will you give me the details of the speeches related to travel photography?
>
> **IM - IH** **A10** There are two sessions. One is about _____, and the other is about _____. And that is at _____. And the speakers are _____.
>
> **IH - AL** **A10** There are two sessions. One is about _____ and will be given at _____, and the other is about _____. And that is at _____. And the speakers are _____.

해설서 p.52

빈출 표현

시험에 자주 등장하는 아래의 표현을 MP3 음원을 활용하여 학습해 보세요.

🔊 MP3   4_빈출 표현 1

컨퍼런스, 세미나, 회의 일정표

- conference 학회, 회의
- seminar 세미나
- workshop 워크샵
- registration 접수
- take place / be held 개최되다
- begin 시작하다
- end 끝나다
- Q & A session 질의응답 시간
- opening remarks 개회사

- keynote speech 기조 연설
- closing speech 폐회사
- presentation 발표
- coffee break 커피 시간
- be supposed to ~하기로 되어 있다
- related to ~와 관련된
- sign up 등록하다, 접수하다
- detail 상세한 내용

K-tip

컨퍼런스, 세미나, 회의 일정표 필수 패턴

행사 장소
- The venue is 장소.
- The location is 장소.
- The event takes place at / on 장소/날짜.

행사 종료 시간
- The event / It ends at 시간.

'~와 관련된'
- about 주제
- related to 주제
- a session about 주제
- an event regarding 주제

2가지 일정 정리
- There are two sessions. One is 일정 about 주제. The other is 일정 about 주제.

유형 2 개인 일정, 여행 일정표

TOEIC Speaking

Business Trip Itinerary
(Nov 7th - 9th)

Inquirer: Justin Murray

Thursday, November 7th

- Flight from Incheon, Korea, to Kuala Lumpur, Malaysia
  (Departure: 2:00 p.m. , Arrival: 8:05 p.m.)
- Hotel check-in, Hotel Mandarina

Friday, November 8th

10:00 a.m. – noon	Meet local clients and prepare exhibition
noon – 1:30 p.m.	Lunch with clients (Bistro de Olive, hotel 1st floor)
2:00 p.m. – 6:00 p.m.	Attend the "**Annual Handcraft Exhibition**" (Booth: B1-B2) *Venue: Kent International Convention Center*

Saturday, November 9th

- 10:00 a.m. – 1:00 p.m.   Visit local traditional markets
- Flight from Kuala Lumpur, Malaysia, to Incheon, Korea
  (Departure: 4:00 p.m., Arrival: 10:15 p.m.)

질문 제시 전 멘트

Hey, Angela. This is Justin. I'm calling about my business trip to Malaysia tomorrow. I left my itinerary on my desk and forgot to bring it with me. Would you please go to my desk and get the itinerary and answer some of my questions?

1 Question 8

여행 일정표에서는 8번 문항으로 비행 정보를 묻는 경우들이 종종 있습니다. 이륙 일정과 도착 일정에 대한 질문들을 많이 하게 됩니다. 그러므로 지역명과 그 앞의 전치사를 주의해서 들어야 합니다. 지역명 앞에 **to** 혹은 **for** 가 오면 주로 그 지역은 목적지가 되고, **from**이 오면 출발지가 됩니다.

질문 핵심 키워드

Q8 What time is my flight to Kuala Lumpur? And how long is the flight?

IM - IH A8 The departure time is _____ and it is _____ hours.

IH - AL A8 You will depart at _____ and the flight is _____.

2 Question 9

정보 확인을 요청하는 9번 문항에서는 도표에 없는 정보를 활용하여 질문하기도 하니 주의합니다. 9번 예제의 키워드는 **return**, .. **Saturday**, .. **straight to**, .. **airport**로 제시된 도표에서 관련 정보를 찾아야 합니다.

질문 핵심 키워드

Q9 On the day I return, which is on Saturday, do I go straight to the airport from the hotel?

IM - IH A9 Actually, no, you will visit _____.

IH - AL A9 Actually, no. You will visit _____.
And then you will head to _____.

3 Question 10

10번 문항에서는 출장이나 여행 일정 중, 특정 날의 일정을 구체적으로 다 설명해줄 것을 요구하는 질문이 흔히 출제됩니다. 주어진 시간 내 많은 일정들을 말해야 하므로, 문장이 너무 길어지지 않도록 합니다. 또한, 일정을 시간 순으로 순차적으로 나열하면 됩니다. 시간 내 답변하기 위해 정보를 줄여서 말해도 됩니다.

질문 핵심 키워드

Q10 I know November 8th will be a busy day for me. Will you read me the schedule in detail?

IM - IH A10 Sure. On _____, November 8th, you will _____
_____. And then, you will have _____. _____,
you will attend _____.

IH - AL A10 Sure. _____, _____, you will _____
_____. And then, you will have _____, _____
_____. _____, you will _____.

해설서 p.54

빈출 표현

시험에 자주 등장하는 아래의 표현을 MP3 음원을 활용하여 학습해 보세요.

🔊 MP3 4_빈출 표현 2

개인 일정, 여행 일정표

- itinerary 여행 일정표
- trip 여행
- business trip 출장
- tour 여행
- a guided tour 가이드가 있는 투어
- activity 활동
- picnic 소풍
- meeting 회의
- clients 고객
- conference 학회, 회의
- landmark 주요 지형지물
- exhibit / exhibition 전시하다 / 전시, 전시품
- visit 방문하다
- stop by 잠깐 들르다
- head to ~ ~로 향하다
- attend 참석하다
- take part in 참여하다

- participate 참여하다
- transportation 교통수단
- take 교통수단 ~을 타고 이동하다
- depart for 목적지 ~로 떠나다
- departure 출발
- fly to ~로 비행기로 이동하다
- arrive in 도착지 ~에 도착하다
- arrival 도착
- plan a trip 여행을 계획하다
- stay in ~ hotel ~호텔에 머무르다
- complimentary 무료로 제공되는
- admission fee 입장료
- be included 포함되다
- local 현지의
- tour spots 여행지
- reservation 예약
- package (여행) 패키지

K-tip

개인 일정, 여행 일정표 필수 패턴

비행 출발 / 도착
- The departure time is 출발 시간, 요일, 날짜.
- You (will) depart 출발지 at 출발 시간. / You will depart for 목적지 at 출발 시간.
- The arrival time is 도착 시간, 요일, 날짜.
- You (will) arrive in 도착지 at 도착 시간.

비행 시간
- The flight is 비행 시간 hours.

방문 일정 설명
- You (will) visit / go to / head to 장소 / 목적지.

행사 참여 설명
- You (will) attend / take part in / participate in 행사.

TOEIC Speaking

Perry Lynn Chang
128 Guarino Dr. Middletown, Connecticut
250-9469
Perrychang@vmail.com

Position sought	Reporter	
Academic achievement	New York State University, Master's degree, 2011 Major: Journalism	
	Fairfield University, Bachelor's Degree, 2009 Major: Business Communications	
Work experience	A columnist for *Weekly New York*	2014 – present
	A reporter for *The Economic View*	2013 – 2014
	A local news reporter for *News Focus Online*	2011 – 2013
	Writer for *The Fairfield Times* (school newspaper)	2008 – 2009
Technical skills	- have a personal online blog - good with computer design programs and word programs - able to run Excel programs for data analysis and presentation	
Other skills	- fluent in Chinese - great interpersonal skills and communication skills - sociable personality	

질문 제시 전 멘트

Hi, this is Michael. I accidentally left out one page from the résumé file that was on my desk. So, I was wondering if you could take a look at it for me and answer some questions.

1 Question 8

이력서의 8번 문항은 개인 정보, 지원 분야 그리고 학력에 대한 질문을 많이 합니다.

질문 핵심 키워드

Q8 Where did she get her bachelor's degree, and what did she study in college?

IM - IH **A8** She got her bachelor's degree in _____ from _____.

IH - AL **A8** She got her bachelor's degree from _____, and she studied _____.

2 Question 9

이력서의 9번 문항은 주로 지원자의 능력이나 특별 사항에서 많이 출제됩니다. 특히, 특정 능력을 갖고 있는지, 혹은 어떤 상황에 적임자인지를 확인하곤 합니다. 그리고, 도표에 등장하는 어휘를 사용해 직접적으로 질문하기보다 유의어를 사용하는 경우가 많으므로 듣기 시 주의합니다.

질문 핵심 키워드

Q9 This job requires a lot of interviews and meetings, so I need someone who is outgoing and has good communication skills. Do you think Perry Lynn is right for the position?

IM - IH **A9** Yes, she has _____, and she has _____.

IH - AL **A9** Of course. _____ she is _____ and has _____.

3 Question 10

10번 문항에서는 **details**라는 말과 함께 세부 경력 사항을 모두 알려 달라는 경우가 많습니다. 여러 가지 항목을 나열하여 답변해야 하므로 정보 요약과 시간 배분에 유의합니다. 직업 앞에는 a / an, 직위나 직책 앞에는 the를 사용합니다. 주로 경력은 어떤 회사에서, 어떤 직위로, 얼마나 오랜 기간 동안 일했는지를 말합니다. 이 문항에서는 경력 중에서도 특정 직위 (reporter)로서의 경력만을 묻고 있음에 주의합니다.

질문 핵심 키워드

Q10 Can you tell me about her experience as a reporter?

IM - IH **A10** Sure. She was a _____. And she was a _____.

IH - AL **A10** Sure. She _____ as a _____.
She was a _____.
And she was a _____.

빈출 표현

시험에 자주 등장하는 아래의 표현을 MP3 음원을 활용하여 학습해 보세요.

🔊 MP3 4_빈출 표현 3

이력서

- position sought / position desired 희망 직책
- apply for 지원하다
- application 지원서
- applicant 지원자
- candidate 후보
- interview 인터뷰하다
- educational background 학력
- academic achievement 학력
- bachelor's degree 학사 학위
- master's degree 석사 학위
- study 전공하다
- major 전공
- minor 부전공
- skill 능력
- be fluent in ~(언어)를 유창하게 하다
- be proficient in ~을 잘하다
- be familiar with ~에 익숙하다
- interpersonal skills 대인관계

- excellent 매우 뛰어난
- be good at ~을 잘하다
- be able to 할 수 있다
- won first place 1위하다
- win an award 상을 수상하다
- the ability to ~할 수 있는 능력
- competition 대회
- work experience 경력
- related experience 관련 경력
- has ~ years of experience ~년의 경력이 있다
- internship 인턴쉽
- work for 회사명 ~에서 일하다
- be right 적합하다
- be appropriate 적합하다
- be qualified 자격이 되다
- handle the work 업무를 다루다, 업무를 처리하다
- do volunteer work 봉사활동을 하다

K-tip

이력서 필수 패턴

학력

- He got his Bachelor's Degree in 전공 from 학교 in 연도. (학사)
  She got her Master's Degree in 전공 from 학교 in 연도. (석사)

전공

- He / She studied 전공 분야.
- He / She majored in 전공 분야.
- His / Her major was 전공 분야.

학교 / 졸업

- He / She studied in 학교 이름.
- He / She graduated from 학교 이름.
- He / She graduated in 연도.
- He / She got his / her degree in 연도.

능력 설명

- He / She has 능력 skills.
- He / She is 성격 형용사.
- He / She is fluent in 언어.
- He / She is proficient in 능력.

경력 설명

- He / She was a(n) 직업 / 직위 / 직책 in 회사명.
- He / She worked for 회사명, as a(n) 직업 / 직위 / 직책.

유형 4 일정 목록, 기타 일정표

TOEIC Speaking

INTERVIEW LIST
Interview date: October 11th

Interviewee's name	Position	Interview time	Status
Alan Blake	Sales manager	11:00 a.m.– 11:30 a.m.	Canceled
Peter Kovac	Software engineer	11:30 a.m. – 12:00 p.m.	Confirmed
Sarah Weeks	Software engineer	12:00 p.m. – 12:30 p.m.	Confirmed
Ricky Ben	Event director	12:30 p.m. – 1:00 p.m.	Confirmed
Steven Mckao	Sales manager	2:30 p.m. – 3:00 p.m.	Confirmed
Lena Graham	Art director*	3:30 p.m. – 4:15 p.m.	Confirmed
Simon Hopkins	Sales manager	4:15 p.m. – 4:45 p.m.	Confirmed

*hiring an experienced candidate

질문 제시 전 멘트

Hi, this is Roy Carlton. I'll be in charge of the interviews tomorrow. I left the schedule sheet somewhere but can't find it. Since you have a copy of it, do you mind answering some questions?

1 Question 8

8번 문항은 주로 의문사 2개를 사용해 연이어 질문하는 경우가 많습니다. 그러므로 질문의 의문사를 잘 듣고 기억해두는 게 중요합니다. 첫 번째 일정을 묻는다 하여 무조건 제일 위에 보이는 처음 일정을 말하기보다는 내용을 주의 깊게 살펴보아야 합니다. 아래의 질문과 같이 첫 번째 일정이 취소되었을 수도 있습니다.

질문 핵심 키워드

> **Q8** What time is my first interview tomorrow? And who will I be interviewing?
>
> **IM - IH** **A8** It is at _____. And the interviewee is _____.
>
> **IH - AL** **A8** Your first interview is at _____. And you will interview _____.

2 Question 9

9번 문항은 주로 정보 확인 유형이 많은데, 질문을 듣고 키워드를 파악한 후 표에서 관련 항목을 찾아내서 답변해야 합니다. 특히, 잘못된 정보에 대해 묻는 질문이 종종 출제됩니다. 이 때, 잘못되었음을 알려주고 정보를 수정해서 답해야 합니다.

질문 핵심 키워드

> **Q9** None of my interviews are canceled or postponed. Are they?
>
> **IM - IH** **A9** Actually, _____ is canceled.
>
> **IH - AL** **A9** Actually, _____ has been canceled.

3 Question 10

10번 문항에서는 details라는 말과 함께 비슷한 정보를 공유하는 일정을 모두 알려달라는 경우가 많습니다. 이 문항에서는 details .. apply .. sales manager가 키워드로 position(직위)의 칸에서 답변을 찾고, status(상태, 현황)를 확인해야 합니다.

질문 핵심 키워드

> **Q10** Can you give me the details of the interviewees applying for the sales manager position?
>
> **IM - IH** **A10** There are _____. One is _____ and the other is _____.
>
> **IH - AL** **A10** There _____ applying for _____ position. One _____, _____. The others are _____.

해설서 p.58

빈출 표현

시험에 자주 등장하는 아래의 표현을 MP3 음원을 활용하여 학습해 보세요.

🔊 MP3 4_빈출 표현 4

일정 목록, 기타 일정표

- interview 면접 / 인터뷰하다
- interviewee 면접자
- applicant 지원자
- apply for ~에 지원하다
- position 직위, 직책
- experience 경력, 경험
- have experience 경험이 있다
- status 상태, 현황
- be canceled 취소되다
- be postponed 연기되다
- be confirmed 확정되다
- special events 특별 행사

- contest 대회
- anniversary event 기념일 행사
- opening ceremony 개회식
- performance 공연
- hold an event 행사를 개최하다
- offer 제공하다, 제안하다
- membership 멤버십
- sign up 등록하다, 접수하다
- available 가능한
- be necessary 필요하다
- receive 받다, 수령하다
- by 일정 ~까지

K-tip

일정 목록, 기타 일정표 필수 패턴

일정 취소 / 연기 설명
- It has been canceled.
- It has been postponed to 연기된 날짜 / 시간.
- It has been pushed back.

면접 일정
- The interview time is 면접 시간.
- You will interview 면접자 at 면접 시간.

'~에 지원하다'
- apply for 직위 / 직책 position

유형 5 주문 내역, 송장

TOEIC Speaking

INVOICE

Vemo Office Supplies
21 Weaver St. Arlington
VA 22201
Phone: 703-285-1485

Date: 11/5/2017
Invoice #: [30586]
Customer ID: [SGU73]
Delivery date: 11/6/2017

Ship to:

Harry Winston
Miller Graphics Inc.
400S Mammoth BLVD
Arlington, VA 22219
703-295-8596

Item #	Description	Quantity	Unit price	Total
#7295	Paper clips	20 boxes	$10	$200
#9106	Correction pen	100	$3	$300
#1859	Poster boards	20	$7	$140
			Subtotal	$640
			Tax	$40
			Total	$680

*Comments & Special Instructions
- Total payment due in 10 days
- Please include the invoice number on the check
- Make all checks payable to [Vemo Office Supplies]

질문 제시 전 멘트

Hello, my name is Michael, the manager of Miller Graphics. One of my staff, Harry Winston, placed an order yesterday. And I'm calling about that order. So, I was wondering if you could help me with a few questions.

1 Question 8

주문서 및 영수증의 8번 문항에서는 주문 내역의 디테일 보다는 전체 틀에서 문제가 많이 출제됩니다. 그리고 의문사 2개를 사용해 연이어 질문하는 경우가 많습니다. 그러므로 질문의 의문사를 잘 듣고 기억해두는 게 중요합니다. 또한, 주문자(customer)로서 답하는 건지, 공급자(supplier)로서 답하는 건지 잘 파악하도록 합니다.

질문 핵심 키워드

> **Q8** How many items has he ordered, and when will they be delivered?
>
> **IM - IH** A8 _____. And the delivery date is _____.
>
> **IH - AL** A8 He ordered _____, and they will be delivered on _____.

2 Question 9

9번 문항은 주로 정보 확인 유형도 있고 8번과 동일하게 의문사 2개를 이용해 질문하기도 합니다. 질문을 듣고 키워드를 파악한 후 표에서 관련 항목을 찾아내 답변해야 합니다. 질문에서의 키워드는 by when .. payment .. how much이므로 이에 집중합니다.

질문 핵심 키워드

> **Q9** By when do I have to make the payment? And how much is the total?
>
> **IM - IH** A9 _____ is _____, and _____ is _____.
>
> **IH - AL** A9 You have to pay _____ by _____, _____.

3 Question 10

10번 문항에서는 details라는 말과 함께 구매 혹은 주문 항목을 모두 알려달라는 경우가 많습니다. 여러 가지 항목을 나열하여 답변해야 합니다. 이때에는 각 품목을 따로따로 말해주는 게 더 편리합니다. 예를 들어 '수량 + 특징 + 사물'의 순서로 말하면 편리합니다.

질문 핵심 키워드

> **Q10** Can you give me the details of the items we purchased?
>
> **IM - IH** A10 Sure. You ordered _____, and _____. The clips are _____. The correction pens are _____. And the poster boards are _____.
>
> **IH - AL** A10 There are _____. One is _____, which are _____, and you ordered _____. Another is _____, which are _____, and you ordered _____. The other is _____, which are _____. And you bought _____.

해설서 p.60

빈출 표현

시험에 자주 등장하는 아래의 표현을 MP3 음원을 활용하여 학습해 보세요.

🔊 MP3 4_빈출 표현 5

주문 내역, 송장

- invoice 송장
- order request sheet / form 주문 요청서
- mailing information 우편 정보
- billing address (내역서를 수령할) 주소
- receipt 영수증
- business hours / operation hours 영업시간
- shipping date 발송 날짜
- delivery date 배송 날짜
- deliver to ~로 배송하다
- ship to ~로 발송하다
- quantity 수량
- unit price 단위 당 가격
- description 생김새, 묘사
- detail 상세 내역
- subtotal 소계
- tax 세금
- total payment 총 지불 금액
- make the payment 지불하다
- due ~까지 마감인
- place an order 주문하다
- pay ~ for 물건 물건값으로 ~를 지불하다
- purchase 구매하다 / 구매
- office supplies 사무 용품
- be confirmed 확정되다

K-tip

주문 내역, 송장 필수 패턴

주문
- You ordered 주문 품목 .

배송
- The delivery date is 배송 날짜 .
- Your items will be delivered at 시간 / on 요일 .

금액
- It is 금액 dollars, for 품목 /대상 .

지불 일정 설명
- You have to pay by 지불일 .

실전 연습하기

각 문항별 준비 시간 3초와 답변 시간 15초, 30초를 지켜 답변해 보세요.

🔊 MP3 4_실전 연습 1

1

TOEIC Speaking

Employee Training Workshop
Saturday, January 14th

11:00 a.m. – 11:15 a.m.	Overview
11:15 a.m. – 12:00 p.m.	Presentation - new computer system (Jim Cartis, head of IT)
12:00 p.m. – 1:00 p.m.	Lunch*
1:00 p.m. – 1:30 p.m.	Workshop 1 - learn computer terms (Erin Boyer, instructor)
1:30 p.m. – 3:00 p.m.	Workshop 2 - practice the new system (group activities)
3:00 p.m. – 3:30 p.m.	Q&A session
3:30 p.m.– 4:00 p.m.	~~Guest speaker~~ *canceled*
4:00 p.m. – 4:10 p.m.	Closing

*lunch provided in company cafeteria

Question 8 준비 시간 3초, 답변 시간 15초

Question 9 준비 시간 3초, 답변 시간 15초

Question 10 준비 시간 3초, 답변 시간 30초

 등급별 답변 확인하기
· IM – AL 4_6

📘 해설서 p.62

TOEIC Speaking

Kate Backet's Itinerary

Tuesday, March 2nd

9:00 A.M.	Depart Wisconsin (Victory Air, Flight No. 102)
11:00 A.M.	Arrive New York City
12:00 P.M.	Lunch meeting with Jason O'Neil
2:00 P.M.	Attend the Trade Fair
6:00 P.M.	Go back to the hotel

Wednesday, March 3rd

| 11:00 A.M. | Brunch meeting with Daniel Kaminski, JS Electronics |
| 3:00 P.M. | Depart New York City (Tago Airways, Flight No. 247) |

*need to confirm all meeting schedules 2 hours prior to the event

Question 8 준비 시간 3초, 답변 시간 15초

Question 9 준비 시간 3초, 답변 시간 15초

Question 10 준비 시간 3초, 답변 시간 30초

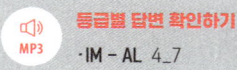

TOEIC Speaking

Megan Thompson
24 Brighton Condo, Seattle, Washington
260-703-0560

Position applying for	Seeking for the sales manager position
Education	- Bachelor's degree, University of Washington, 2016 - Major: Marketing
Work experience	- assistant sales manager, Q-mobile company - sales representative in Q-Mobile company - worked in Marketing and Promoting Team, U Plus Wireless Co. - internship for 6 months in Star Wireless
Highlights	- great social skills and very outgoing - good presentation skills - fluent in English, Spanish - persuasive and trustworthy

Question 8 준비 시간 3초, 답변 시간 15초

Question 9 준비 시간 3초, 답변 시간 15초

Question 10 준비 시간 3초, 답변 시간 30초

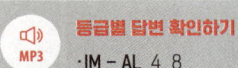

TOEIC Speaking

Healthy Whole Foods Store
Staff meeting
Conference room 405, July 2nd

10:00 – 10:30 a.m.	**Products update**	Tabatha Jones, Store manager
10:30 – 11:00 a.m.	**Organizing products for display** -How to arrange products on shelves -Review current layout of the store	Jake Lanter, Sales department
11:00 – 11:30 a.m.	**Customer service** -Recent complaints from customers (review survey sheets) -Improvements that can be made	Kenny Moore, Customer service department
11:30 a.m. – 12:00 p.m.	**New store business hours**	Tabatha Jones, Store manager

Question 8 준비 시간 3초, 답변 시간 15초

Question 9 준비 시간 3초, 답변 시간 15초

Question 10 준비 시간 3초, 답변 시간 30초

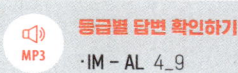

QUESTION 11

의견 제시하기
EXPRESS AN OPINION

 STEP 1 | STEP 2 | STEP 3 | STEP 4

Q 1-2	지문 읽기
Q 3-4	사진 묘사하기
Q 5-7	듣고 질문에 답하기
Q 8-10	제공된 정보를 사용하여 질문에 답하기
Q 11	**의견 제시하기**
ACTUAL TEST	실전 모의고사

STEP 1
 STEP 2 STEP 3 STEP 4

유형 파악하기

기본 정보

번호	배점	시간	득점 포인트	질문 유형
Q 11	5점	준비 시간: 45초 답변 시간: 60초 ★ 노트테이킹 권장!	주제 관련성 답변 내용의 완성도 문장 완성도	찬반형 선호/선택형 장단점 의견형

시험 진행

TOEIC Speaking

Question 11: Express an opinion

Directions : In this part of the test, you will give your opinion about a specific topic. Be sure to say as much as you can in the time allowed. You will have 45 seconds to prepare. Then you will have 60 seconds to speak.

안내문
Q 11 시험 진행 방식을 설명하는 안내문을 화면에 보여준 뒤 이를 음성으로 들려줍니다.

TOEIC Speaking Question 11 of 11

Do you agree or disagree with the statement that social networking service is a good way of advertising products?

PREPARATION TIME
00:00:45

준비 시간
11번 문제가 화면에 띄워진 상태에서 문제를 읽어준 뒤, "Begin preparing now."라는 음성과 함께 45초의 준비 시간이 주어집니다.

TOEIC Speaking Question 11 of 11

Do you agree or disagree with the statement that social networking service is a good way of advertising products?

RESPONSE TIME
00:01:00

답변 시간
준비 시간이 끝나면 "Begin speaking now."라는 음성과 함께 문제가 화면에 띄워진 상태에서 1분의 답변 시간이 주어집니다.

ETS 채점 정보

0점
답변이 없거나 답변이 주제와 전혀 관련 없음

1점
답변이 주제를 다루지 않음
- 답변이 질문에서 요구한 주장을 말하지 못하고 이해하기 어려움

2점
답변의 내용이 매우 제한되어 있거나 응답의 대부분을 이해하기 어려움
- 내용이 모호하거나 반복적이고 듣는 사람을 거의 혹은 전혀 의식하지 않음
- 문장으로 답하려 노력하지만, 발음, 문법, 어휘 모두 제한되며 자주 멈칫하고 미리 준비된 답변에 의존함

3점
주제를 조금은 다루지만, 전달에 문제가 있으며 군데군데 의미가 모호함
- 답변을 기본적으로 이해할 순 있지만, 발음, 어휘, 문법의 문제로 의미가 모호하고 어휘/문장의 사용이 제한적임

4점
주제를 적절하게 다루지만 생각을 표현하는 데는 실수가 다소 보임
- 답변이 일관적이며 질문에서 요구하는 관련된 정보를 전달하지만 세부 사항을 완벽하게 설명하지는 못함
- 발음, 억양, 속도, 어휘, 문법이 다소 제한적일 수 있지만 전반적인 내용을 이해하는 데 크게 영향을 미치지 않음

5점
답변이 매우 효과적이며 이해하기 쉽고, 일관적으로 구성됨
- 뚜렷한 생각의 진행을 보이며 질문에 요구된 관련 있는 정보를 전달함
- 답변이 대체적으로 적절한 속도로 명확하게 진행되며 발음, 문법, 문장 구조 등의 사용이 적절함

출제 유형

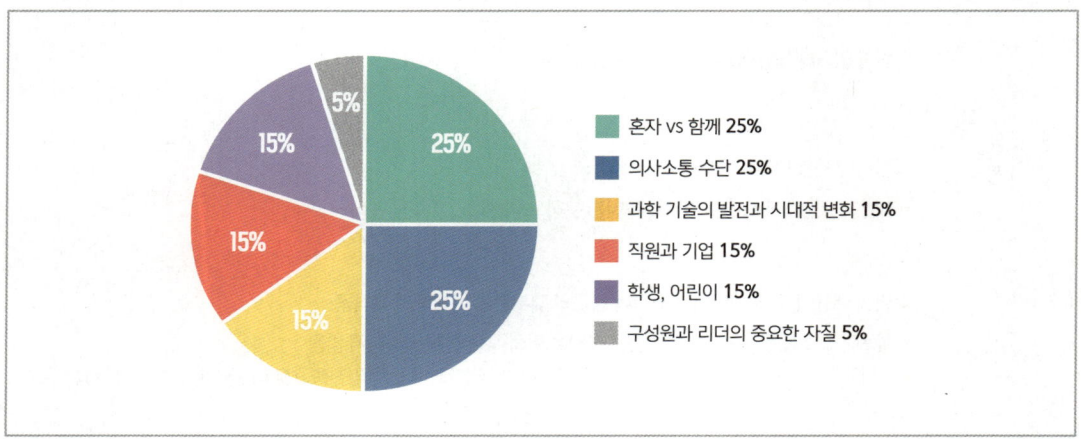

1 혼자 vs 함께
특정 활동을 혼자서 하는 것과 다른 이와 함께 하는 것에 대한 질문이 출제됩니다. 또한, 각 입장의 장단점에 대해 묻는 문항도 출제됩니다.

2 의사소통 수단
다양한 분야의 의사 소통 수단과 정보를 얻는 것에 관한 문항이 자주 등장합니다. 각 수단의 장단점과 그 상황에 사용되는 수단에 대한 장단점을 정리합니다.

3 과학 기술의 발전과 시대적 변화
과학 기술의 발달에 따른 시대적 변화 및 장단점을 묻는 문항들이 출제됩니다. 특히 인터넷의 발달에 관련된 소재는 다른 주제와 함께 자주 출제됩니다.

4 직원과 기업
새로운 사업을 시작하거나, 사업을 운영하는 데에 있어서 중요한 점 혹은 어려운 점은 무엇인지에 관한 질문이 나옵니다. 기업을 운영할 때 필요한 요소가 무엇인지, 한 기업의 구성원으로 직원이 갖추어야 할 능력과 자질에 대한 질문과 같이 일을 하는 환경에서 겪게 되는 여러 가지 상황에 대한 문항이 출제됩니다.

5 학생, 어린이
학생, 청소년, 어린이들의 생활이나 교육에 대한 질문이 나옵니다. 각 연령층과 관련된 어휘를 연습하도록 합니다.

6 구성원과 리더의 중요한 자질
특정 직위의 사람 혹은 누군가가 갖추어야 할 자질, 성격, 능력에 관한 질문이 출제됩니다. 질문 유형으로는 선택형이 가장 많이 출제됩니다. 특정 자질을 갖는 것에 대한 중요함을 근거로 활용하여 답변합니다. 리더로서 갖추어야 할 자질을 묻는 질문도 종종 출제되니 연습해 두도록 합니다.

KATE 쌤의
Q11 고득점 꿀팁

1 질문을 들려줄 때 문장을 잘 끊어서 빨리 해석하도록 하자
- ✓ 아무리 영어를 유창하게 해도 질문의 의도에서 벗어나면 감점이 매우 크다. 질문의 키워드에 집중하여 재빠르게 해석하자.

2 준비 시간을 잘 활용하자
- ✓ 준비 시간 45초 동안 어떤 방향으로 답변 할 것인지 결정하자. 질문에 대한 답변을 시작하는 연습보다도 전체 답변을 어떻게 이끌어 나갈 것인지 구상하는 것이 효과적이다.

3 하나의 근거라도 구체적으로 설명하기
- ✓ 근거를 여러 개 말해야 할 필요는 없다. 한 개의 근거를 제시하더라도 듣는이에게 이해와 설득이 되도록 구체적으로 설명하는 것이 좋다. 이는 평가 기준 중 하나인 '내용의 완성도'에 기여한다.

4 시간 내 답변 완성 목표
- ✓ 답변 시간 안에 결론과 그에 대한 근거가 충분히 설명되어야 하므로 타이머를 확인하며 연습한다. 말하다가 끊기는 것으로 감점은 없지만 답변 시간 1분 동안 말한 내용이 부실하다면 감점이 되는 것은 당연하다. 타이머를 보면서 말하는 연습을 하자.

5 전달력에 집중
- ✓ 목소리 톤과 전달력에 방해받지 않을 만큼의 문법적인 실수는 허용된다. 화려한 표현과 어려운 문장 구조를 활용하는 것 보다 문장이 짧고 쉬운 단어를 사용하더라도 내용이 정확히 전달된다면 고득점을 받을 수 있다.
- ✓ 목소리 톤을 잘 활용하여 설득력 있게 말하자.

전략 익히기

전략1 질문 유형 파악하기

키워드를 파악하여 빠르게 해석하여 질문의 유형을 빠르게 파악한 뒤 내용을 이해합니다. 의견을 묻는 질문은 크게 4가지 유형으로 나뉩니다.

1 찬반형

동의 여부를 묻는 질문
Do you agree or disagree~?, Do you agree~?, Do you think that~?

> Do you agree or disagree with the statement that social networking site is a good way of advertising products?
>
> 소셜 네트워크 서비스가 제품을 광고하는 좋은 방법이라는 것에 동의하나요, 동의하지 않나요?
>
> These days, many teachers use technology in class. They believe using technology helps students understand the class contents better. Do you agree?
>
> 요즘 많은 선생님들이 수업에서 (과학)기술을 사용합니다. 선생님들은 (과학)기술을 사용하는 것이 학생들로 하여금 수업 내용을 더 잘 이해하게 해준다고 믿습니다. 동의하나요?

2 선택형, 선호형

A와 B 두 가지 중 선호하는 것을 선택하거나, 제시되는 세가지 선택지 중에 한 가지를 선택해야 하는 질문
Do you prefer to A or B?, Which do you think~?

> Do you prefer to exercise alone or in a group?
>
> 혼자 운동하는 것을 선호하나요, 그룹으로 운동하는 것을 선호하나요?
>
> Which do you think is the most important quality that a business leader should have?
> - patience - intelligence - communication skills
>
> 다음 중 어느 것이 사업가가 가져야 할 가장 중요한 자질이라고 생각하나요?
> - 인내심 - 지능 - 의사소통 능력

3 장단점형

장점 혹은 단점을 묻는 질문
What are some advantages/disadvantages of A?, What are some good sides of A?

> What are some good sides of high school students participating in volunteer work?
>
> 고등학생들이 자원 봉사에 참여하는 것의 장점에는 어떤 것들이 있나요?
>
> What are some disadvantages of traveling with a tour guide when traveling abroad?
>
> 해외 여행을 할 때, 투어 가이드와 함께 여행하는 것의 단점에는 어떤 것들이 있나요?

4 의견형

의견을 묻는 질문
In your opinion~?, If ~, what would that be?

> In your opinion, are people more concerned with eating healthy than they were in the past? Why or why not?
>
> 과거에 비해 사람들이 건강하게 먹는 것에 더 관심을 갖는다고 생각하나요? 이유는 무엇인가요?
>
> If you could change one thing about your neighborhood what would that be?
>
> 당신의 동네에 대해서 한 가지를 바꿀 수 있다면, 무엇인가요?

K-tip

질문 유형 파악 시 노트테이킹
질문의 해석에 중요한 핵심 어휘들을 위주로 빠르게 해석하고, 내 의견에 대한 결정을 내립니다. 이는 일관된 답변을 말하는 데 도움이 됩니다.

당연한 주장에 근거를 제시하기 어려울 때
예를 들어 '액션 영화와 같이 스케일이 큰 영화는 극장에서 보는 것이 더 좋다'라는 주장에 대한 근거로는 '화면이 크기 때문이다'라고 말할 수 있습니다. 스케일이 큰 영화는 당연히 영화관의 큰 화면으로 보는 것이 좋기 때문이죠. 이럴 때는 액션 영화를 집에서 작은 화면으로 볼 때 얼마나 답답하고 집중이 잘되지 않는지 등 반대의 경우를 예로 들어 말하면 오히려 할 말이 많아집니다.

전략 2 노트테이킹 활용하기

TOEIC Speaking Question 11 of 11

Do you agree or disagree with the statement that social media is a good way of advertising products?

PREPARATION TIME
00:00:45

준비 시간 45초 동안 노트테이킹을 통해 답변 시간 1분간 말할 내용을 정리해 봅니다. 근거는 1-2개 정도로 구상합니다.

근거 틀

O (Opinion): _____

1:

2:

노트테이킹 예시

O (Opinion): Agree _ SNS .. good ad

1: effective.. promote ⟶ many ppl use SNS ⟶ co. easily reach out
   ⟶ ex) Instagram

2: effect~ .. introduce ⟶ co. write detail ⟶ pics & videos

핵심 어휘 위주로 아이디어를 전개한다면 답변 속도를 높이면서 시간도 절약할 수 있습니다. 따라서, 더 많은 내용을 말할 수 있는 시간이 확보됩니다. 일관된 내용으로 집중하여 말할 수 있으므로 점수 획득에 유리합니다. 문장 사이 연결사를 잘 활용한다면 유창성 점수도 확보할 수 있습니다.

노트테이킹 연습

아래의 문제를 토대로 준비 시간 45초에 맞춰 노트테이킹 연습을 진행해 봅니다.

TOEIC Speaking   **Question 11 of 11**

Do you prefer to communicate with your coworkers by e-mails or in person?

PREPARATION TIME
00:00:45

근거를

O (Opinion): _____

1:

2:

노트테이킹 예시

O (Opinion): e-mail, better

1: convenient : easy to comm. → work eff.
　　　　　　　→ any t & any w → work fast

2: add pics/vid → effective

전략3 만능 답변 템플릿 익히기

키워드를 파악하여 빠르게 해석하여 질문의 유형을 빠르게 파악한 뒤 내용을 이해합니다. 의견을 묻는 질문은 크게 4가지 유형으로 나뉩니다.

나의 의견	찬반형	I agree / disagree (with the statement) that _____. ~라는 것에 동의합니다 / 동의하지 않습니다.
	선택/선호형	I prefer to / would rather _____. ~를 선호합니다 / ~하겠습니다.
	장단점형	(Well,) there is an advantage / a disadvantage of _____. (음,) ~의 장점 / 단점이 있습니다.
	의견형	I think _____ is the best. ~이 최선이라고 생각합니다.
근거 ❶ + 부연 설명		Most of all, 근거❶. 무엇보다도, For example, / For instance, 예시. 예를 들면, Also, 추가 설명. 또한,
근거 ❷ + 부연 설명		Additionally, / Secondly, 근거❷. 게다가, / 두 번째로는, For example, / For instance, 예시. 예를 들면, Also, 추가 설명. 또한,
마무리	찬반형 선택/선호형 의견형	For such reasons, 나의 의견. 이러한 이유들로,
	장단점형	So, these are the advantages / disadvantages. 그래서, 이러한 장점들 / 단점들이 있습니다.

> **K-tip**
>
> **IH 등급 이상 답변 연습**
>
> IH 등급 이상을 위해서는 답변 내용과 전개 방식이 중요합니다. 1분에 몇 문장 정도를 말하는지 평균을 내보고, 그에 맞춰 답변 내용과 방식을 조정하는 것이 고득점 달성에 유리합니다. 답변 전개 방식은 크게 **나의 의견 → 근거 ❶ + 부연 설명 → 근거 ❷ + 부연 설명 → 결론**의 순서로 답변합니다.

전략 4 답변 완성하기

앞에서 제시된 노트테이킹 예시를 참고해 만능 템플릿을 적용하여 의견을 말해보세요.

> **Do you agree or disagree with the statement** that social media is a good way of advertising products?
>
> 소셜 미디어가 제품을 광고하는 데 좋은 방법이라는 것에 동의하나요, 동의하지 않나요?

나의 의견	**I agree that** social media is a good way of advertising products.	소셜 미디어가 제품 광고에 좋은 방법이라는 주장에 동의합니다.
근거 ❶ + 부연 설명	**Most of all,** it is an effective way to promote the products. Many people use social media these days, so companies can easily reach out to customers. **For instance,** most companies use Instagram ads to promote their products or services.	무엇보다도, 제품을 홍보하기 위한 아주 효과적인 방법입니다. 많은 사람들이 소셜 미디어를 사용하고 있으며 기업은 고객들에게 쉽게 다가갈 수 있습니다. 예를 들어, 대부분의 기업은 그들의 상품이나 서비스를 홍보하기 위해 인스타그램 광고를 이용합니다.
근거 ❷ + 부연 설명	**Secondly,** it is effective to introduce products on social media because companies can write details of the product description. And they can even upload pictures and videos. **Also,** there are many reviews on the postings. And good reviews can be good advertisement.	두 번째로, 제품을 소셜 미디어에 소개하는 것도 효과적입니다. 왜냐하면 기업이 제품 설명을 상세하게 쓸 수 있기 때문입니다. 그리고 사진과 영상들도 업로드 할 수 있기까지 합니다. 또한, 많은 사람들이 후기를 씁니다. 그리고 좋은 후기들은 좋은 광고가 됩니다.
마무리	So that is why I agree with this statement.	이러한 이유로 이 의견에 동의합니다.

만능 템플릿

K-tip

Q 11 답변 연습 요령

- 미세한 문법적인 실수보다 내용 전달에 더 신경을 쓰도록 합니다.
- 답변 시 질문을 보게 되면 오히려 집중에 방해가 될 수 있습니다.
- 연결사의 활용으로 답변을 자연스럽게 연결하는 연습을 하면 유창성에 기여합니다.

유형별 연습하기

유형1 혼자 vs 함께

특정 활동을 혼자서 하는 것과 다른 이와 함께 하는 것에 대한 질문이 출제됩니다. 또한, 각 입장의 장단점에 대해 묻는 문항도 출제됩니다.

질문 예시

▶ 어떤 여행을 선호하나요? 혼자 하는 여행 vs 그룹으로 하는 여행
▶ 어떻게 운동하는 것이 더 효과적인가요? 혼자서 vs 그룹으로 운동 수업 듣기
▶ 스포츠 경기는 집에서 보는게 더 나은가요 vs 경기장에서 보는 게 더 나은가요?
▶ 룸메이트와 함께 사는 것과 비교하여, 혼자 사는 것의 장점은 무엇인가요?

만능 답변 아이디어 모음

❶ 혼자가 좋다
  ▶ 마음 편함
    - I feel comfortable doing things.
  ▶ 편리함
    - It is convenient because I don't have to discuss everything with others.
  ▶ 돈 절약됨
    - I save money.
  ▶ 집중 잘 됨
    - I concentrate better so I work efficiently.
      And I save time so I manage time well.

❷ 함께가 좋다
  ▶ 즐거움
    - It is fun / interesting. Because we talk and we do things together.
  ▶ 공유 / 나눔 / 분담
    - We share roles. We share ideas / information. So, it is effective.
      And we save time.
  ▶ 돈 절약
    - We save money. Since we split the cost.
  ▶ 동기부여
    - We motivate each other. So, we work efficiently.

🔍 혼자 vs 함께 빈출 표현

시험에 자주 등장하는 아래의 표현을 MP3 음원을 활용하여 학습해 보세요.

🔊 MP3 5_빈출 표현 1

- by myself 스스로
- can do whatever I want to do
  내가 하고 싶은 대로 할 수 있다
- feel comfortable 동사ing ~하는 것이 편하다고 느끼다
- It is convenient to ~ 하기에 편리하다
- I don't have to discuss 논의할 필요가 없다
- It is more fun / interesting 더 재미있다 / 흥미롭다
- easily 동사 쉽게 ~하다
- split the cost 비용을 분담하다
- save money 돈을 절약하다

- save time 시간을 절약하다
- It takes time 시간이 걸리다
- share roles 역할을 분담하다
- share ideas 아이디어를 공유하다
- concentrate 집중하다
- work more efficiently 더 효율적으로 일하다
- overcome difficulties 어려움을 극복하다
- get into an argument 의견 대립하다
- disagreement 의견 충돌
- conflict 갈등

 연습 문제

> Do you agree or disagree with the following statement?
> *Living with roommates is better than living alone.*
> Use specific reasons or examples to support your opinion.

1 브레인스토밍

재미있다 왜냐하면, • 우리는 함께 이야기를 / 게임을 할 수 있음 • 우리는 함께 TV를 볼 수 있음 • 무엇인가를 함께 할 수 있음 • 사람들과 함께 어울리는 것은 재미있음	**It is fun. Because,** • we can talk / play games together • we can watch TV together • we can do something together • It is enjoyable to hang out with people
돈과 시간을 아낄 수 있다 왜냐하면, • 우리는 ~을 공유할 수 있음 • 쉽게 효과적으로 할 수 있음 • 비용을 절약할 수 있음	**We can save money and time. Because,** • we can share ~ • things are done easily and effectively • we can save money

2 답변 완성

브레인스토밍의 답변 아이디어를 활용해 IH-AL등급 답변을 완성해보세요.

나의 의견	I agree that _____
근거 ❶ + 부연 설명	Most of all, it is fun _____ . Because we can _____ at home. For example, I can play games _____ , and sometimes we can watch _____ . So, it is more fun, when I _____ at home.
근거 ❷ + 부연 설명	Secondly, I _____ . These days, rent is _____ . So, if we can _____ the rent, I can _____ a lot.
마무리	For such reasons, I _____ .

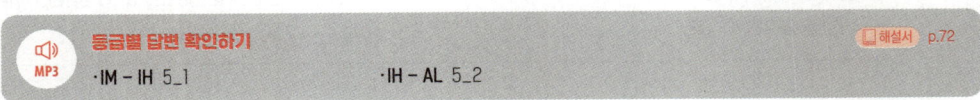

유형 2 의사 소통 수단

다양한 분야의 의사 소통 수단과 정보를 얻는 것에 관한 문항이 자주 등장합니다. 각 수단의 장단점과 특정 상황에 사용되는 수단에 대한 장단점을 정리합니다.

질문 예시

▶ 회사에서 새로운 기술을 배울 때, 동료한테 배우는 것 vs 인터넷으로 공부하는 것
▶ 여행사를 통해서 여행 정보를 얻는 것의 장점은 무엇인가요?
▶ 직장에서 이메일로 직원들과 소통하는 걸 선호하나요? 아니면 직접 소통하는 걸 선호하나요?
▶ 일자리를 구할 때 인터넷을 사용하는 것이 효과적이라는 것에 동의하나요?

만능 답변 아이디어 모음

❶ 전문가
- 정보 / 지식 많음 — They have a lot of knowledge / information.
  → They explain in detail.
- 정확한 정보 있음 — They have accurate information. → It is useful.
- 최신 트렌드 알고 있음 — They know the current trend. → It is useful.
- 경험 많음 — They have a lot of experience. → They give useful tips.

❷ 지인
- 편함 — I feel comfortable talking to them.
- 좋은 조언 줌 — They give good advice.

❸ 직접 소통
- 전달력 있음 — I deliver the information well.
- 잘 이해함 — I understand the info well.
- 의사소통 원활함 — We communicate effectively. (We can ask questions).

❹ 글
- 디테일 함 — The information is in detail. / I can write the details.
- 정확함 — The information is accurate.

❺ 이메일
- 편리함 — It is convenient.
- 시간 절약함 — I save time.
- 사진, 영상 첨부 — I can send pictures and videos.

의사 소통 수단 빈출 표현

시험에 자주 등장하는 아래의 표현을 MP3 음원을 활용하여 학습해 보세요.

MP3 5_빈출 표현 2

- expert / professional 전문가
- practical advice 실질적인 조언
- give advice 조언을 주다
- get advice 조언을 구하다
- get detailed information 상세한 정보를 얻다
- easily get information 쉽게 정보를 얻다
- have knowledge 지식이 있다
- look up online 인터넷에 찾아보다
- based on experience 경험을 바탕으로
- give feedback 피드백을 주다

- write comments 의견을 쓰다
- It is easy to remember. 기억하기 쉽다.
- Information is current. 정보가 최신이다.
- Information is accurate. 정보가 정확하다.
- explain more effectively 더 효과적으로 설명하다
- upload pictures and video clips 사진과 동영상을 게시하다
- use social networking sites SNS를 이용하다
- video chat 화상 통화
- it takes time to ~ ~하는 데 시간이 걸린다

연습 문제

> Do you agree that getting advice from a career counselor is the best way to make a career decision?
> Give specific details to support your opinion.

 1 브레인스토밍

좋은 방법이다. 왜냐하면,	It is the best way, because
• 그들은 전문가임 • 상담의 경험 많음 • (경험 바탕으로) 유용한 조언을 줌 • 그 조언이 도움이 됨 • 게다가 정확한 정보를 줌 • 정확성은 중요	• experts • have experience • give useful tips • helpful • give accurate info • important
시간 절약됨 • 직업 추천해줌 • 더 효과적 • 답변 바로 해줌	**save time** • recommend options • more effective • response right away (fast response)

2 답변 완성

브레인스토밍의 답변 아이디어를 활용해 IH-AL등급 답변을 완성해보세요.

나의 의견	I agree that _____ is the best way _____.
근거 ❶ + 부연 설명	Most of all, they are experts. And they _____ in counseling. So they _____ on jobs. And they give _____. So, _____ when I make a _____.
근거 ❷ + 부연 설명	Secondly, I _____ by talking to them. So, it is _____. Also, I can _____.
마무리	For such reasons, I would say getting advice from a career counselor _____.

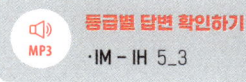

· IM - IH 5_3   · IH - AL 5_4

유형 3 과학 기술의 발전과 시대적 변화

과학 기술의 발달에 따른 시대적 변화 및 장단점을 묻는 문항들이 출제됩니다. 특히 인터넷의 발달에 관련된 소재는 다른 주제와 함께 자주 출제됩니다.

질문 예시

▶ 예전에 비해 요즘 사람들은 운동량이 부족하다는 것에 동의하나요?
▶ 다음 중 과학 기술의 영향을 가장 많이 받은 것은 무엇인가요? 교육 / 출판 / 농업
▶ 학교에서 학생들이 수업 중에 컴퓨터를 사용하도록 허용해야 할까요? vs 금지해야 할까요?
▶ 기술의 발전으로 인해 사람들이 자유시간을 더 효율적으로 보내게 된 것에 대해 의견을 말해주세요.

만능 답변 아이디어 모음

❶ 인터넷

- ▶ 많은 정보 있음 - There is a lot of information.
- ▶ 다양한 정보 있음 - There are various kinds of information.
- ▶ 최신 정보 있음 - There are current news & information.
- ▶ 편리함 - It is convenient. → We can do things anytime, anywhere.
- ▶ 빠름 → 시간 절약함 - It is fast. → I save time.
- ▶ 수월함 - It is easier. I simply search online.

❷ 과학 기술의 장점: 현재와 미래에 미치는 영향

- ▶ 정보화 - We easily get information.
- ▶ 기기화 - We use computers & machines more. → It is more convenient. → It is faster.
- ▶ 다양화 - There are a lot of _____. (많다)
  There are various / many kinds of _____. (종류가 다양하다)
  There are various / many ways to _____. (~할 수 있는 방법이 다양하다)

❸ 과학 기술의 단점

- ▶ 지나치게 많은 정보 - There is too much information. → It's confusing. / I don't know what to read.
- ▶ 지나치게 편리함 - We use online services too much. → We don't go out. We don't move. → It's unhealthy.
- ▶ 불편함 - It is inconvenient.

과학 기술의 발전 / 시대적 변화 빈출 표현

시험에 자주 등장하는 아래의 표현을 MP3 음원을 활용하여 학습해 보세요.

MP3 5_빈출 표현 3

- electronic device 전자제품 / 전자 기기
- effectively 효과적으로
- It is interesting. / It is fun. 재미있다. / 흥미롭다.
- experience technical problems 기술적인 문제를 겪다
- fix 수리하다, 고치다
- Technology will develop. 기술이 발전할 것이다.
- consumer-friendly 소비자를 위한, 소비자에게 편한
- become diverse 더 다양해지다
- e-documents, e-mails 전자 문서, 이메일
- too much information 정보가 지나치게 많은
- compared to the past 과거와 비교해서
- these days / nowadays 요즘
- influence 영향
- pros and cons 장단점

연습 문제

> What are some advantages of learning a new skill on the Internet?
> Use specific reasons to support your opinion.

1 브레인스토밍

장점이 있다	There are advantages,
• 정보가 많음 　→ 그 정보가 상세함 　→ 이해가 잘 됨 • 정보가 다양함 　→ 유튜브, 블로그, … 　→ 배움에 효과적임	• a lot of info 　→ read in detail 　→ understand better • various kinds of info 　→ YouTube, blog, … 　→ effective
편리하다	convenient
• 언제든 공부할 수 있음	• learn it anytime

2 답변 완성

브레인스토밍의 답변 아이디어를 활용해 IH-AL 등급 답변을 완성해보세요.

나의 의견	Well, there are some _____ of learning a new skill _____.
근거 ❶ + 부연 설명	Most of all, _____ on the Internet. And I can _____. So, I _____ the skill _____. Also, _____ pictures, video clips, and reviews about the skills on the Internet. So, I can learn a new skill _____.
근거 ❷ + 부연 설명	Secondly, _____. Because I can learn the skill _____. So, I _____.
마무리	These are _____ of learning a new skill on the Internet.

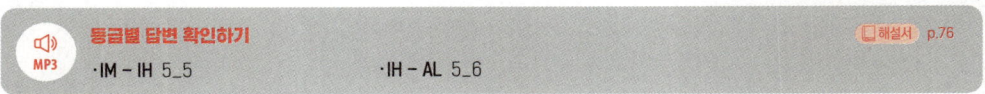

유형 4 직원과 기업

새로운 사업을 시작하거나, 사업을 운영하는 데에 있어서 중요한 점 혹은 어려운 점은 무엇인지에 관한 질문이 나옵니다. 기업을 운영할 때 필요한 요소가 무엇인지, 한 기업의 구성원으로 직원이 갖추어야 할 능력과 자질에 대한 질문과 같이 일을 하는 환경에서 겪게 되는 여러 가지 상황에 대한 문항이 출제됩니다.

질문 예시

▶ 좋아하는 일을 하는 걸 선호하나요? vs 연봉이 높은 일을 하는 걸 선호하나요?
▶ 동료와 회사 밖에서 회식하는 것이 업무에 좋은 영향을 준다고 생각하나요?
▶ 다음 중 신생회사에 입사한 직원에 가장 중요한 것은 무엇인가요? 창의력 / 책임감 / 사회성
▶ 회사에서 직원들의 SNS 사용을 허용해야 할까요?
▶ 기업에서 직원들에게 자녀 교육비를 지원해주는 것이 좋다는 것에 동의하나요?

만능 답변 아이디어 모음

❶ 직원의 성공 조건

▶ 지식이 필요함   - They should have knowledge.
                     → They can use that knowledge at work.

▶ 업무 능력이 필요함   - They should have work skills.
                     → They work more efficiently.

▶ 경력이 필요함   - They should have work experience.
                     → They work faster and more efficiently.

▶ 열정이 필요함   - They should be passionate/enthusiastic.
                     → They work efficiently.

▶ 의사소통 능력이 필요함   - They need communication skills.
                     → They work faster and more efficiently.

▶ 대인관계가 좋아야 함   - They need good people skills.
                     → They communicate well and cooperate well.

❷ 동료와의 관계

▶ 좋아야 함   - should get along well with co-workers.
             → We communicate better. → We cooperate better.
             → So, we work efficiently.

▶ 안 좋으면   - We feel uncomfortable working. → We can't focus on work.
             → We make mistakes. → It is inefficient.

           - Sometimes, there are conflicts. → It is stressful.

❸ 업무의 효율성

▶ 업무가 효율적이면   - We work efficiently. → perform tasks well
                     → succeed

직원과 기업 빈출 표현

시험에 자주 등장하는 아래의 표현을 MP3 음원을 활용하여 학습해 보세요.

MP3 5_빈출 표현 4

- knowledge 지식
- have job skills / work skills 직무 / 업무 능력이 있다
- have work experience 경력이 있다
- work performance 업무 성과
- work performance evaluation 업무 성과 평가
- achieve the goal 목표를 달성하다
- focus 집중하다
- work efficiently 효율적으로 일하다
- work productively 생산적으로 일하다
- make profit 이익을 창출하다
- improve 개선되다, 개선 시키다
- business will succeed 사업이 성공할 것이다
- business will grow 사업이 성장할 것이다
- offer an employee shuttle service 직원 전용 셔틀 버스를 제공하다
- It costs too much. 비용이 너무 많이 든다.
- increase sales 매출을 올리다

- purchase products 제품을 구매하다
- use service 서비스를 사용하다
- well-made products 잘 만든 제품
- provide 제공하다
- attract customers 고객을 유치하다
- advertise 광고하다
- promote 홍보하다
- marketing 마케팅
- overseas branch 해외 지점
- foreign company 외국계 기업, 해외 기업
- manage 관리하다
- assign someone 누군가에게 (어떤 일을) 배정하다
- have resources 자원을 가지고 있다
- train staff 직원을 교육하다
- run an Internship program 인턴십 프로그램을 운영하다

연습 문제

> Do you agree that allowing employees flexible work schedules helps increase their work productivity?
> Give specific details to support your opinion.

1 브레인스토밍

동의함	agree
• 시간 관리 잘 함 → 더 집중해서 일함 → 효율적 → 업무 생산성 증대	• manage their time well → focus better → work more efficiently → increase work productivity
일과 삶의 균형 → 만족 → 스트레스 덜함	better work-life balance → feel satisfied → less stressed

2 답변 완성

브레인스토밍의 답변 아이디어를 활용해 IH-AL등급 답변을 완성해보세요.

나의 의견	Yes, I agree that _____ helps increase their work productivity.
근거 ❶ + 부연 설명	Most of all, they can _____. So _____, when they work. And they _____.
근거 ❷ + 부연 설명	Secondly, they _____. And they _____ with their _____. So they are _____ when they work.
마무리	So, I agree that allowing employees flexible work schedules helps increase their work productivity.

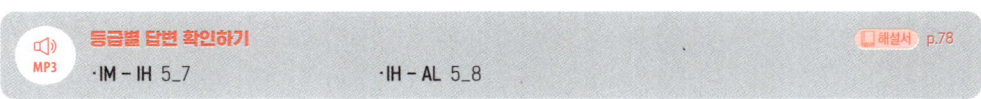

등급별 답변 확인하기
· IM – IH 5_7   · IH – AL 5_8

유형 5 학생, 어린이

학생, 청소년, 어린이들의 생활에 대한 질문이 나옵니다. 각 연령층과 관련된 어휘를 연습하도록 합니다.

질문 예시
- 어린이들이 요리를 배우는 것에 대해 어떻게 생각하나요?
- 학교 교과과정에 체육을 포함시켜야 한다고 생각하나요?
- 대학생들의 다양한 교외 활동이 취업에 도움이 된다는 것에 동의하나요?
- 학생들이 SNS를 사용하도록 허용해야 할까요? 금지해야 할까요?

만능 답변 아이디어 모음

❶ 어린이
- 습득 빠름   - learn fast
- 지식 쌓으면 좋음 - gain knowledge → become smarter
- 다양한 능력 익히면 좋음 - learn various skills → Some children find their talent.
- 나중에 도움이 됨 - It is helpful.

❷ 어린이 사회성 중요함
- 친구 필요함   - They should make friends.
  → talk and hang out with friends
  → relieve stress → be more outgoing

❸ 어린이 / 학생들의 다양한 활동의 중요성
- 도움이 됨   - It is helpful to do various activities.
  → They gain knowledge.
  → They learn new skills.
  → They meet different people.
  → Some find their talent in it.
  → They should develop it.

❹ 보수적 성향의 교육
- 공부 우선   - They should study hard (math, science, English, ...)
  → get good grades → go to good schools
  → get a good job → have a successful life

학생, 어린이 빈출 표현

시험에 자주 등장하는 아래의 표현을 MP3 음원을 활용하여 학습해 보세요.

🎧 MP3 5_빈출 표현 5

- Children are busy studying.
  어린이들은 공부하느라 바쁘다.
- hang out with friends 친구들과 어울려 놀다
- not safe for children 어린이에게 안전하지 않다
- inappropriate 부적절한
- be independent 독립적이다
- gain knowledge 지식을 습득하다
- learn various skills 다양한 기술을 익히다
- learn to 동사 ~하는 것을 배우다, 익히다
- don't know anything about ~
  ~에 대해 아무것도 모르다
- do one's best 최선을 다하다

- give up 포기하다
- It is helpful. 도움이 된다.
- memorize 암기하다
- build experience 경험을 쌓다
- have experience 동사ing ~을 경험하다
- do volunteer work 봉사활동을 하다
- after school 방과 후
- plan study schedule 공부 일정을 잡다
- improve social skills 사교성을 키우다
- get along with ~와 잘 지내다
- school facilities 학교 시설

연습 문제

> Some people prefer to have their children homeschooled, while others prefer to send their kids to a traditional school. Which would you prefer for your kids? Give specific details to support your opinion.

1 브레인스토밍

학교 보내는 게 더 나음	Send children to traditional schools
• 친구 사귐 → 이건 중요 → 함께 공부 → 공부 효과적	• make friends → important → study together → study effectively
다양한 시설 → 과학실, 체육관 등 → 더 재미있게 공부 → 공부 능률적	**Various facilities** → science labs, gyms, ... → more fun → study efficiently

Q 11 의견 제시하기

2 답변 완성

브레인스토밍의 답변 아이디어를 활용해 IH-AL등급 답변을 완성해보세요.

나의 의견	I would prefer to send my children to a ▒▒▒▒▒▒▒▒▒▒.
근거 ❶ + 부연 설명	Most of all, ▒▒▒▒▒▒▒▒▒▒ for children, because they can ▒▒▒▒▒▒▒▒▒▒ at school. And they ▒▒▒▒▒▒▒▒▒▒. Then, they study ▒▒▒▒▒▒▒▒▒▒.
근거 ❷ + 부연 설명	Secondly, there are more ▒▒▒▒▒▒▒▒▒▒ at school. For example, children can use ▒▒▒▒▒, ▒▒▒▒▒, and so on. So, classes are ▒▒▒▒▒▒▒▒▒▒. And they ▒▒▒▒▒▒▒▒▒▒.
마무리	For such reasons, I would rather send my kids to a traditional school.

등급별 답변 확인하기
- IM - IH 5_9
- IH - AL 5_10

유형 6 구성원과 리더의 중요한 자질

특정 직위의 사람 혹은 누군가가 갖추어야 할 자질, 성격, 능력에 관한 질문이 출제됩니다. 질문 유형으로는 선택형이 가장 많이 출제됩니다. 특정 자질을 갖는 것에 대한 중요함을 근거로 활용하여 답변합니다. 리더로서 갖추어야 할 자질을 묻는 질문도 종종 출제되니 연습해 두도록 합니다.

질문 예시

▶ 다음 중 한 기업의 수장으로서 갖추어야 할 가장 중요한 자질은 무엇인가요?
  인내심 / 창의력 / 대인관계
▶ 성공적인 매니저가 되기 위해 갖추어야 할 조건은 무엇인가요? 의사소통 능력 / 결단력
▶ 좋은 리더라면 구성원들의 의견을 들어줘야 한다는 것에 동의하나요?
▶ 다음 중 동료에게 어떤 자질이 있어야 한다고 생각하나요?
  지시를 잘 따르는 것 / 창의적인 아이디어를 많이 내는 것

만능 답변 아이디어 모음

❶ 리더 역할
  ▶ 팀을 이끌어야 함
    - lead the team
  ▶ 사람, 일 등을 관리해야 함
    - manage work / manage people

❷ 리더 능력
  ▶ 능력이 갖춰져 있으면 편함
    - It is convenient for members.
      → Members work efficiently.
      → The team performance is good. → The team will succeed.
  ▶ 능력이 안 갖춰져 있으면 불편함
    - Members don't know what to do.
      Members cannot trust their leader.
      → They will not follow their leader.
      → And there will be conflicts.

구성원과 리더의 중요한 자질 빈출 표현

시험에 자주 등장하는 아래의 표현을 MP3 음원을 활용하여 학습해 보세요.

🔊 MP3 5_빈출 표현 6

- trust 신뢰하다
- feel comfortable talking 이야기하는 것이 편하다고 느끼다
- be supportive 힘이 되다, 도움이 되다
- honest 솔직한, 정직한
- overcome difficulties 어려움을 극복하다
- deal with situations 상황에 대처하다
- be good at ~ ~를 잘하다
- lack ~ skill ~능력이 부족하다
- adjust to ~에 적응하다
- work efficiently 효율적으로 일하다
- run business successfully 사업을 성공적으로 운영하다
- don't give up 포기하지 않는다
- be patient 인내심을 갖다
- give clear instruction 명확한 지시를 내리다
- earn respect 존경 받다
- often communicate 자주 의사 소통하다 / 대화하다
- energetic 활기찬
- be motivated 의욕적이다
- solve problem 문제를 해결하다

연습 문제

> Do you agree that having a positive attitude is the most important characteristic that a successful manager should have?
> Use specific reasons or examples to support your opinion.

 브레인스토밍

긍정적인 성향이 중요	Being positive is important
• 팀을 잘 이끈다 → 에너지가 넘침 → 멤버에 동기 부여 → 효율성 증대 → 성과 좋음	• lead the team well → energetic → motivate members → work efficiently → work performance improves
포기 안 함 • 어려움 극복 → 문제 해결 → 성공에 중요	Don't give up • work things through → solve the problem → important

2 답변 완성

브레인스토밍의 답변 아이디어를 활용해 IH-AL등급 답변을 완성해보세요.

나의 의견	I agree that having a _____ is the most important to be a _____ .
근거 ❶ + 부연 설명	Most of all, a positive manager _____ well because he is _____ . He _____ well. So, the members _____ . And they _____ . So, the team _____ .
근거 ❷ + 부연 설명	Secondly, positive managers _____ when _____ . So, the members also _____ , and they _____ well.
마무리	For such reasons, I _____ that _____ is important to be a successful manager.

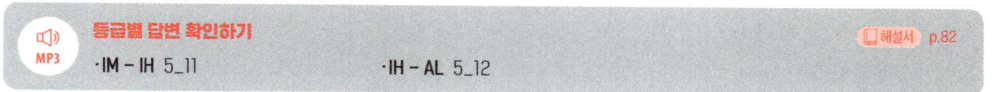

· IM – IH 5_11   · IH – AL 5_12

실전 연습하기

앞서 익힌 노트테이킹 전략을 활용하여 듣기 지문을 잘 듣고 45초간 답변을 준비한 뒤, 60초간 답변해 보세요.

🔊 MP3 5_실전 연습 1

1

TOEIC Speaking   Question 11 of 11

What are some advantages of working on a project as a group?

Give details or examples to your answer.

PREPARATION TIME 00:00:45

RESPONSE TIME 00:01:00

Scratch Paper

등급별 답변 확인하기
- IM – IH 5_13
- IH – AL 5_14
- 5_15
- 5_16

해설서 p.84

2

TOEIC Speaking Question 11 of 11

When you learn a new work skill, which of the following is the best way to learn it?

- attending a training seminar
- asking colleagues for advice
- reading the manual

Give details or examples to support your opinion.

PREPARATION TIME
00:00:45

RESPONSE TIME
00:01:00

Scratch Paper

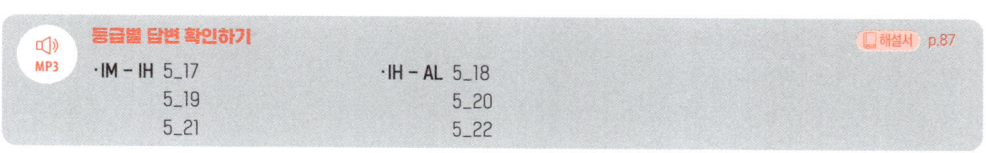

3

TOEIC Speaking Question 11 of 11

Do you think that the Internet has helped our lives more than any other media has?

Give details or examples to support your opinion.

PREPARATION TIME 00:00:45

RESPONSE TIME 00:01:00

Scratch Paper

동급별 답변 확인하기
· IM – IH 5_23   · IH – AL 5_24
           5_25   5_26

해설서 p.91

4

TOEIC Speaking — Question 11 of 11

Which of the following do you think is the most important quality that companies should consider when hiring a new employee?

- good GPA in college or university
- work experience
- leadership potential

Use specific details or examples to support your opinion.

PREPARATION TIME 00:00:45

RESPONSE TIME 00:01:00

Scratch Paper

등급별 답변 확인하기

- IM – IH 5_27
- 5_29
- 5_31
- IH – AL 5_28
- 5_30
- 5_32

해설서 p.94

5

TOEIC Speaking — Question 11 of 11

Do you think it is important to develop friendships with co-workers?

Why or why not?

Give specific details and reasons to support your opinion.

PREPARATION TIME	RESPONSE TIME
00:00:45	00:01:00

Scratch Paper

등급별 답변 확인하기
- IM – IH 5_33
- IH – AL 5_34
-            5_35
-            5_36

6

TOEIC Speaking Question 11 of 11

These days, schools require children to pick at least one extracurricular activity or to join a club after school. What are some benefits of children participating in extracurricular activities or clubs?

Give details or examples to support your opinion.

PREPARATION TIME	RESPONSE TIME
00:00:45	00:01:00

Scratch Paper

등급별 답변 확인하기

· IM – IH 5_37   · IH – AL 5_38
           5_39   5_40

QUESTIONS 1-11

실전 모의고사
ACTUAL TEST

TEST 1   TEST 2   TEST 3

Q 1-2	지문 읽기
Q 3-4	사진 묘사하기
Q 5-7	듣고 질문에 답하기
Q 8-10	제공된 정보를 사용하여 질문에 답하기
Q 11	의견 제시하기

ACTUAL TEST 실전 모의고사

실전 모의고사 1

TOEIC Speaking

Questions 1-2: Read a text aloud

Directions : In this part of the test, you will read aloud the text on your screen. You will have 45 seconds to prepare. Then you will have 45 seconds to read the text aloud.

TOEIC Speaking — Question 1 of 11

Take your family to the October Pumpkin Festival which is being held at Trolley Square downtown. Come and experience various events, that are scheduled every day during the event. We have a pumpkin carving contest a pumpkin cooking contest and many more. Also, don't miss your chance to win the incredible prizes that we have prepared for the winner of each contest. Tickets are on sale! Get your tickets today on our website Octofest.com.

PREPARATION TIME	RESPONSE TIME
00:00:45	00:00:45

TOEIC Speaking — Question 2 of 11

You are now looking at the Hoover Dam, the nation's largest reservoir, which was built to control flooding along the Colorado River and to provide water and hydroelectric power for California and the Southwest. For security purposes, pictures, videos, or any types of recording during the tour are strictly forbidden at all times. Thank you for your cooperation and understanding.

PREPARATION TIME	RESPONSE TIME
00:00:45	00:00:45

TOEIC Speaking

Questions 3-4: Describe a picture

Directions : In this part of the test, you will describe the picture on your screen in as much detail as you can. You will have 45 seconds to prepare your response. Then you will have 30 seconds to speak about the picture.

TOEIC Speaking   Question 3 of 11

PREPARATION TIME	RESPONSE TIME
00:00:45	00:00:30

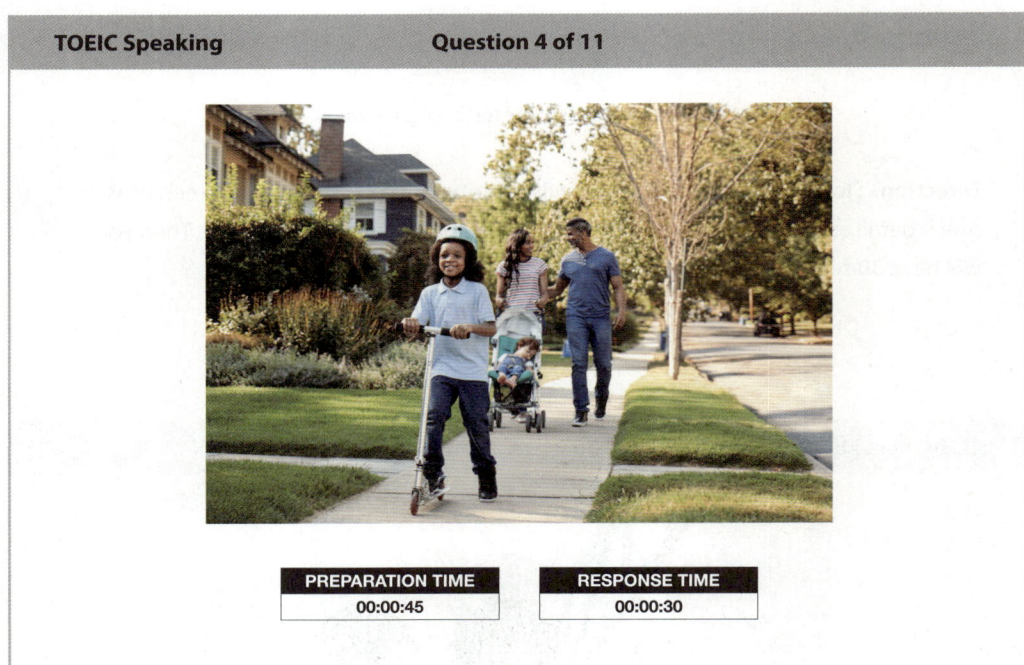

TOEIC Speaking

Questions 5-7: Respond to questions

Directions : In this part of the test, you will answer three questions. You will have three seconds to prepare after you hear each question. You will have 15 seconds to respond to Questions 5 and 6 and 30 seconds to respond to Question 7.

TOEIC Speaking

Imagine that a marketing firm is doing research on gyms. You have agreed to participate in a telephone interview on gyms or fitness centers.

TOEIC Speaking — Question 5 of 11

Imagine that a marketing firm is doing research on gyms. You have agreed to participate in a telephone interview on gyms or fitness centers.

How often do you go to the gym? Do you go there alone or with someone?

PREPARATION TIME	RESPONSE TIME
00:00:03	00:00:15

TOEIC Speaking   Question 6 of 11

Imagine that a marketing firm is doing research on gyms. You have agreed to participate in a telephone interview on gyms or fitness centers.

When do you go to the gym and how long do you work out every time?

PREPARATION TIME
00:00:03

RESPONSE TIME
00:00:15

TOEIC Speaking   Question 7 of 11

Imagine that a marketing firm is doing research on gyms. You have agreed to participate in a telephone interview on gyms or fitness centers.

When choosing which gym to go to, which of the following do you consider the most?

· the location of the gym
· the variety of equipment
· membership fee

PREPARATION TIME
00:00:03

RESPONSE TIME
00:00:30

TOEIC Speaking

Questions 8-10: Respond to questions using information provided

Directions : In this part of the test, you will answer three questions based on the information provided. You will have 45 seconds to read the information before the questions begin. You will three seconds to prepare and 15 seconds to respond to Questions 8 and 9. You will hear Question 10 two times. You will have three seconds to prepare and 30 seconds to respond to Question 10.

TOEIC Speaking   Questions 8-10 of 11

BIZWIRE INC.
Meeting Agenda

Date: Wednesday, August 17
Venue: Conference Hall B

Time	Event	Place
9 a.m. – 10 a.m.	**[Introduction]** Breakfast and Coffee Overview, Karl Anderson	Meeting room 1
10 a.m. – noon	**[Demonstration]** New product line: Megan Walters (R&D director) Sales techniques: Mark D. Thompson (sales director)	Meeting room 1
Noon – 4 p.m.	**[Group projects & Presentation]** Group A: Financial management (Joyce Yang, Finance director) Group B: Risk management (Tim Foyer, operations manager) Group C: Product marketing (Erin Wyatt, marketing director)	Meeting room 2
4 p.m. – 5 p.m.	**[Wrap-up]** Discussion Q & A	Meeting room 2

*Presenters should come earlier to check on the equipment for the presentation

PREPARATION TIME
00:00:45

BIZWIRE INC.
Meeting Agenda

Date: Wednesday, August 17
Venue: Conference Hall B

Time	Event	Place
9 a.m. – 10 a.m.	**[Introduction]** Breakfast and Coffee Overview, Karl Anderson	Meeting room 1
10 a.m. – noon	**[Demonstration]** New product line: Megan Walters (R&D director) Sales techniques: Mark D. Thompson (sales director)	Meeting room 1
Noon – 4 p.m.	**[Group projects & Presentation]** Group A: Financial management (Joyce Yang, Finance director) Group B: Risk management (Tim Foyer, operations manager) Group C: Product marketing (Erin Wyatt, marketing director)	Meeting room 2
4 p.m. – 5 p.m.	**[Wrap-up]** Discussion Q & A	Meeting room 2

*Presenters should come earlier to check on the equipment for the presentation

PREPARATION TIME	PREPARATION TIME	PREPARATION TIME
00:00:03	00:00:03	00:00:03

RESPONSE TIME	RESPONSE TIME	RESPONSE TIME
00:00:15	00:00:15	00:00:30

TOEIC Speaking

Question 11: Express an opinion

Directions : In this part of the test, you will give your opinion about a specific topic. Be sure to say as much as you can in the time allowed. You will have 45 seconds to prepare. Then you will have 60 seconds to speak.

TOEIC Speaking   Question 11 of 11

What are some advantages of getting advice from your colleagues when you are having difficulties at work?

Use specific reasons or examples to support your opinion.

PREPARATION TIME	RESPONSE TIME
00:00:45	00:01:00

실전 모의고사 2

TOEIC Speaking

Questions 1-2: Read a text aloud

Directions : In this part of the test, you will read aloud the text on your screen. You will have 45 seconds to prepare. Then you will have 45 seconds to read the text aloud.

TOEIC Speaking   Question 1 of 11

You have reached the office of Malcolm Gray in Operations at Gray Supplies. I am either on the phone or temporarily away from my desk. If this is a critical emergency, please call me on my cell phone at 351-4859. Otherwise, please leave a detailed message after the tone and I will return your call when I am available. Thank you for calling.

PREPARATION TIME	RESPONSE TIME
00:00:45	00:00:45

TOEIC Speaking   Question 2 of 11

Hello, and welcome to "People's Voices," a monthly radio magazine of news, opinions, and interviews on media and communication issues happening around the world, brought to you by the Media Information Center in New York. And I'm Sarah Tylor. In this month's program, we focus on the importance of using environmentally friendly products.

PREPARATION TIME	RESPONSE TIME
00:00:45	00:00:45

TOEIC Speaking

Questions 3-4: Describe a picture

Directions : In this part of the test, you will describe the picture on your screen in as much detail as you can. You will have 45 seconds to prepare your response. Then you will have 30 seconds to speak about the picture.

TOEIC Speaking Question 3 of 11

PREPARATION TIME	RESPONSE TIME
00:00:45	00:00:30

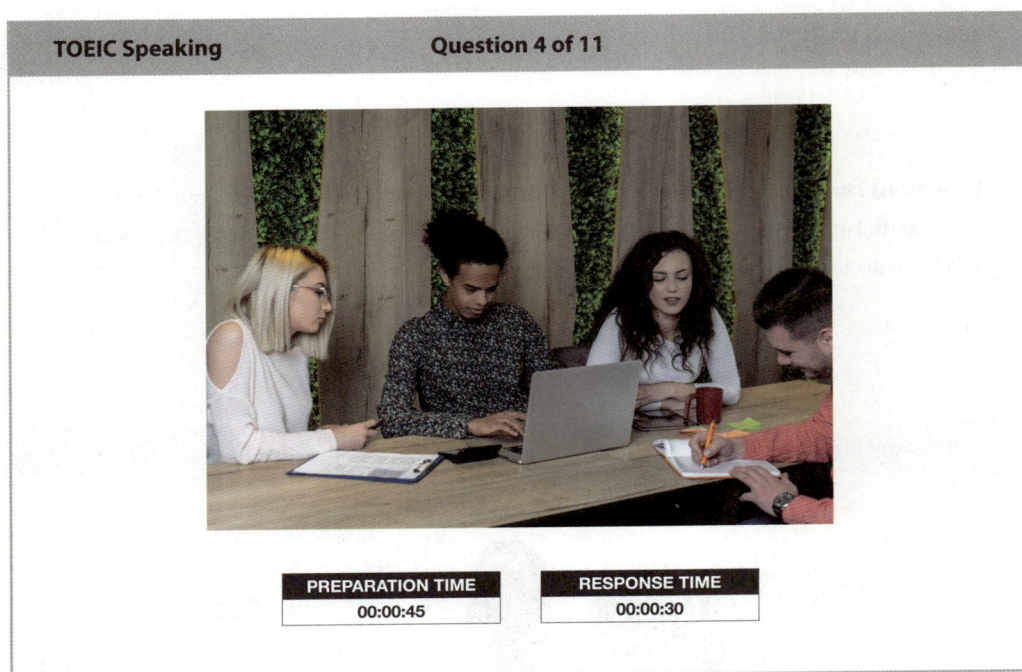

TOEIC Speaking

Questions 5-7: Respond to questions

Directions : In this part of the test, you will answer three questions. You will have three seconds to prepare after you hear each question. You will have 15 seconds to respond to Questions 5 and 6 and 30 seconds to respond to Question 7.

TOEIC Speaking

Imagine that a marketing firm is doing research on souvenirs. You have agreed to participate in a telephone interview on souvenirs.

TOEIC Speaking   Question 5 of 11

Imagine that a marketing firm is doing research on souvenirs. You have agreed to participate in a telephone interview on souvenirs.

When was the last time you bought souvenirs? And what did you buy?

PREPARATION TIME	RESPONSE TIME
00:00:03	00:00:15

TOEIC Speaking Question 6 of 11

Imagine that a marketing firm is doing research on souvenirs. You have agreed to participate in a telephone interview on souvenirs.

Who were they for, and where did you buy them?

PREPARATION TIME	RESPONSE TIME
00:00:03	00:00:15

TOEIC Speaking Question 7 of 11

Imagine that a marketing firm is doing research on souvenirs. You have agreed to participate in a telephone interview on souvenirs.

What are some things you look at when you choose which souvenir shop to go to during your trip abroad?

PREPARATION TIME	RESPONSE TIME
00:00:03	00:00:30

TOEIC Speaking

Questions 8-10: Respond to questions using information provided

Directions : In this part of the test, you will answer three questions based on the information provided. You will have 45 seconds to read the information before the questions begin. You will three seconds to prepare and 15 seconds to respond to Questions 8 and 9. You will hear Question 10 two times. You will have three seconds to prepare and 30 seconds to respond to Question 10.

TOEIC Speaking

7th Annual Restaurant Business Convention
The Golden Square Convention Center
Tuesday, May 21

$70 online registration, *$85 at the door

Time	Event
10 :00 A.M. – 11:00 A.M.	Presentation : Starting a Restaurant Business, Phil Murray, chef
11 :00 A.M. – 12: 00 P.M.	Presentation : How to Decorate your Restaurant, Sara Miles, interior designer
12:00 P.M. – 1: 00 P.M.	Lunch*
1:00 P.M. – 2:00 P.M.	Presentation: Effective Ways to Keep Ingredients Fresh, Nigel Smith, chef
2:00 P.M. – 3: 00 P.M.	Workshop : Inventing New Menu Options
3:00 P.M. – 4: 00 P.M.	Workshop : Different Ways to Advertise Your Restaurant, Steve Benson, promoting expert

*Presenters should come earlier to check on the equipment for the presentation

PREPARATION TIME
00:00:45

TOEIC Speaking

7th Annual Restaurant Business Convention
The Golden Square Convention Center
Tuesday, May 21

$70 online registration, *$85 at the door

Time	Event
10:00 A.M. – 11:00 A.M.	Presentation : Starting a Restaurant Business, Phil Murray, chef
11:00 A.M. – 12:00 P.M.	Presentation : How to Decorate your Restaurant, Sara Miles, interior designer
12:00 P.M. – 1:00 P.M.	Lunch*
1:00 P.M. – 2:00 P.M.	Presentation: Effective Ways to Keep Ingredients Fresh, Nigel Smith, chef
2:00 P.M. – 3:00 P.M.	Workshop : Inventing New Menu Options
3:00 P.M. – 4:00 P.M.	Workshop : Different Ways to Advertise Your Restaurant, Steve Benson, promoting expert

*Presenters should come earlier to check on the equipment for the presentation

PREPARATION TIME	PREPARATION TIME	PREPARATION TIME
00:00:03	00:00:03	00:00:03

RESPONSE TIME	RESPONSE TIME	RESPONSE TIME
00:00:15	00:00:15	00:00:30

TOEIC Speaking

Question 11: Express an opinion

Directions : In this part of the test, you will give your opinion about a specific topic. Be sure to say as much as you can in the time allowed. You will have 45 seconds to prepare. Then you will have 60 seconds to speak.

TOEIC Speaking   Question 11 of 11

Do you agree or disagree that popular TV shows should be educational?

Use specific reasons or examples to support your opinion.

PREPARATION TIME	RESPONSE TIME
00:00:45	00:01:00

실전 모의고사 3

TOEIC Speaking

Questions 1-2: Read a text aloud

Directions : In this part of the test, you will read aloud the text on your screen. You will have 45 seconds to prepare. Then you will have 45 seconds to read the text aloud.

TOEIC Speaking　　　　　Question 1 of 11

This is SkyCam from Channel Eleven reporting to you live over the highway. For those of you heading south on I-15 on your commute home from work, expect some delay around the 215 interchange. Road crews are making repairs on the left lane until the end of the week. So, there should be a little bit of traffic once you get there.

PREPARATION TIME	RESPONSE TIME
00:00:45	00:00:45

TOEIC Speaking　　　　　Question 2 of 11

Attention, passengers. This is the final boarding call for passengers Judy and Henry Rodriguez on flight OZ 271 to Seattle. Please come to the gate immediately. The final checks are being completed, and the boarding gate will close in approximately five minutes. I repeat. This is the final boarding call for Judy and Henry Rodriguez. Thank you.

PREPARATION TIME	RESPONSE TIME
00:00:45	00:00:45

TOEIC Speaking

Questions 3-4: Describe a picture

Directions : In this part of the test, you will describe the picture on your screen in as much detail as you can. You will have 45 seconds to prepare your response. Then you will have 30 seconds to speak about the picture.

TOEIC Speaking   **Question 3 of 11**

PREPARATION TIME	RESPONSE TIME
00:00:45	00:00:30

TOEIC Speaking　　　　　　　Question 4 of 11

PREPARATION TIME
00:00:45

RESPONSE TIME
00:00:30

TOEIC Speaking

Questions 5-7: Respond to questions

Directions : In this part of the test, you will answer three questions. You will have three seconds to prepare after you hear each question. You will have 15 seconds to respond to Questions 5 and 6 and 30 seconds to respond to Question 7.

TOEIC Speaking

Imagine that your friend is moving to your city and she has questions about taking photos. So you are having a telephone conversation about taking photos.

TOEIC Speaking — Question 5 of 11

Imagine that your friend is moving to your city and she has questions about taking photos. So you are having a telephone conversation about taking photos.

Do you ever go out of the city to take pictures? Why or why not?

PREPARATION TIME	RESPONSE TIME
00:00:03	00:00:15

TOEIC Speaking Question 6 of 11

Imagine that your friend is moving to your city and she has questions about taking photos. So you are having a telephone conversation about taking photos.

When do you think is the best time of the year to take landscape photos?

PREPARATION TIME	RESPONSE TIME
00:00:03	00:00:15

TOEIC Speaking Question 7 of 11

Imagine that your friend is moving to your city and she has questions about taking photos. So you are having a telephone conversation about taking photos.

What do you usually take pictures of? And can you recommend some good places where I can take landscape photos near your city?

PREPARATION TIME	RESPONSE TIME
00:00:03	00:00:30

TOEIC Speaking

Questions 8-10: Respond to questions using information provided

Directions : In this part of the test, you will answer three questions based on the information provided. You will have 45 seconds to read the information before the questions begin. You will three seconds to prepare and 15 seconds to respond to Questions 8 and 9. You will hear Question 10 two times. You will have three seconds to prepare and 30 seconds to respond to Question 10.

TOEIC Speaking Questions 8-10 of 11

Computer class schedule
8-week course

	Mon	Tues	Wed	Thu	Fri	Sat
10 a.m. – 12 p.m	MS word (Bill Potts)		MS word (Bill Potts)		Using the Internet _ Beginner level (Lisa Sims)	**Special program "Designing a Website" (Lisa Sims & Dan Cole) (10 a.m. – 6 p.m.)
1 p.m. – 2 p.m.	NIT License program (Dan Cole)	Computer for Beginners (Bill Potts)	NIT License program (Dan Cole)	Computer for Beginners (Bill Potts)		
2 p.m. – 4 p.m.						
7 p.m. – 8 p.m.		Using Excel program (Alvin Lim)	Using Powerpoint program (Alvin Lim)	Using Excel program (Alvin Lim)		
8 p.m. – 9 p.m.						

Note:
- For special programs, students required to take exit tests.

PREPARATION TIME
00:00:45

TOEIC Speaking

Computer class schedule
8-week course

	Mon	Tues	Wed	Thu	Fri	Sat
10 a.m. – 12 p.m	MS word (Bill Potts)		MS word (Bill Potts)		Using the Internet _ Beginner level (Lisa Sims)	**Special program** "Designing a Website" (Lisa Sims & Dan Cole) (10 a.m. – 6 p.m.)
1 p.m. – 2 p.m.	NIT License program (Dan Cole)	Computer for Beginners (Bill Potts)	NIT License program (Dan Cole)	Computer for Beginners (Bill Potts)		
2 p.m. – 4 p.m.						
7 p.m. – 8 p.m.		Using Excel program (Alvin Lim)	Using Powerpoint program (Alvin Lim)	Using Excel program (Alvin Lim)		
8 p.m. – 9 p.m.						

Note:
- For special programs, students required to take exit tests.

PREPARATION TIME	PREPARATION TIME	PREPARATION TIME
00:00:03	00:00:03	00:00:03

RESPONSE TIME	RESPONSE TIME	RESPONSE TIME
00:00:15	00:00:15	00:00:30

TOEIC Speaking

Question 11: Express an opinion

Directions : In this part of the test, you will give your opinion about a specific topic. Be sure to say as much as you can in the time allowed. You will have 45 seconds to prepare. Then you will have 60 seconds to speak.

TOEIC Speaking Question 11 of 11

General education courses (such as math classes, literature classes and so on) are requirements for most colleges and universities.

Do you think that college students should be required to take general education courses?

Use specific reasons or examples to support your opinion.

PREPARATION TIME	RESPONSE TIME
00:00:45	00:01:00

시원스쿨
**토 익
스피킹**
IM - AL

Scratch Paper

* 실제 시험장에서 나누어주는 메모장(Scratch Paper)과 유사하게 제작한 필기 연습 부분입니다.

평소 모의고사 학습 진행 시 실전감 향상을 위해 활용하실 수 있습니다.

Scratch Paper

Scratch Paper

Scratch Paper

시원스쿨LAB 토익스피킹 대표강사, **케이트**

시원스쿨 토익스피킹 IM-AL

한 권으로 끝내는
시원스쿨 토익스피킹
케이트 선생님

케이트 선생님의 특급 노하우가 담긴

시원스쿨 토익스피킹 고득점 공략

기초부터 실전까지

누구나
원하는 등급을
한 권으로 끝내는
토스 전략 제공

등급별 학습법

목표 등급에
따른 학습법과
모범 답안 제공

시험 개정 완벽 반영

최신 시험 개정에 맞춘
빈출 표현과
문항별&유형별 정리

만능 템플릿

케이트's 꿀팁
만능 듣기틀과
만능 템플릿 제공

시원스쿨LAB(lab.siwonschool.com)에서 시원스쿨 토익스피킹 강의를 유료로 수강하실 수 있습니다.

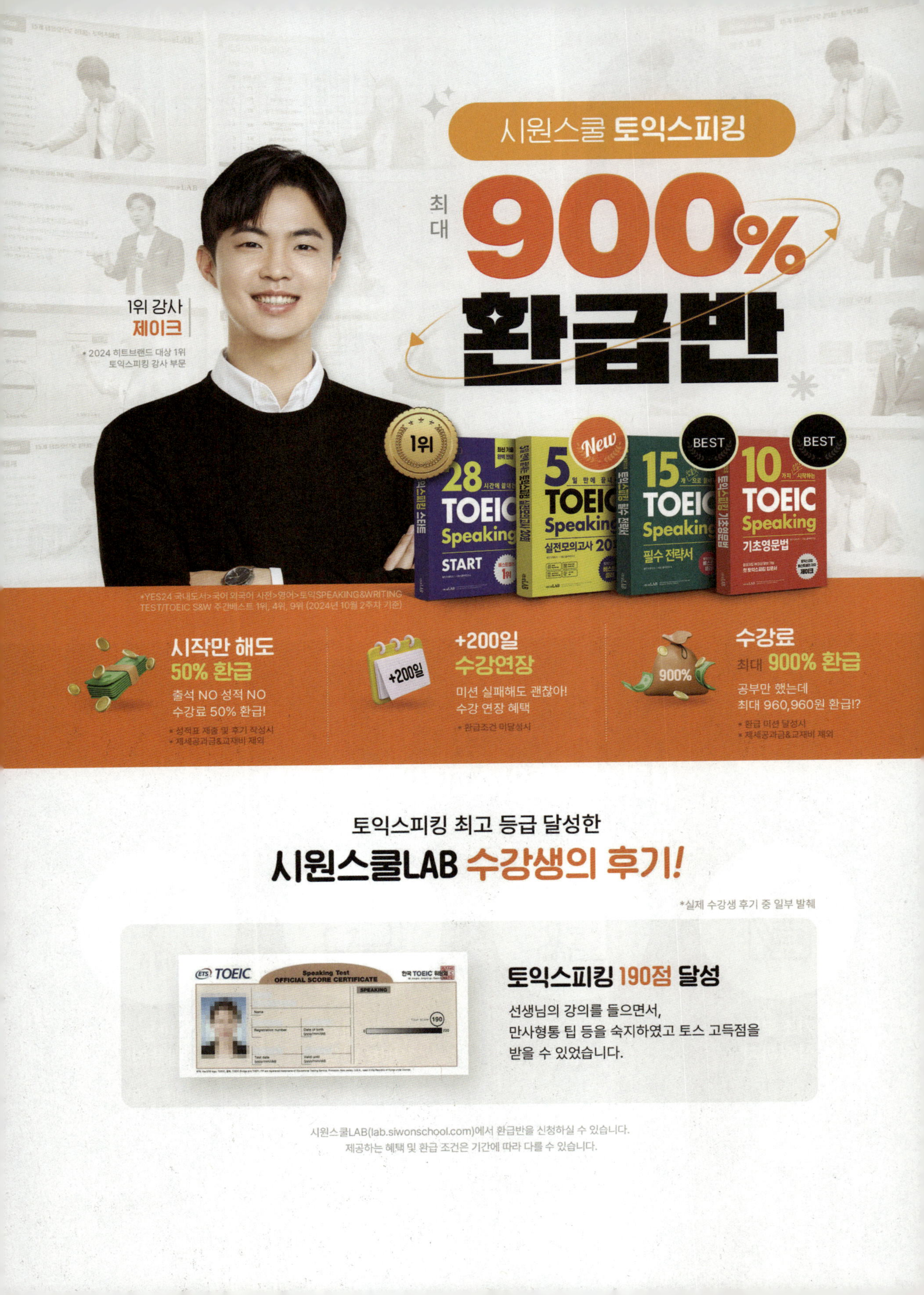

시원스쿨 토익스피킹
최대 900% 환급반

1위 강사 제이크
- 2024 히트브랜드 대상 1위 토익스피킹 강사 부문

*YES24 국내도서>국어 외국어 사전>영어>토익SPEAKING&WRITING TEST/TOEIC S&W 주간베스트 1위, 4위, 9위 (2024년 10월 2주차 기준)

시작만 해도 50% 환급
출석 NO 성적 NO 수강료 50% 환급!
* 성적표 제출 및 후기 작성시
* 제세공과금&교재비 제외

+200일 수강연장
미션 실패해도 괜찮아! 수강 연장 혜택
* 환급조건 미달성시

수강료 최대 900% 환급
공부만 했는데 최대 960,960원 환급!?
* 환급 미션 달성시
* 제세공과금&교재비 제외

토익스피킹 최고 등급 달성한
시원스쿨LAB 수강생의 후기!

*실제 수강생 후기 중 일부 발췌

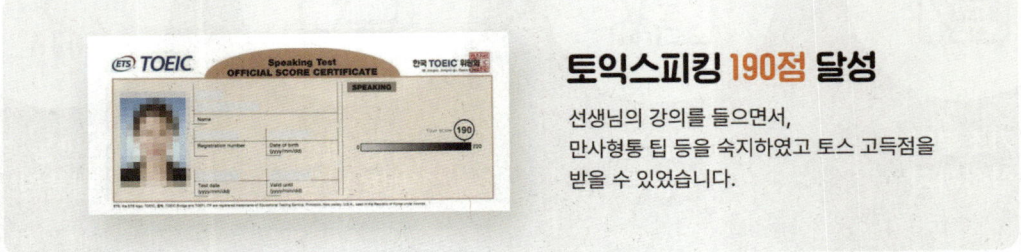

토익스피킹 190점 달성
선생님의 강의를 들으면서, 만사형통 팁 등을 숙지하였고 토스 고득점을 받을 수 있었습니다.

시원스쿨LAB(lab.siwonschool.com)에서 환급반을 신청하실 수 있습니다.
제공하는 혜택 및 환급 조건은 기간에 따라 다를 수 있습니다.

시원스쿨LAB
토스/오픽 도서 라인업

* YES24 국내도서>국어 외국어 사전>영어>토익Speaking&Writing Test/TOEIC S&W 주간베스트 9위, 1위, 4위 (2024년 10월 2주차 기준)
* 교보문고 국내도서>외국어>수험영어>OPIc 베스트셀러 4위, 10위 9위(2024년 10월 2주차 기준)

시험영어 전문 연구 조직
시원스쿨어학연구소

 시험영어 전문

 기출 빅데이터

 264,000시간

TOEIC/TOEIC Speaking
OPIc/SPA/TEPS
IELTS/TOEFL/G-TELP
공인 영어시험 콘텐츠 개발 경력
20여 년 이상의 국내외
연구원들이 포진한
전문적인 연구 조직입니다.

본 연구소 연구원들은
매월 각 전문 분야의 시험에 응시해
시험에 나온 모든 문제를
철저하게 해부하고,
시험별 기출문제 빅데이터 분석을 통해
단기 고득점을 위한
학습 솔루션을 개발 중입니다.

각 분야 연구원들의 연구시간
모두 합쳐 264,000시간
이 모든 시간이 쌓여
시원스쿨어학연구소가
탄생했습니다.

28시간 토익스피킹 START

최신 개정 강의! 기초 이론부터 실전 시험까지 꼼꼼하게 28시간 학습!

28시간 토익스피킹 완성
제이크 선생님

제이크 선생님의 토익스피킹 교재 LINE-UP

- ✓ 10가지 문법 학습으로 누구나 IM등급 달성
- ✓ 영포자를 위한 쉽고 꼼꼼한 팁과 해설 제공

- ✓ 기초부터 체계적으로 안내해주는 토익스피킹 기본서
- ✓ 최신 경향 위주의 다양한 유형별 문제 연습

- ✓ 단 15개 템플릿만으로 토익스피킹을 돕는 필수 전략서
- ✓ 초보자도 쉽게 따라할 수 있는 가장 효율적인 템플릿 제공

- ✓ 최근 시험을 분석, 최신 경향을 반영한 실전서
- ✓ 실제 시험에 대비한 쉽고 꼼꼼한 해설

한 권으로 끝내는

시원스쿨 토익 스피킹 IM - AL

해설서

한 권으로 끝내는

시원스쿨
토익
스피킹

IM - AL

해설서

시원스쿨
토 익
스피킹
IM - AL

CONTENTS

| Q 1-2 | STEP 4 실전 연습하기 | 4 |

| Q 3-4 | STEP 3 유형별 연습하기 | 14 |
| | STEP 4 실전 연습하기 | 30 |

| Q 5-7 | STEP 3 유형별 연습하기 | 36 |
| | STEP 4 실전 연습하기 | 44 |

| Q 8-10 | STEP 3 유형별 연습하기 | 52 |
| | STEP 4 실전 연습하기 | 62 |

| Q 11 | STEP 3 유형별 연습하기 | 72 |
| | STEP 4 실전 연습하기 | 84 |

실전 연습하기

1 관광 안내문

> Hello, everyone. ↘ // My name is Kerry. ↘ // On behalf of One Joy Tours, /↗ I'd like to welcome
> 　　인사 끝　　　　　강조　문장 끝　연음하여 읽기　의미상 강조　쉼표 뒤　　1음절 강세
>
> you /↗ to Los Cabos, San Jose, /↗ a beautiful city where you can relax, ↗ sit by the beach, ↗
> 전치사구 앞, 지명 앞　지명 주의!　쉼표 뒤, 수식 앞　　　　발음 작게 2음절 강세　　모음 길게 발음
>
> and enjoy the great view. ↘ // After sunset, /↗ you can also enjoy a peaceful moonlit walk /↗
> 병렬구조 2음절 강세　강조하여 읽기 문장 끝　　쉼표 뒤 발음 작게 강조　　　　　[L]발음 묶음 전치사구 앞
>
> along the water. ↘ // So, /↗ be excited to have a wonderful and relaxing vacation here /↗
> 　　문장 끝　쉼표 뒤　　　　　　　　　강조하여 읽기　　　전치사구 앞
>
> in San Jose. ↘ //
> 　문장 끝

어휘 on behalf of ~를 대표하여   relax 휴식을 취하다   by the beach 해변가에(서)   view 경치   moonlit 달빛 비치는   walk 산책

해석 여러분 안녕하세요. 제 이름은 케리입니다. 원 죠이 투어를 대표하여, 산 호세의 로스 카보스에 오신 것을 환영합니다. 여러분이 해변에 앉아 경치를 즐기고, 휴식을 취할 수 있는 도시죠. 해가 진 후, 달빛이 비친 해변에서 조용한 산책도 가능합니다. 그러니 여기 산 호세에서의 멋지고 편한 휴가를 기대해주세요.

K-tip
Los Cabos, San Jose와 같이 발음하기 어려운 지명은 발음이 조금 부정확해도 큰 감점 요소가 되지 않지만 발음할 때 멈칫하거나 여러 번 반복한다면 유창성에 영향을 주게 된다. 준비 시간에 어떻게 발음할지 확실히 결정해두고 답변 시간에 최대한 자연스럽게 읽어서 넘기도록 하자.

2 안내 방송

🔊 MP3 1_12

Ladies and gentlemen, /↗ the captain has turned on the Fasten Seat Belt sign. ↘ // If you haven't
　쉼표 뒤　　　　　　　　숙어→연음　　't'묵음 모음짧게 'g'묵음　　　부정강조

already done so, /↗ please stow your carry-on luggage / under the seat in front of you /↗ or in the
2음절　　　쉼표 뒤　　　　　　연음　　　　1음절　　모음 길게 의미상 연음　 접속사 앞

overhead bin. ↘ // Please take your seat /↗ and fasten your seatbelt. ↘ // Also, /↗ make sure
모음 짧게 문장 끝　　　　　　　1 음절 강세, 't' 묵음　　　문장 끝　 쉼표 뒤

your seatback and folding trays /↗ are in their upright position. ↘ //
　　　주어가 길 땐, 잠시 끊기　　　　　　　　's' → 'z' 발음, 'i' 모음 짧게

어휘　turn on 켜다　stow 집어넣다　luggage 짐(수하물)　fasten 매다　tray 쟁반　upright 똑바로 세워둔

해석　신사 숙녀 여러분, 기장님이 안전벨트 착용등을 켰습니다. 만약 아직까지 그렇게 하지 않은 분들이 있다면 승객 여러분의 짐을 앞 좌석의 아래쪽이나 객석 위의 짐 넣는 곳으로 넣어주시기 바랍니다. 그리고 좌석에 앉아 안전벨트를 착용해주시기 바랍니다. 또한 좌석을 똑바로 하고 쟁반을 접어 똑바로 세워 주세요.

K-tip

- 기내 방송은 안내문 중 하나이므로 끊어 읽기를 신경 써서 읽어야 전달력이 생긴다.
- 기내 방송에서만 자주 사용되는 표현들이 있으니 반드시 숙지하자.

3 광고문

🔊 MP3 1_13

> Good morning, (/) Wild Oats Market customers! ↘ // So that we can prepare for our big
> 상호명 앞: 끊어 읽기   1음절 강세   약하게 발음   2음절 강세
>
> promotional event tomorrow, /↗ our store will be closing /↗ a little earlier than usual today. ↘ //
> 모두 2음절 강세   쉼표 뒤   (의미상 끊어 읽기)   's→z' 발음   문장 끝
>
> We apologize for any inconvenience. ↘ // But we are sure you will be excited tomorrow. ↘ //
> 2음절 강세   강조   1,3음절 강세 문장 끝   2음절 강세 2음절 강세
>
> We will be offering (/↗) 30% off /↗ on all items available in the store. ↘ // Plus, /↗ we will also
> 1음절 강세 숫자 앞   전치사구 앞 의미상 강조 2음절 강세   문장 끝   쉼표 뒤   의미상 강조
>
> offer a free delivery service /↗ for any purchase of (/) $100 /↗ or more. ↘ //
> 2음절 강세 1음절 강세 전치사구 앞   1음절 강세 숫자/기호 앞   문장 끝

어휘 prepare for ~를 위해 준비하다 promotional event 홍보 행사 than usual 평소보다 apologize 사과하다 inconvenience 불편 30% off 30%할인 available 구할 수 있는, 이용 가능한 delivery service 택배, 배송 purchase 구매, 구매하다 or more 이상

해석 좋은 아침입니다 와일드 오츠 마켓 고객님들! 내일 열리는 큰 홍보 행사를 준비하기 위해 저희 가게는 평소보다 조금 일찍 마감할 계획입니다. 불편을 끼쳐 드려 죄송합니다. 그러나 내일은 기쁘실 겁니다. 매장에 있는 모든 제품에 대해 30% 할인을 제공합니다. 게다가, 100 달러 이상의 구매 고객님들께는 무료 배송 또한 제공합니다.

K-tip

- 광고문에서는 다양한 홍보 행사 및 혜택에 관련된 표현들이 등장한다. 이때, 숫자와 %, $ 와 같은 기호들이 나오니 미리 연습해 두도록 하자.
- 광고문의 특성 상, 활발한 목소리 톤으로 읽어주는 것도 좋다.

4 광고문

🔊 MP3 1_14

> <u>How long</u> have you been using your <u>current</u> com<u>pu</u>ter? ↘ // <u>Isn't it</u> about time /↗ to get a
> 의문사로 시작: 끝 억양 내리기　　　1 음절 강세　2 음절 강세　　일반의문문: 끝 억양 올리기　to 부정사 앞
>
> <u>new</u> one? /↗ If so, /↗ <u>vi</u>sit our website /↗ at Acetechstore.com. ↘ // <u>All</u> you need is a <u>chec</u>king
> 의미상 강조　　　쉼표 뒤 1 음절 강세　　전치사구 앞　　　　　　　문장 끝　의미상 강조
>
> ac<u>count</u> and your <u>cur</u>rent phone <u>num</u>ber, /↗ and I <u>guaran</u>tee you'll <u>qua</u>lify for a <u>brand</u> new
> 2 음절 강세　　　1 음절 강세　　　　　　　3 음절 강세　　　1 음절 강세
>
> com<u>pu</u>ter /↗ for less than five <u>do</u>llars a day. ↘ // <u>Hur</u>ry! // We <u>on</u>ly have a <u>li</u>mited a<u>moun</u>t in
> 　　　　　　전치사구 앞　　　　　　　　　　문장 끝　의미상 강조　1 음절 강세 + 'l'짧은 모음
>
> stock! ↘ //

어휘 current 지금 현재의/최근의　checking account 당좌 예금　guarantee 보장하다　qualify 자격이 있다
brand new 완전 새 것인　less than ~보다 적은　limited 제한된　amount 양　in stock 재고가 있는

해석 현재 가지고 있는 컴퓨터를 사용한지 얼마나 되었나요? 새로운 것을 구매할 때가 되지 않았나요? 만약 그렇다면, 에이스 테크 스토어 닷컴으로 방문해 보세요. 고객님의 현재 전화 번호와 당좌 예금만 있다면 하루 동안 새로운 모델의 컴퓨터를 5달러도 안 되는 가격으로 가져가실 수 있는 자격이 된다는 것을 약속합니다. 서두르세요! 한정된 수량만 준비되어 있습니다!

> **K-tip**
>
> 광고문에는 의문문이 종종 출제된다. 이때, 의문사 (what, why, where, when, ..) 로 시작되는 의문문은 문장의 끝 억양을 억지로 올리기보단 끌어내려주는 게 자연스럽다.

5 프로그램 소개문

MP3 1_15

> To**day** (/) on "The **Vo**calists", /♪ I'm very **ho**nored and **ha**ppy to intro**duce** you /♪ to the in**cre**dible
> 1음절 강세, 의미상 강조 쉼표 뒤   [h]묵음   강조하여 읽기   3음절 강세   의미상 끊기   2음절 짧게 강세
>
> **fi**nal top 10 con**tes**tants. ↘ // To**night**, /♪ here at **Sta**ples **Cen**ter, /♪ they will be per**for**ming live
> 의미상 강조하여 읽기 2음절 짧게 강세 문장 끝   부호 뒤   강조하며 읽기   쉼표 뒤   [p]와 [f]발음 주의 [라이브]로 발음
>
> /♪ on stage /♪ in front of **thou**sands of **peo**ple. ↘ // Each con**tes**tant has **tea**med up /♪ with one
> 연음하여 말하기 전치사구 앞 연음 [th]울리지 않는 발음   문장 끝 의미상 강조   연음하여 읽기 전치사구 앞
>
> of the best pro**du**cers /♪ in the **mu**sic **in**dustry. ↘ // And they are very ex**ci**ted /♪ to **fi**nally meet
> 연음하여 읽기   2음절 강세   전치사구 앞   1음절 강세 문장 끝   [c]→[s]로 발음   1음절 강세
>
> you (/♪) on stage. ↘ //
> 전치사구 앞

어휘 I'm honored 영광입니다 introduce 소개하다 incredible 엄청난, 위대한, 멋진 final 최종의
contestants 경쟁자들, 대회 참가자들 perform 공연하다 live 라이브로 audience 관객 on stage 무대 위에서
thousands of 수천 명의 team up 팀을 결성하다 finally 드디어 one of the best 최고 중 하나 industry 산업, 분야
excited 흥분된, 신난, 기쁜

해석 오늘 "보컬리스트"에서는 최종 탑 10에 들어간 대단한 참가자들을 소개하게 되어 기쁘고 영광입니다. 오늘밤, 이곳 스테이플즈 센터에서 그들은 수 천 명의 관중들 앞 무대 위에서 라이브로 공연할 예정입니다. 각 참가자는 이 업계 최고의 음악 프로듀서들과 팀을 이뤘습니다. 그리고 드디어 무대 위에서 여러분을 만나게 되어 반가워합니다.

K-tip

프로그램이나 인물을 소개하는 실제 방송대본의 일부가 출제되기도 한다.
이 때, 프로그램명과 사람 이름이 등장하는데, 준비 시간에 발음을 미리 준비하도록 하자.

6 일기예보

> This is KBC, /↗ and I'm Jenna Wilson /↗ with the weather. ↘ // Right now, /↗ the temperature
> 철자 하나하나 또박또박 읽기   전치사구 앞   문장 끝   쉼표 뒤   1음절 강세
>
> is a comfortable (/) fifteen degrees Celsius /↗ and it is clear. ↘ // We're expecting blue skies /↗
> 숫자/기호 앞   2음절 강세   'c'→'s'발음 접속사 앞   문장 끝   2음절 강세   전치사구 앞
>
> throughout the day. ↘ // However, there is a thirty percent chance of showers at night, /↗ so
> 문장 끝   1음절   2음절 강세   쉼표 뒤
>
> don't forget to bring your umbrella /↗ when you go out. ↘ // Now, stay tuned (/) for the local
> 부정 강조 2음절 강세   2음절 강세   when 절 앞   문장 끝   전치사구 앞   1음절
>
> news. ↘ //
> 문장 끝

어휘 temperature 온도   Celsius 섭씨(온도)   expect 예상하다   throughout 동안, 내내   local 지역의, 현지의

해석 KBC 날씨의 제나 윌슨입니다. 현재 온도는 쾌적한 섭씨 15도이고, 날씨는 맑습니다. 낮에는 맑고 푸른 하늘이 예상됩니다. 다만, 밤에는 30% 확률의 비가 예상됩니다. 그러니 외출 시 우산을 챙기시기 바랍니다. 자, 이제 지역 뉴스가 있겠습니다.

K-tip

일기 예보에서는 문장들이 긴 경우가 많으므로, 끊어 읽기를 잘하는 것이 중요하며, 숫자와 온도 기호 등이 등장할 수 있으므로, 날씨 관련 표현들을 미리 알아두면 좋다.

7 인물 소개문

Ladies and gentlemen, / I am thrilled to introduce you / to Tamira Burch, / a world
　　쉼표 뒤　　강조하며 읽기 [th]발음 주의　　　　이름 앞　　쉼표 뒤, 수식 앞

renowned celebrity designer. // She is here today / to provide her fans with great fashion
2음절 강세　2음절 짧게 강세 [s]→[z]로 발음 문장 끝　의미상 강조　[to 동사]앞 2음절 강세　　　의미상 강조

tips. Also, we will take a peek at her new clothing line / for the coming fall season. // Please
의미상 강조　　연음하여 읽음 강조　　　[o]→[오우]로 발음 전치사구 앞　　1음절 길게 강세 문장 끝

join me / in warmly welcoming our guest, / Tamira Burch. //
　　의미상 끊기　　　　　　　　　　쉼표 뒤, 이름 앞　　　문장 끝

어휘 thrilled 신난, 들떠 있는　world renowned 세계적으로 유명한　celebrity 연예인, 유명 인사　provide A with B A에게 B를 제공하다　take a peek at 들여다보다　warmly 따뜻하게, 포근하게

해석 신사 숙녀 여러분, 저는 전 세계에 잘 알려진 유명 디자이너인 타미라 버치를 환영하고 여러분께 소개하게 되어 감격스럽습니다. 그녀는 팬들에게 중요한 패션 조언을 해주기 위해 오늘 이곳에 왔고, 우리는 또한 다가올 가을 시즌을 위한 새로운 라인들의 옷을 엿볼 것 입니다. 저와 함께 우리의 게스트 타미라 버치를 따뜻한 환영으로 맞아주세요.

K-tip

인물을 소개하는 내용에서는 사람 이름이 등장하고, 프로그램을 소개하는 내용에서는 일정이 출제되므로 시간과 날짜를 말하는 연습을 미리 해두자.

8 소개문

Thank you and welcome (/↗) to the (/↗) Bredford Community Center's annual banquet. (↘//)
전치사구 앞　　대문자 앞　　　2음절 강세　　　의미상 강조하여 읽기　문장 끝

As you know, (/↗) every year, (/↗) we gather at the community center (/↗) to raise money (/↗) for
쉼표 뒤 의미상 강조　쉼표 뒤　1음절 강세　　　　　　　　to 동사 앞　　　전치사구 앞

local nursing homes. (↘//) For this year's events, (/↗) we have prepared a few different fundraising
1음절 강세, 강조하며 읽기 문장 끝　　강조하며 읽기 2음절 강세 쉼표 뒤　　2음절 강세, [p]발음 주의　1음절 강세

events, (/↗) such as concerts and auctions. (↘//) And with the money we raise, (/↗) we will be able
의미상 끊기　연음하여 읽기　　　　　　문장 끝　　　의미상 연결하여 읽기　쉼표 뒤　연음하여 읽기

to provide a better living environment (/↗) in the nursing home. (↘//)
2음절 강세　1음절 짧게 강세　[v] 발음 주의　전치사구 앞　　　문장 끝

어휘 community center 지역 문화 센터 annual 연간의, 연례 banquet 연회 gather 모이다 raise money 기금을 마련하다 local 지역의, 현지의 nursing homes 요양원 prepare 준비하다 fundraising event 기금 마련 행사 such as ~와 같은 auction 경매 be able to 할 수 있다 provide 제공하다 living environment 생활 환경

해석 브레드포드 지역 문화 센터의 연례 연회에 오신 것을 환영합니다. 알고 계시는 것처럼 저희는 매년 지역 요양원을 위한 기금을 마련하기 위해 모이고 있습니다. 올해의 이벤트로는, 콘서트나 경매와 같은 몇 가지 다른 모금 행사를 준비했습니다. 그리고 모금된 기금은 요양원의 더 나은 생활 환경 제공에 사용하도록 하겠습니다.

K-tip
소개해야 할 항목들이 등장할 때, 내용어 위주로 전달력 있게 읽도록 한다.

9 전화 자동 응답 메시지

> You have reached /→ Serco Technology. ↘ // All our sales representatives are busy /→ and
>   모음 길게   상호명 앞   문장 끝 의미상 강조 1,3음절 강세(3음절 강한 강세)   접속사 앞
>
> cannot help you right now, /↗ but we would like to return your call /↗ as soon as possible. ↘ //
> 부정 강조   의미상 강조   쉼표 뒤   2음절 강세   접속사 앞   연음   문장 끝
>
> For current information, /↗ please visit our website. ↘ // Otherwise, /→ please leave a message
>   1음절 강세 1,3음절 강세   쉼표 뒤   문장 끝   의미상 강조 쉼표 뒤   모음 길게 1음절 강세
>
> /↗ with your name and number, and we will get back to you /↗ as soon as our representatives
>   전치사구 앞   접속사 앞   연음   1,3음절 강세
>
> are available. ↘ //
>   2음절 강세   문장 끝

어휘   sales representative 영업 직원 right now 바로 지금 current 최신의, 최근의 get back to you 다시 연락하다
        available 이용 가능한

해석   세르코 기술회사에 전화주셨습니다. 모든 판매 담당자가 바빠 지금 바로 도움을 드리기 어렵지만, 가능한 빨리 다시 연락 드리겠습니다. 최신 정보에 대한 문의는 저희 웹사이트를 방문해 주세요. 아니면 고객님의 이름, 전화번호와 함께 메시지를 남겨주세요. 저희 담당자가 가능한 빨리 다시 연락 드리겠습니다.

K-tip
Thank you for calling, you have reached 로 시작하는 지문이 나오면 전화 자동 응답 메시지라 볼 수 있다.
뒤를 이어 상호명 혹은 사람 이름이 주로 나오므로 발음에 주의하도록 하자.

10 전화 자동 응답 메시지

🔊 MP3 1_20

> Thank you for calling /↗ Ace Corporate. ↘ // If you know your party's extension, /↗ please enter
> 　　　　　　　　상호명 앞　　　　　　문장 끝　　　　　　　　　　　　　쉼표 뒤
> it now, /↗ or you can press one /↗ to dial-by-name. ↘ // And for sales, /↗ please press two. ↘ //
> 의미상 강조 접속사 앞　약하게 읽기　의미상 강조　　　　　문장 끝　　　　　쉼표 뒤　　　　의미상 강조 문장 끝
> If you would like to speak /↗ to one of our customer service representatives, /↗ please press
> 　　　　　　　　　　　　　　연음　　　　　　　　　　　　　　　　　　쉼표 뒤
> three. ↘ //
> 의미상 강조 문장 끝

어휘 extension 내선 번호　one of our customer service representatives 고객 센터 직원 중 한 명　dial-by-name 이름 철자대로 다이얼 하다

해석 에이스 회사에 전화주셔서 감사합니다. 만약 내선 번호를 알고 계신다면 지금 번호를 누르시거나, 상대의 이름 철자로 연결하시려면 1번을 눌러주세요. 판매 문의는 2번을 눌러주세요. 고객 센터 직원 중 한 명과 상담을 원하시면 3번을 눌러주세요.

K-tip

전화 자동 응답 메시지에서는 각 번호에 해당하는 서비스를 알려주는 멘트가 등장하는데, 끊어 읽기를 잘해야 전달력이 생긴다.

유형별 연습하기

유형1 사무 환경(실내)

연습 문제

	장소	This is a picture of an office.	이것은 사무실의 사진입니다.
	중심 대상	On the left, there are two people wearing suits. They are standing at the table. One man is holding a piece of paper. And he is reading it.	사진의 왼쪽에, 정장을 입은 두 명의 사람들이 있습니다. 그들은 테이블에 서 있습니다. 남자 한 명은 종이를 들고 있고, 그는 그것을 읽고 있습니다. 그리고 그는 웃고 있습니다.
	주변 대상	In the back, there are two people. They are looking at the computer screen. One man is sitting on the chair.	뒤에, 정장을 입고 있는 두 명의 사람들이 있습니다. 그들은 컴퓨터 스크린을 보고 있습니다. 남자 한 명은 의자에 앉아 있습니다.
	배경/느낌	On the table, I see some paper and cups.	테이블 위에, 종이 그리고 컵들이 보입니다.

끊어읽기

장소	This is a picture of an office.	이것은 사무실에서 찍힌 사진입니다.
중심 대상	On the left, there are two people wearing suits. They are both standing at the table. And it seems like they're discussing something. One of them is holding a document, and looking at it.	사진의 왼쪽에, 정장을 입은 두 명의 사람들이 있습니다. 그들은 테이블에 서 있습니다. 그리고 그들은 무언가를 논의하고 있는 것처럼 보입니다. 그들 중 한 명은 종이를 들고 있고 그것을 보고 있습니다.
주변 대상	In the back, I see two people looking at the computer screen.	뒤에, 두 명의 사람들이 컴퓨터 스크린을 보고 있습니다.
배경/느낌	Also, I see some documents on the table, and binders on the shelves.	또한, 책상 위에 몇몇의 서류와 선반 위에 파일들이 보입니다.

어휘 suit 정장 shelf(shelves) 선반, 책꽂이 discuss 논의하다 binder 바인더

K-tip

IM
- 기본적인 동작 및 사진의 메인인 왼쪽 위주로 묘사하기
- 기본적인 영작은 필수

IH 전체적인 사진 묘사와 인물의 동작 표현을 조금 더 구체적으로 한다. 주관적인 생각은 언급하지 않아도 된다.

AL+
- 사무실 환경에 적절한 어휘를 사용한다.
- 사진을 통해 떠오르는 주관적인 의견(느낌)도 언급한다.

유형 2 상점

연습 문제 1

🔊 MP3 2_3

	장소	This is a picture of a store.	이것은 가게의 사진입니다.
IM-IH	중심 대상	In the middle of the picture, .. there is a girl .. in a blue sweater. She is standing near the shelves, .. And she is holding broccoli. Also, she's looking at a man.	사진의 가운데에, 파란 스웨터를 입은 여자아이가 있습니다. 그녀는 선반 근처에 서 있고, 브로콜리를 손에 들고 있습니다. 또한, 남자를 보고 있습니다.
	주변 대상	I think he is her father. He is holding a basket.	그리고 이 남자는 그녀의 아빠인 것 같습니다. 남자는 바구니를 들고 있습니다.
	배경/느낌	On the right, .. I see a lot of vegetables.	오른쪽에, 많은 채소들이 보입니다.

.. 끊어읽기

장소	This is a picture taken in a grocery store.	이것은 식료품 가게에서 찍힌 사진입니다.
중심 대상	In the middle of the picture, there is a girl in a blue sweater. She is standing near the shelves, holding broccoli (in her hands). She is looking at a man.	사진의 가운데에, 파란 스웨터를 입은 여자아이가 있습니다. 그녀는 선반 근처에 있고, (손에) 브로콜리를 들고 있습니다.
주변 대상	He is crouching in front of her. I think he is her father. He is holding a shopping basket, and smiling at her.	그녀는 남자를 보고 있습니다. 그는 그녀 앞에 쭈그리고 앉아 있습니다. 그녀의 아빠인 것 같습니다. 그는 쇼핑 바구니를 들고 여자아이를 향해 미소 짓고 있습니다.
배경/느낌	On the right, lots of vegetables are piled up on the shelves. I see carrots, onions, potatoes, and more. They are very neatly arranged.	오른쪽에, 많은 채소들이 선반 위에 쌓여 있습니다. 당근과 양파 그리고 감자 등등이 있습니다. 그것들은 깔끔하게 정리되어 있습니다.

어휘 be piled up 쌓여 있다 grocery store 식료품 가게 crouch 쭈그리고 앉다 smile at ~을 보고 미소짓다 neatly 깔끔하게 arrange 정리하다, 배열하다

K-tip

IM
- 사진 가운데에 2명, 오른쪽 물건들에 대한 기본 묘사하기
- 쭈그리고 앉은 동작의 표현을 모를 때는 다른 동작으로 대체하자.
  예) 바구니를 들고 있다 / 딸을 보고 있다 / 웃고 있다

IH 인물 위주로 묘사하고 시간이 남는다면 오른쪽 사물을 조금 더 구체적으로 언급한다. 화려한 표현보다 단순히 어떤 물품이 있는지 나열하는 것만으로도 시간을 채울 수 있다.

AL+ 물건이 종류별로 진열이 되어 있다든지, 전반적으로 정리정돈이 잘 되어 있다든지 등의 사진의 전반적인 느낌이나 생각을 어필하여 기본 구문에서 벗어난 표현들을 사용할 수 있다.

연습 문제 2

🎧 MP3 2_5

 IM-IH

장소	This is a picture of a store.	이것은 상점의 사진입니다.
중심 대상	On the left, .. there is a woman. She is wearing a shirt and jeans. And she is using a device.	사진의 왼쪽에는, 한 여자가 있습니다. 그녀는 셔츠와 청바지를 입고 있습니다. 그리고 그녀는 한 장치를 사용 중입니다.
주변 대상	On the right, .. there is a woman .. wearing a pink shirt. She is holding some items. I think she is the customer.	오른쪽에는, 핑크색 셔츠를 입은 한 여자가 있습니다. 그녀는 몇몇 상품을 들고 있습니다. 손님인 것 같습니다.
배경/느낌	In the background, there are many items.	배경에는, 많은 상품들이 보입니다.

 끊어읽기

🎧 MP3 2_6

 IH-AL

장소	This is a picture taken in a store.	이것은 상점에서 찍힌 사진입니다.
중심 대상	On the left of the picture, there is a woman in casual clothes. And I think she is the staff member. She is standing behind the counter. And she is scanning an item with a device. Next to her, I see a small screen and some equipment.	사진의 왼쪽에는, 캐주얼한 옷을 입은 한 여자가 있고, 직원인 것 같습니다. 그녀는 카운터 뒤에 서서 한 장치를 가지고 상품을 스캔하고 있습니다. 그녀 옆에는 하나의 작은 화면과 여러 장비가 보입니다.
주변 대상	On the right, there is a woman wearing a pink shirt. She is bending over to take something out of the basket. She must be the customer.	오른쪽에, 분홍색 셔츠를 입은 여자가 있습니다. 그녀는 바구니에서 무언가를 꺼내기 위해 몸을 앞으로 숙이고 있습니다. 그녀는 손님인 것 같습니다.
배경/느낌	In the back, a lot of products are displayed on the shelves.	오른쪽에, 많은 채소들이 선반 위에 쌓여 있습니다. 당근과 양파 그리고 감자 등등이 있습니다. 그것들은 깔끔하게 정리되어 있습니다.

어휘 scan 스캔하다 device 장치, 기구 bend over 몸을 앞으로 숙이다, 굽히다 display 진열하다, 배열하다 shelf 선반 equipment 장비, 용품

유형 3 카페, 레스토랑

연습 문제 1

	장소	This is a picture of a restaurant.	이것은 레스토랑의 사진입니다.
	중심 대상	In the front, there are three people. They are sitting at the table. And they are eating together.	앞쪽에, 세 명의 사람들이 있습니다. 그들은 테이블에 앉아 있습니다. 그리고 함께 식사를 하고 있습니다.
	주변 대상	In the back, there is a woman in a uniform. I think she is the waitress. She is holding a dish. In front of her, there are two men.	뒤에는, 유니폼을 입은 여자가 있습니다. 그녀는 웨이트리스인 것 같습니다. 그녀는 음식을 들고 있습니다. 그녀 앞에, 두 명의 남자가 있습니다.

끊어읽기

	장소	This is a picture of a restaurant.	이것은 레스토랑에서 찍힌 사진입니다.
	중심 대상	In the front, there are three people. They are sitting at the table and having a meal together.	사진의 앞쪽에, 세 명의 사람들이 있습니다. 그들은 테이블에 앉아서, 함께 식사를 하고 있습니다.
	주변 대상	In the back, there is a woman in a uniform. She is standing at the table, serving dishes. So, she must be the waitress.	뒤에는, 유니폼을 입은 여자가 있습니다. 그녀는 테이블에 서서, 음식을 서빙하고 있습니다. 따라서, 그녀는 웨이트리스임에 틀림없습니다.
	배경/느낌	In front of her, there are two men in suits. They are facing each other, and one of them is smiling. Near them, there are some brown curtains.	그녀 앞에, 정장을 입은 두 명의 남자가 있습니다. 그들은 서로 마주보고 있고, 한 명의 남자는 웃고 있습니다. 그들 근처에, 갈색 커튼이 있습니다.

어휘 sit at ~에 앉다 serve dishes 요리를 내다 have a meal 식사하다 face each other 서로 마주보다

연습 문제 2

🔊 MP3 2_9

장소	This is a picture of a cafe.	이것은 카페의 사진입니다.
중심 대상	On the left, .. there is a man, .. in casual clothes. He is standing at the counter, and he is getting coffee.	사진 왼쪽에, 캐주얼한 옷을 입은 한 남자가 있습니다. 그는 카운터에 서 있고, 커피를 받고 있습니다.
주변 대상	In front of him, there is a woman. I think she is the staff member. She is smiling.	그 남자 앞에, 한 명의 여자가 있습니다. 그 여자는 직원인 것처럼 보입니다. 그녀는 웃고 있습니다.
배경/느낌	In the back, I see some bottles and doors. Also, there are some stairs.	뒤에는, 여러 병과 문들이 보입니다. 또한, 계단도 있습니다.

.. 끊어읽기

🔊 MP3 2_10

장소	This is a picture of a cafe.	이것은 카페의 사진입니다.
중심 대상	On the left, there is a man in casual clothes. He is standing at the counter, getting his coffee. So he must be a customer.	사진 왼쪽에, 캐주얼한 옷을 입은 한 남자가 있습니다. 그는 카운터에 서 있고, 커피를 받고 있습니다. 따라서, 그는 손님임에 틀림없습니다.
주변 대상	In front of him, there is a woman with long hair. She is handing coffee over to the man. And she's smiling.	그 남자 앞에, 긴 머리를 가진 한 명의 여자가 있습니다. 그녀는 남자에게 커피를 건네고 있습니다. 그녀는 웃고 있습니다.
배경/느낌	In the back, I see doors, and lots of bottles on the shelves. Also, there are stairs.	뒤에는, 문과 선반 위에 많은 병이 있습니다. 또한, 계단도 있습니다.

어휘   staff member 직원   with long hair 긴 머리를 가진   hand over 건네다

K-tip

IM 카페에서 기본적으로 할 수 있는 동작 위주의 묘사와 함께 전반적인 물건의 위치를 묘사해준다.
   예) 직원의 동작: serving, 고객의 동작: looking at / drinking

IH 카페의 분위기를 좀 더 반영해서 묘사하는 것이 좋다. 점원의 동작도 단순히 talking 보다는 explaining something으로 묘사하는 것이 효과적

AL+ 구석구석 상세하게 묘사하기
   예) 뒤에는 꽃병 안에 꽃, 벽의 식물, 천장에 전등이 있다.

유형 4 도시, 거리 풍경

연습 문제 1

장소	This is a picture of a park.	이것은 공원의 사진입니다.
중심 대상	In the middle, there is a man wearing a helmet. He is near a bicycle and looking at the wheels. I think he is fixing it.	사진의 가운데에, 헬멧을 쓴 한 남자가 있습니다. 자전거 근처에 있고, 바퀴를 보고 있습니다. 그가 고치고 있는 것 같습니다.
주변 대상	In the back, there are some people. Also, I see a bench and many trees.	뒤에, 여러 사람이 있습니다. 또한, 벤치와 많은 나무가 보입니다.
배경/느낌	And the weather seems very nice.	그리고 날씨는 매우 좋아 보입니다.

🔺 끊어읽기

장소	This is a picture of a park.	이것은 공원의 사진입니다.
중심 대상	In the middle, there is a man in a T-shirt and shorts. He is also wearing a helmet. He is crouching next to his bicycle, and looking at the wheels. It seems like he is fixing the bike.	사진의 가운데에, 티셔츠와 반바지를 입고 있는 한 남자가 있습니다. 또한, 그는 헬멧을 쓰고 있습니다. 그는 자전거 옆에 쭈그리고 앉아, 바퀴를 보고 있습니다. 그가 자전거를 고치고 있는 것 같습니다.
주변 대상	In the back, I see some people with bikes. Also, there is a green bench and many trees.	뒤에, 자전거를 가진 여러 사람이 보입니다. 또한, 초록색 벤치와 많은 나무가 있습니다.
배경/느낌	And the weather seems very nice.	그리고 날씨가 매우 좋아 보입니다.

어휘 bench 벤치 wear a helmet 헬멧을 쓰다 crouch 쭈그리고 앉다 fix 고치다

K-tip

IM 중심 대상의 특징을 기본적으로 묘사하되, 말할 거리가 많지 않다면 주변 대상의 특징들을 짧게라도 나열해준다.

IH 문장의 길이를 조금 더 연장해보자. ⓔ holding a phone in her hands

AL+ 공원, 시골 풍경은 날씨 표현이 가능하지만 전반적인 분위기나 느낌도 표현할 수 있다.
ⓔ 조용해 보인다. 평화로워 보인다. 분주해 보인다.

연습 문제 2

MP3 2_13

 IM-IH

장소	This is a picture of a street.	이것은 거리의 사진입니다.
중심 대상	On the left, .. there is a man .. in a white shirt. He is sitting on the stairs, and scratching his head.	왼쪽에 흰색 셔츠를 입은 한 남자가 있습니다. 그는 계단 위에 앉아있고, 머리를 긁고 있습니다.
주변 대상	In the back, .. there is a woman. She is crossing the street.	뒤에, 한 여자가 있습니다. 그녀는 길을 건너고 있습니다.
배경/느낌	Also I see some buildings and signs. And some people are walking on the street.	또한, 여러 건물과 표지판이 보입니다. 몇몇의 사람들이 거리를 걷고 있습니다.

.. 끊어읽기

MP3 2_14

IH-AL

장소	This is a picture of a street.	이것은 거리의 사진입니다.
중심 대상	On the left of the picture, there is a man in a white shirt and black pants. He is sitting on the stairs and scratching his head. It seems like he's waiting for someone.	사진의 왼쪽에 흰색 셔츠와 검은 바지를 입은 한 남자가 있습니다. 그는 계단 위에 앉아있고, 머리를 긁고 있습니다. 그는 누군가를 기다리는 것처럼 보입니다.
주변 대상	In the back, I see a woman pushing a stroller. She is crossing the street. Also, there are some buildings along the street. And I see some traffic lights, signs, and trees as well.	뒤에, 유모차를 밀고 있는 한 여자가 있습니다. 그녀는 길을 건너고 있습니다. 또한, 거리를 따라서 여러 건물이 있습니다. 그리고 신호등과 표지판, 나무들도 보입니다.
배경/느낌	It seems like this picture was taken in the late afternoon.	이 사진은 늦은 오후에 찍힌 것 같아 보입니다.

어휘   stair 계단 scratch 긁다 stroller 유모차 cross the street 길을 건너다 traffic light 신호등   along ~을 따라서

유형 5 자연

연습 문제

장소	This is a picture of a lake.	이것은 호숫가의 사진입니다.
중심 대상	In the middle, there are two people wearing casual clothes. They are fishing. One man is standing and holding a fishing tool. And one man is using a net.	사진의 가운데에, 캐주얼 옷을 입은 두 명의 남자가 있습니다. 그들은 낚시를 하고 있습니다. 한 명은 서서 낚시 도구를 잡고 있습니다. 또 한 사람은 그물을 사용하고 있습니다.
주변 대상	Near them, I see two green chairs.	그들 근처에, 두 개의 초록색 의자가 보입니다.
배경/느낌	In the background, I see a lot of trees and some flowers.	뒤에, 많은 나무와 꽃이 있습니다.

끊어읽기

장소	This is a picture taken at a lake pier.	이것은 호숫가에서 찍힌 사진입니다.
중심 대상	In the middle, there are two people in casual clothes. They are both fishing. One of them is standing on the dock, using a fishing rod. The other one is using a fishing net.	사진의 가운데에, 캐주얼 옷을 입은 두 명의 남자가 있습니다. 그들은 낚시를 하고 있습니다. 한 명은 낚싯대를 사용하며 부두 위에 서 있습니다. 다른 한 사람은 그물을 사용하고 있습니다.
주변 대상	Next to them, I see two folding chairs, and a small container.	그들 옆에, 두 개의 접의자와 작은 컨테이너 하나가 보입니다.
배경	In the back, I see a lot of trees and bushes.	뒤에, 많은 나무와 관목이 있습니다.

어휘 lake 호숫가 fishing tool 낚시 도구 net 그물 fishing rod 낚싯대 folding chair 접의자 bush 관목

실전 연습하기

1 사무 환경 (실내)

어휘
meeting room 회의실 suit 정장 point at 가리키다
explain 설명하다 document 문서, 서류 laptop 노트북 컴퓨터

1 구도 및 순서 잡기

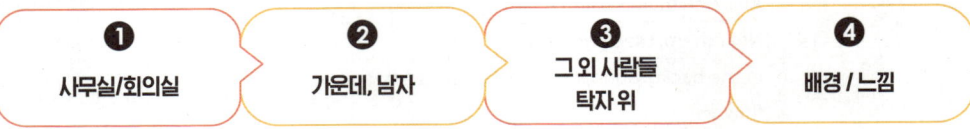

❶ 사무실/회의실 → ❷ 가운데, 남자 → ❸ 그 외 사람들 탁자 위 → ❹ 배경 / 느낌

2 어휘 브레인스토밍

장소	- an office / a meeting room 사무실 / 회의실
중심 대상	- middle, a man in a suit 가운데, 정장을 입고 있는 한 남자 - standing near a whiteboard 화이트보드 근처에 서 있는 - pointing at the chart (with a marker) (마커로) 차트를 가리키고 있는 〔고득점 표현〕 - giving a presentation / explaining the chart 발표를 하는 / 차트를 설명하는
주변 대상	- 4 people, in suits 4명의 사람들, 정장을 입고 있음 - sitting at the table, looking at the chart 테이블에 앉아 있는, 차트를 보고 있는 - one of them, typing something 그들 중 한 명, 무언가를 입력하고 있는 - the others, writing something 다른 사람들, 메모를 하고 있는
배경	- on the table, the laptop, cups, documents 테이블 위에, 노트북, 컵, 문서들
느낌	- They are having a meeting. 그들은 회의를 하는 중이다.

3 답변 완성

장소	This is a picture .. of a meeting room.	이것은 회의실의 사진입니다.
중심 대상	In the middle, .. there is a man .. wearing a suit. He is standing near a whiteboard. .. And he is pointing at the chart. .. I think .. he is talking about the chart.	가운데에, 정장을 입은 남자가 있습니다. 그는 화이트보드 근처에 서 있습니다. 그리고 그는 차트를 가리키고 있습니다. 그가 차트에 대해서 이야기하고 있는 것 같습니다.
주변 대상 (인물)	Also, .. I see four people. .. They are sitting at the table. And they are looking at the board. .. One woman is typing something. .. And three people are writing something.	또한, 네 명의 사람들이 보입니다. 그들은 테이블에 앉아 있습니다. 그리고 그들은 화이트보드를 보고 있습니다. 한 여자는 무언가를 타이핑하고 있습니다. 그리고 세 명의 사람들은 무언가를 쓰고 있습니다.
주변 대상 (사물)	On the table, .. I see paper, cups, .. and the computer.	테이블에는, 종이, 컵들 그리고 컴퓨터가 보입니다.

.. 끊어읽기

장소	This is a picture taken in a meeting room.	이것은 회의실에서 찍힌 사진입니다.
중심 대상	In the middle, there is a man in a suit. He is standing near a whiteboard, pointing at the chart. It seems like he is giving a presentation. I think he is explaining the chart.	가운데에, 정장을 입은 남자가 있습니다. 그는 화이트보드 근처에 서서, 차트를 가리키고 있습니다. 그가 발표를 하고 있는 것처럼 보입니다. 그가 차트를 설명하고 있는 것 같습니다.
주변 대상 (인물)	Also, I see four people sitting at the table. They are looking at the chart. One of them is typing something, and the others are writing something.	또한, 테이블에 앉아 있는 네 명의 사람들이 보입니다. 그들은 차트를 보고 있습니다. 그들 중 한 명은 무언가를 타이핑하고 있고, 다른 사람들은 무언가를 쓰고 있습니다.
주변 대상 (사물)	On the table, I see some documents, cups, and the laptop. And it seems like they are having a meeting.	테이블에는, 문서들, 컵들 그리고 노트북이 보입니다. 그리고 그들이 회의를 하고 있는 것 같아 보입니다.

2 상점

어휘
apron 앞치마   refrigerator 냉장고   fold one's arms 팔짱을 끼다
owner 주인, 소유주   slice 썰다, 자르다

1 구도 및 순서 잡기

| ❶ 장소: 상점 | ❷ 가운데, 여자 | ❸ 왼쪽, 남자 뒤, 사람들 | ❹ 배경 / 느낌 |

2 어휘 브레인스토밍

장소	- a store 상점
중심 대상	- middle, a woman, wearing an apron and gloves 가운데, 한 여자, 장갑을 끼고 앞치마를 두르고 있는 - standing at a table 테이블 앞에 서 있는 - cutting / slicing cheese (with a big knife) (큰 칼로) 치즈를 자르는 / 얇게 자르는
주변 대상	- left, a man, with gray hair 왼쪽, 한 남자, 회색 머리 - wearing an apron 빨간 앞치마를 두르고 있는 - standing behind the woman 여자 뒤에 서 있는 - folding his arms, looking at her and smiling 팔짱을 끼고 있는, 미소지으며 그녀를 바라보는 - near the woman, 2 people, working 여자 근처에, 두 사람, 일하고 있는
배경/느낌	- in the back, bottles and cheese on the shelves 뒤쪽에, 선반 위에 병들과 치즈

3 답변 완성

🔊 MP3 2_19

장소	This is a picture .. of a store.	이것은 상점의 사진입니다.
중심 대상	In the middle, .. there is a woman wearing an apron. She is standing at the table. And she is using a big knife .. and cutting cheese.	가운데에, 앞치마를 입은 여자가 있습니다. 그녀는 테이블에 서 있습니다. 그리고 그녀는 큰 칼을 사용하여 치즈를 자르고 있습니다.
주변 대상 (인물+사물)	On the left, .. there is a man. He is wearing an apron too. And he is looking at the woman .. and smiling. Near the woman, .. there are two people. Behind them, .. I see some refrigerators.	왼쪽에는, 남자가 있습니다. 그도 앞치마를 입고 있습니다. 그리고 그는 여자를 보며 웃고 있습니다. 여자 근처에, 두 명의 사람들이 있습니다. 그들 뒤에는, 냉장고들이 보입니다.
배경/느낌	In the back, .. I see bottles and cheese on the shelves.	뒤에는, 선반 위에 병들과 치즈들이 보입니다

· 끊어읽기

🔊 MP3 2_20

장소	This is a picture taken in a store.	이것은 상점에서 찍힌 사진입니다.
중심 대상	In the middle, there is a woman wearing an apron and gloves. She is standing at the table. And she is cutting cheese with a big knife.	가운데에, 앞치마와 장갑을 낀 여자가 있습니다. 그녀는 테이블에 서 있습니다. 그리고 그녀는 큰 칼을 사용하여 치즈를 자르고 있습니다.
주변 대상 (인물+사물)	On the left, there is a man with gray hair. He is wearing an apron as well. He is standing behind the woman, folding his arms. And he is looking at the woman and smiling. I think he is the owner of the store. Near the woman, there are two people working. Also, there are some glass refrigerators behind them.	왼쪽에는, 회색 머리의 남자가 있습니다. 그 역시 앞치마를 입고 있습니다. 그는 팔짱을 끼고서, 여자 뒤에 서 있습니다. 그리고 그는 여자를 보며 웃고 있습니다. 그가 가게의 주인인 것 같습니다. 여자 근처에, 두 명의 사람들이 일을 하고 있습니다. 또한, 그들 뒤에는 몇몇 유리 냉장고들이 있습니다.
배경/느낌	In the back, I see bottles and cheese on the shelves.	뒤에는, 선반 위에 병들과 치즈들이 보입니다.

3 거리 풍경

어휘
tram 전차, 트램   stop 정류장, 정거장
wait in line 줄을 서서 기다리다   get on ~에 타다
balcony 발코니

1 구도 및 순서 잡기

❶ 거리 → ❷ 앞쪽, 남자 → ❸ 왼쪽, 정류장 / 가운데, 트램 → ❹ 배경 / 느낌

2 어휘 브레인스토밍

장소	- street
중심 대상	- front, a man in a blue T-shirt 앞, 파란색 티셔츠를 입은 한 남자 - carrying a backpack 백팩을 메고 있는 - crossing the street, looking at the tram 전차를 바라보면서 길을 건너고 있는 〔고득점 표현〕
주변 대상	- left, a tram stop 왼쪽, 전차 정거장 - some people, waiting in line 몇몇 사람, 줄을 서서 기다리고 있는 - a woman, getting on the tram 한 여자, 전차를 타고 있는 - in the middle, the tram 가운데에, 전차 - signs, numbers 신호, 번호 - people, on the tram 사람들, 전차에 타고 있음
배경	- in the background, trees 배경에는, 나무들 - buildings with windows and balconies 창문과 발코니가 있는 빌딩들 〔고득점 표현〕
느낌	- The weather seems very nice. 날씨가 아주 좋아 보인다.

3 답변 완성

장소	This is a picture .. of a street.	이것은 거리의 사진입니다.
중심 대상	In the front, .. there is a man wearing casual clothes. He is carrying a backpack. And he is crossing the street. Also, .. he is looking at the tram.	앞쪽에, 캐주얼한 옷을 입은 남자가 있습니다. 그는 백팩을 메고 있습니다. 그리고 그는 길을 건너고 있습니다. 또한, 그는 전차를 보고 있습니다.
주변 대상 (인물+사물)	On the left, .. there are some people. They are standing at the tram stop. I think they are waiting. In the middle, .. I see the tram. And there are some people .. on the tram.	왼쪽에는, 몇몇 사람들이 있습니다. 그들은 전차 정류장에 서 있습니다. 그들은 기다리고 있는 것 같습니다. 가운데에는, 전차가 보입니다. 그리고 전차에 몇몇 사람들이 있습니다.
배경/느낌	In the back, .. there are some buildings and trees. And the buildings have windows.	뒤에는, 건물들과 나무들이 있습니다. 그리고 건물에는 창문이 있습니다.

.. 끊어읽기

장소	This is a picture taken in a street.	이것은 거리에서 찍힌 사진입니다.
중심 대상	In the front, there is a man in a blue shirt. He is carrying a backpack. And he is crossing the street, and he is looking at the tram.	앞쪽에, 파란 셔츠를 입은 남자가 있습니다. 그는 백팩을 메고 있습니다. 그리고 그는 길을 건너며, 전차를 보고 있습니다.
주변 대상 (인물+사물)	On the left, there is a tram stop. There are some people waiting in line. And a woman is getting on the tram. In the middle, I see the tram. It has numbers and signs. And some people are on the tram.	왼쪽에, 전차 정류장이 있습니다. 몇몇 사람들이 줄을 서서 기다리고 있습니다. 그리고 한 여자는 전차에 타고 있습니다. 가운데에는, 전차가 보입니다. 전차에는 번호들과 신호들이 있습니다. 그리고 몇몇 사람들은 전차에 타고 있습니다.
배경/느낌	In the background, there are some trees with flowers. And behind the trees, I see buildings with windows and balconies. And the weather seems very nice.	배경에는, 꽃이 핀 나무들이 있습니다. 그리고 나무들 뒤에는, 창문과 발코니가 있는 건물들이 보입니다. 날씨는 아주 좋아 보입니다.

4 거리 풍경

어휘
cross the street 길을 건너다   carry a bag 가방을 메다
park 주차하다   in a row 일렬로   along the street 길을 따라서

1 구도 및 순서 잡기

| ❶ 거리 | ❷ 가운데, 네 명 | ❸ 뒤쪽, 차들 나무와 건물 | ❹ 배경/느낌 |

2 어휘 브레인스토밍

장소	- a street 거리
중심 대상	- middle, 4 people 가운데, 네 사람 - crossing the street 거리를 건너고 있는 - one woman, wearing a hat 그들 중 한 명, 모자 쓰고 있는
주변 대상	- in the back, some cars along the street 뒤에, 거리를 따라 있는 차들
배경/느낌	- And the weather seems pretty nice. 날씨가 아주 좋아 보인다.

3 답변 완성

🔊 MP3 2_23

장소	This is a picture of a street.	이것은 거리의 사진입니다.
중심 대상	In the middle, there are 4 people. They are crossing the street. One woman is wearing a hat, and carrying a bag. And she is smiling.	가운데에, 네 명의 사람들이 있습니다. 그들은 길을 건너고 있습니다. 한 여자는 모자를 쓰고 백팩을 메고 있습니다. 그리고 그녀는 웃고 있습니다.
주변 대상	In the background, I see some cars along the street. Also, there are trees and buildings.	뒤에, 거리를 따라 있는 차들이 보입니다. 또한, 나무와 건물들도 있습니다.

🔹 끊어읽기

🔊 MP3 2_24

장소	This is a picture of a street.	이것은 거리의 사진입니다.
중심 대상	In the middle, there are four people crossing the street. I think they are friends. They are talking while walking. And one of them is wearing a hat and carrying a bag.	가운데에, 길을 건너는 네 명의 사람들이 있습니다. 그들은 친구인 것 같습니다. 그들은 길을 건너면서 얘기 하고 있습니다. 그들 중 한 명은 모자를 쓰고 백팩을 메고 있습니다.
주변 대상	In the back, some cars are parked in a row. Also, I see trees and buildings along the street.	뒤에, 일렬로 주차된 차들이 있습니다. 또한, 거리를 따라 나무와 건물들이 보입니다.
배경/느낌	And the weather seems pretty nice.	그리고 날씨가 매우 좋아보입니다.

5 소수 인물 (2인)

어휘
delivery man 배달원   hold 들다   tablet PC 태블릿 PC
sign on ~에 서명하다

1 구도 및 순서 잡기

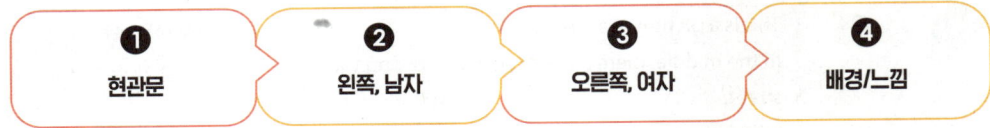

❶ 현관문 ❷ 왼쪽, 남자 ❸ 오른쪽, 여자 ❹ 배경/느낌

2 어휘 브레인스토밍

장소	- at the door 문에
중심 대상	- a man, wearing a blue shirt and a blue hat 파란 셔츠와 파란 모자를 입고 있는 - the delivery man 배달원 - holding a box and an iPad 한 상자와 아이패드를 들고 있는
주변 대상	- signing on the device 기계에 서명하고 있는
배경/느낌	- She must be receiving the package. 그녀는 택배를 받는 것 같습니다.

3 답변 완성

🔊 MP3 2_25

장소	In this picture, there are two people. They are standing at the door	이 사진에는, 두 명의 사람이 있습니다. 그들은 문에 서 있습니다.
중심 대상	The man is wearing a blue shirt and a blue hat. I think he is the delivery man. He is holding a box and an iPad.	남자는 파란색 셔츠를 입고, 파란색 모자를 쓰고 있습니다. 그는 배달원인 것 같습니다. 그는 한 상자와 아이패드를 들고 있습니다.
주변 대상	And the woman is signing on the iPad.	그리고 여자는 아이패드에 서명을 하고 있습니다.

🔊 끊어읽기

🔊 MP3 2_26

장소	In this picture, there are two people. They are standing at the door, facing each other.	이 사진에는, 두 명의 사람이 있습니다. 그들은 서로 마주 보며 문 앞에 서 있습니다.
중심 대상	The man is wearing a blue shirt and a hat. It seems like he is the delivery man. He is holding a small box and a tablet PC.	남자는 파란색 셔츠를 입고, 파란색 모자를 쓰고 있습니다. 그는 배달원인 것 같습니다. 그는 작은 한 상자와 태블릿 PC를 들고 있습니다.
주변 대상	The woman is signing on the device.	여자는 그 기계에 서명을 하고 있습니다.
배경/느낌	She must be receiving the package.	그녀는 택배를 받는 것 같습니다.

6 소수 인물 (1인)

어휘
hold 들다 wheel 바퀴 pick ~ from the tree 나무에서 ~을 따다 wheelbarrow 손수레 basket 바구니

1 구도 및 순서 잡기

① 야외 ▶ ② 여자 한 명 ▶ ③ 뒤쪽, 카트, 바구니 ▶ ④ 배경/느낌

2 어휘 브레인스토밍

장소	
중심 대상	- a woman, wearing a T-shirt 한 여자, 티셔츠를 입고 있는 - standing in front of some trees 나무들 앞에 서 있는 - holding a fruit in her hand 과일 한 개를 +*손에 들고 있는
주변 대상	- behind her, a green cart 그녀 뒤에, 초록색 카트 - yellow wheel 노란색 바퀴 - basket 바구니
배경/느낌	- The weather seems nice and sunny. 날씨가 아주 좋고 맑아 보인다.

3 답변 완성

MP3 2_27

장소		
중심 대상	In this picture, there is a woman wearing a T-shirt. She is standing in front of some trees. And she is holding a fruit in her hand.	이 사진에는, 티셔츠를 입은 한 여자가 있습니다. 그녀는 나무 앞에 서 있습니다. 그리고 그녀는 한 손에 과일 한 개를 들고 있습니다.
주변 대상	Behind her, there is a green cart. It has a yellow wheel.	그녀의 뒤에, 초록색 카트가 있습니다. 카트는 노란색 바퀴를 가지고 있습니다.
배경 / 느낌	And it looks really sunny.	날씨가 아주 맑아 보입니다.

🔊 끊어읽기

MP3 2_28

장소		
중심 대상	In this picture, there is a woman wearing a T-shirt. She is standing in front of some trees. It seems like she is picking an apple from a tree. She is holding an apple and looking at it.	이 사진에는, 티셔츠를 입은 한 여자가 있습니다. 그녀는 나무들 앞에 서 있습니다. 나무에서 사과를 한 개를 딴 것 같이 보입니다. 그녀는 사과 한 개를 들어 그것을 보고 있습니다.
주변 대상	Behind her, I see a wheelbarrow with a yellow wheel. And there is a basket in it.	그녀의 뒤에, 노란색 바퀴를 가진 초록색 손수레가 있습니다. 그리고 그 안에 바구니 한 개가 있습니다.
배경/느낌	The weather seems nice and sunny.	날씨가 아주 좋고 맑아 보입니다.

유형별 연습하기

유형1 장소와 활동

연습문제1 장소

> Imagine that an Australian marketing firm is doing research in your country. And you have agreed to participate in a survey about parks.
>
> 호주의 한 마케팅 회사가 당신이 사는 나라에서 조사를 하고 있다고 가정해보세요. 그리고 당신은 공원에 대한 설문조사에 참여하기로 동의했습니다.

Q5

Q Do you enjoy going to the park? Also, is there a park in your neighborhood?

A Yes, I do. I enjoy going to the park. And there is a small park in my neighborhood.

공원에 가는 것을 즐기시나요? 또한, 동네에 공원이 많이 있나요?

네, 그렇습니다. 저는 공원 가는 것을 즐깁니다. 그리고, 우리 동네에는 작은 공원이 하나 있습니다.

Q6

Q When was the last time you went to a park, and what did you do there?

A The last time was two days ago, and I met my friends and hung out there.

언제 마지막으로 공원에 갔었나요, 그리고 거기서 무엇을 했나요?

마지막은 이틀 전이었습니다. 그리고, 거기서 친구들을 만나서 놀았습니다.

Q7

Q What are some improvements that can be made in the park in your area?

A I wish it was a bit bigger. Then, it would be more spacious.
And there would be more trees and flowers.
So, it would be more beautiful and nice.
Also, I wish there were more tables (and benches).

당신의 동네에 있는 공원에 개선점이 있다면 무엇인가요?

조금 더 컸으면 좋을 것 같습니다. 그러면, 공간적 여유가 더 있을 것입니다.
그리고 나무도 꽃도 더 많을 것입니다.
그래서 더 아름답고 좋을 것 같습니다. 또한, (테이블과) 벤치들이 더 있었으면 좋겠습니다.

어휘 ~ ago (얼마의 기간) 전에   hang out (~와 어울리며) 놀다   spacious 공간이 넓은

K-tip

- '~하는 것을 즐긴다'라는 표현을 쓸 때, enjoy 동사ing를 사용한다.
- 언제가 마지막이었는지를 묻는 질문에 대한 답변을 할 때, 과거시제로 답하는 것 잊지 말자!
  I meet → I met / hang out → hung out
- 어떤 개선점이 있는지 혹은 어떤 변화를 줄 수 있는지에 대한 질문이 출제되면, '지금보다 더 컸으면 좋겠다'고 말하면 된다. 공간이 더 커지면, 더 넓어지고 구성 요소도 많아지니까 그만큼 더 편리해지고 더 좋아질 거라고 말하면 된다.

연습문제 2 활동

🔊 MP3 3_2

Imagine that a radio station is doing a program on various kinds of family activities. And you have agreed to participate in a telephone interview about picnics.

한 라디오 방송국에서 다양한 가족 활동들에 대한 프로그램을 하고 있다고 가정해보세요. 그리고 당신은 소풍에 대한 전화 인터뷰에 참여하기로 동의했습니다.

Q5

Q　When was the last time you went on a picnic? And who did you go with?	언제 마지막으로 소풍을 갔나요? 그리고 누구와 함께 갔나요?
A　The last time (I went on a picnic) was about four days ago. And I went with my family.	(소풍을 간) 마지막은 약 나흘 전입니다. 그리고 가족과 함께 갔습니다.

Q6

Q　Where did you go? What kind of activities did you do there?	어디에 갔나요? 그 곳에서 어떤 활동들을 했나요?
A　I went to a park in my town. We played badminton, and we took a walk.	우리 동네 근처에 있는 공원에 갔습니다. 우리는 배드민턴을 쳤고, 산책을 했습니다.

Q7

Q　Do you often go on a picnic? Why or why not?	소풍을 자주 가나요? 이유는 무엇인가요?
A　Yes, I often go on a picnic, because it is fun and refreshing. I usually go to parks, when the weather is nice. The air is fresh, and it is spacious. My family and I usually prepare snacks and drinks. And we go to the park in our town. We sit on the grass and rest. And sometimes, we play badminton or take a walk.	네, 소풍을 자주 갑니다. 왜냐하면 재미있고 상쾌하기 때문입니다. 저는 날씨가 좋을 때 보통 공원에 갑니다. 공기가 맑고 공원은 넓찍합니다. 가족과 저는 보통 간식과 마실 것을 준비합니다. 그리고 우리 동네에 있는 공원에 갑니다. 잔디에 앉아서 쉽니다. 그리고 때때로, 배드민턴을 치거나 산책을 합니다.

어휘　take a walk 산책하다　refreshing 상쾌한　prepare 준비하다　on the grass 잔디 위에

K-tip

- activities 라고 하여 적극적인 야외 활동을 꼭 생각해내야 하는 것은 아니다. 뭐든 하면 다 activity가 된다. read a book, watch TV, walk 도 activity 가 될 수 있다.
- 스포츠를 말할 때 구기종목은 동사 play를 쓰고, 기본적으로 주로 무언가를 자주 하면 그 이유는 재미있기 때문이거나 그 분야에 관심이 있기 때문. 이때, It is fun. I'm interested in it. 이라고 하면 된다.

유형 2 취미와 생활

연습 문제 1 · 취미 🔊 MP3 3_3

> Imagine that a record company is doing a research and you have agreed to participate in a survey on music.
>
> 한 음반 회사가 조사를 하고 있다고 가정해보세요. 그리고 당신은 음악에 대한 설문조사에 참여하기로 동의했습니다.

Q5

Q How often do you listen to music? And what kind do you enjoy listening to?

A I listen to music <u>every day</u>.
And I <u>enjoy listening</u> to hip hop and pop music.

얼마나 자주 음악을 듣나요? 그리고 어떤 음악을 듣는 것을 즐기나요?

저는 매일 음악을 듣습니다.
그리고 힙합과 팝 음악을 듣는 것을 즐깁니다.

Q6

Q When do you listen to music and where?

A I usually listen to music <u>in the morning at home</u>.
(Sometimes, I listen <u>on my way to</u> work / school.)

언제 그리고 어디에서 음악을 듣나요?

저는 보통 아침에 집에서 음악을 듣습니다.
(때때로, 직장 / 학교에 가는 길에 듣습니다.)

Q7

Q Do you prefer to listen to the same music genre or to different genres every time?

A I usually listen to the <u>different genres</u> every time.
I like <u>trying out new things</u>.
And it is <u>the same</u> with music.
So, I usually carry several different genres in my phone.

같은 음악 장르를 듣는 것을 선호하나요, 아니면 매번 다른 장르를 듣는 것을 선호하나요?

저는 보통 매번 다른 장르들을 듣습니다.
저는 새로운 것들을 시도하는 것을 좋아합니다.
그리고 음악에서도 마찬가지입니다.
따라서, 저는 보통 휴대전화에 다양한 장르들을 가지고 다닙니다.

어휘 on one's way to ~ ~로 가는 길에   try out ~를 시도하다   several 여러 개의

K-tip

- 얼마나 자주인지 묻는 질문에는 구체적으로 '기간과 횟수' 혹은 every를 활용해서 답하면 된다.
  예) once a week / every month
- 항상 같은 걸 선호하는지, 다른 걸 선호하는지를 묻는 질문에 대해서는 다른 걸 선호한다고 하여 새로운 시도를 좋아한다고 말하면 된다. 늘 동일한 것을 추구한다고 하면 익숙한게 좋다고 하면 된다.

연습 문제 2 생활

🔊 MP3 3_4

Imagine that you are talking to a friend over the phone. You are having a conversation about renovating homes.

친구와 전화 통화를 하고 있다고 가정해보세요. 당신은 집 개조에 대해서 대화를 하고 있습니다.

Q5

| Q | Have you ever tried renovating any part of your home? | 집의 어떤 부분이라도 개조해보려고 시도한 적이 있어? |
| A | Yes, I have. I have tried renovating my kitchen. | 응, 있어. 주방을 개조하려고 시도했었어. |

Q6

| Q | How do you get information on remodeling, besides the Internet? | 인터넷을 제외하고, 리모델링에 대한 정보를 어떻게 얻어? |
| A | I watch TV programs or I get information from magazines. | 나는 TV 프로그램들을 보거나 잡지에서 정보를 얻어. |

Q7

| Q | For home improvements, would you prefer to do it on your own or hire a professional? | 주택 개조를 위해서 네가 스스로 하는 것을 선호하니, 아니면 전문가를 고용하는 것을 선호하니? |
| A | For home improvements, I would prefer to do it on my own. I can save money since it costs a lot to hire professionals. If I do it myself, I can pick my own materials and I can decorate it the way I want. | 주택 개조를 위해서는 스스로 하는 것을 선호해. 전문가를 고용하는 것은 돈이 많이 들기 때문에 절약을 할 수 있어. 만약 내가 스스로 한다면, 나만의 재료를 고를 수 있고 내가 원하는 방식대로 장식도 할 수 있어. |

어휘 renovate 개조하다, 리모델링하다   besides ~외에   on one's own 스스로   It costs a lot. 비용이 많이 든다.
the way I want 내가 원하는 방식

K-tip

- Have you ever p.p -?는 ~를 해본 적이 있는지의 경험 여부를 묻는 완료시제이다. 답변 시, 주의할 사항은 I have renovated it **last year**. 이라고 하면 **안된다**. last year는 과거이므로, 과거 시제를 써야 한다.
완료시제를 사용할 때, 과거의 시점과 함께 쓰지 않도록 한다.
- 요즘 시험에서는, 정보 얻는 수단으로 '인터넷을 제외한'이라는 조건을 제시한다. 이 때, besides / other than / aside from등의 표현을 사용한다. 그러므로, 인터넷 외의 정보 얻는 수단을 기억해두록 한다. I ask people. / I use apps 등이 있다.

유형 3 물건과 전자 제품

연습 문제 1 물건

> Imagine that you are talking to a friend on the phone and you are having a conversation about a watch.

친구와 전화 통화를 하고 있다고 가정해보세요. 당신은 시계에 대해서 대화를 하고 있습니다.

Q5

Q When was the last time you bought a watch, and how much was it?

A The last time (I bought a watch) was about <u>two years ago</u>. And it was about <u>one hundred dollars</u>.

언제 마지막으로 시계를 구매했고, 얼마였어?

(내가 시계를 구매한) 마지막은 약 2년 전이야. 그리고 시계는 약 100달러 정도였어.

Q6

Q Do you think a watch is a good gift for your friends?

A Yes, I think a watch is a <u>good gift</u> for my friends. It is a <u>useful</u> item.

시계가 친구들에게 주기에 좋은 선물이라고 생각해?

응, 친구들에게 주기에 시계는 좋은 선물이라고 생각해. 유용한 물품이잖아.

Q7

Q What is the most important thing you pay attention to when you buy a new watch?

A The <u>design</u> of the watch is the most important.
I like <u>simple design</u>, because if the design is <u>too fancy</u>, I easily <u>get tired of it</u>.
So, to me, the design is <u>very important</u>.
And my <u>favorite colors</u> for watches are black, white, and red.

새로운 시계를 구매할 때 네가 주의를 기울이는 가장 중요한 것은 뭐야?

시계의 디자인이 가장 중요해.
나는 단순한 디자인을 좋아해. 왜냐하면, 만약 디자인이 너무 화려하면 내가 쉽게 질리기 때문이야.
따라서, 나에게 디자인은 아주 중요해.
그리고 내가 가장 좋아하는 시계 색깔들은 검정색, 하얀색 그리고 빨간색이야.

어휘 fancy 화려한   get tired of 질리다

K-tip

- 금액을 묻는 How much가 출제되면, 미국의 화폐단위인 달러(dollars)를 사용할 것. 우리나라 화폐 단위인 '원'을 사용하면 채점자들이 잘 모르기도 한다. 예를 들어, five thousand won 이란 표현은 five thousand one 과 발음이 동일하다. 5000원 보다는 5001로 들을 수 있으니 주의하자.
- 간혹 물건 구매 시 고려하는 항목으로 보기가 주어지기도 한다. 답변 시 주의하도록 하자.

연습 문제 2 전자 제품

> Imagine that you are having a conversation with your friend on the phone. You are talking about e-readers.

친구와 전화 통화를 하고 있다고 가정해보세요. 당신은 전자책 단말기에 대해서 대화를 하고 있습니다.

Q5

Q Do you use an e-reader? Why or why not?

A Yes, I do. I use an e-reader, because it is convenient to use.

전자책 단말기를 사용해? 이유는 뭐야?

응, 사용해. 사용하기 편리하기 때문이야.

Q6

Q Do you think an e-reader is a good gift for children?

A Yes, I think an e-reader is a good gift for children.
It is useful. Children should read a lot.
So, it would encourage them to read more.

전자책 단말기가 아이들에게 주기에 좋은 선물이라고 생각해?

응, 나는 아이들에게 주기에 전자책 단말기는 좋은 선물이라고 생각해. 도움이 되기 때문이야. 아이들은 책을 많이 읽어야해.
그래서, 전자책 단말기가 아이들에게 책을 더 읽도록 장려할 거야.

Q7

Q What are some advantages of using an e-reader compared to printed books?

A First of all, it is very convenient because it is not heavy.
Printed books are heavy to carry around. Also, it is easy to find books on e-readers.
Secondly, I can save money since e-books are cheaper than printed books.

종이책과 비교했을 때 전자책 단말기를 사용하는 것의 장점에는 어떤 것이 있어?

우선, 무겁지 않기 때문에 아주 편리해.
종이 책들은 들고 다니기에 무거워. 그리고, 전자책 단말기에서는 책을 찾기가 쉬워.
두 번째로, 종이책보다 전자책이 더 저렴해서 돈을 아낄 수 있어.

어휘 e-reader 전자책 단말기 e-book 전자책 encourage 사람 to 동사 누구로 하여금 ~ 하도록 유도하다/장려하다

K-tip

- 요즘은 5번, 6번 문항에도 Why or why not?과 같이 이유를 묻는 질문들이 종종 출제된다.
  답변 시간 조절을 잘하도록 한다.
- 좋은 선물의 조건으로는 It is useful., Everyone loves it.이 있다.
  나쁜 선물의 조건으로는 It's too expensive., People have different taste.가 있다.

유형 4 서비스

연습문제 1 은행 서비스

Imagine that your friend is moving to your town, and she has some questions about the bank service in your town.

당신의 친구가 당신이 사는 동네로 이사를 온다고 가정해보세요. 그리고 그녀는 동네의 은행 서비스에 대해서 몇 가지 질문이 있습니다.

Q5

Q When did you last visit a bank branch?

A The last time (I visited a bank) was about four days ago.
I visited a bank two days ago.

언제 마지막으로 은행 지점을 방문했어?

(내가 은행을 방문한) 마지막은 약 나흘 전이야.
나는 이틀 전에 은행에 방문했어.

Q6

Q How many times have you used the bank service in the past three months?

A I have used the bank service about three times.

지난 세 달 동안 은행 서비스를 몇 번이나 이용했어?

나는 은행 서비스를 약 세 번 정도 사용했어.

Q7

Q Would you suggest I use an online banking service? Why or why not?

A Yes. I would suggest you use an online banking service.
Most of all, it is convenient because you don't have to go to the bank or worry about the operation hours of the branch.
Also, you don't have to wait in line to use the service.

내가 온라인 은행 서비스를 사용하는 것을 추천해? 이유는 뭐야?

응. 나는 네가 온라인 은행 서비스를 사용하는 것을 추천해.
무엇보다, 네가 은행에 가거나 지점의 영업 시간을 걱정하지 않아도 되기 때문에 편리해.
그리고, 서비스를 이용하기 위해서 줄을 서서 기다리지 않아도 돼.

어휘 branch 지점 suggest 추천하다, 제안하다 worry 걱정하다 operation hours 영업 시간 wait in line 줄을 서서 기다리다

K-tip

- How many times have you p.p. .. in the past three months?은 '3개월' 기간 중에 몇 번 했는지를 묻는 질문이니 주의하도록 하자.
- online service 의 장점은 인터넷의 장점을 떠올리면 된다.

연습 문제 2 자동차 임대 서비스

🔊 MP3 3_8

Imagine that your co-worker from an overseas branch is visting, and has some questions about the car rental service.

해외 지점의 직장 동료가 방문을 한다고 가정해보세요. 그리고 그는 자동차 임대 서비스에 대해서 몇 가지 질문이 있습니다.

Q5

Q	On what occasions have you used a car rental service, and for how long?	어떤 상황에서 그리고 얼마나 오랫동안 자동차 임대 서비스를 이용했나요?
A	I have used a car rental service <u>for my business trip</u>, and it was <u>for two days</u>.	제 출장을 위해 이틀 동안 자동차 임대 서비스를 이용했습니다.

Q6

Q	How do I decide which car rental service to use? Where can I get the information about it?	어떤 자동차 임대 서비스를 이용할지 어떻게 결정하나요? 관련 정보를 어디에서 얻을 수 있나요?
A	You can get the information <u>on the Internet</u>. You should <u>look at the reviews</u> to decide.	인터넷에서 정보를 얻을 수 있습니다. 결정하려면 후기들을 살펴봐야 합니다.

Q7

Q	What are some things to consider when I choose a car rental service?	자동차 임대 서비스를 선택할 때 어떤 것들을 고려해야 하나요?
A	You should consider the <u>service quality</u>. When you rent a car, <u>sometimes, you have problems</u> with the car. Then, you <u>need their service</u>. So, the service <u>should be quick</u>. Also, they should be <u>nice and friendly</u>.	서비스 품질을 고려해야 합니다. 차를 임대할 때, 때때로, 자동차에 문제가 있을 수 있습니다. 그러면, 그들의 서비스가 필요합니다. 따라서, 서비스가 빨라야 합니다. 또한, 상냥하고 친절해야 합니다.

어휘   occasions 상황, 때   business trip 출장   review 후기   decide 결정하다   service quality 서비스 품질   friendly 친절한

K-tip

- How do I decide~?라며 결정 방법을 물으면, '정보 얻는 수단'을 활용하여 답하면 된다.
  I ask people., I read reviews 혹은 I search online.으로 답변한다.
- 서비스를 선택할 때 무엇을 고려하는지의 질문에서는 '서비스 품질'외에도 '서비스 가격'도 있다.

STEP 1　STEP 2　STEP 3　**STEP 4**

실전 연습하기

1 장소

Imagine that you are talking to a friend over the phone. You are having a conversation about clothing stores.

친구와 전화 통화를 하고 있다고 가정해보세요. 당신은 옷 가게에 대해서 대화를 하고 있습니다.

Q5

Q	When was the last time you went to a clothing store, and how long did you stay there?	언제 마지막으로 옷 가게에 갔고, 얼마나 오랫동안 머물렀어?
A	The last time was ▪ about three weeks ago. And I stayed there ▪ for one hour.	마지막으로 간 것은 약 삼 주 전이야. 그리고 그 곳에서 약 한 시간 동안 머물렀어.
A	The last time I went to a clothing store was about two days ago, and I remember staying there for about an hour.	마지막으로 내가 옷 가게에 간 것은 약 이틀 전이야. 그리고 그 곳에서 약 한 시간 정도 머물렀던 것이 기억나.

▪ 끊어읽기

어휘　stay 머무르다

K-tip

- 언제 마지막으로 그 장소에 방문했는지를 묻는 질문
- When was the last time 에 대한 답변은 The last time was _____ (기간) ago. 패턴 사용
- 기간을 말할 때 함께 사용되는 전치사는 for로, '~동안'이라는 뜻

Q6

Q Would you visit a new clothing store that also sells shoes? Why or why not?

신발도 판매하는 새로운 옷 가게에 방문할 거야? 이유는 뭐야?

 A Yes, I would, .. because it is convenient .. to shop.

응, 쇼핑하기에 편리하기 때문에 방문할 거야.

 A Yes, I would definitely visit the store, since I can buy matching shoes in the store.

응, 나는 그 가게를 틀림없이 방문할 거야. 왜냐하면 가게 안에서 어울리는 신발을 구매할 수 있잖아.

어휘   convenient 편리한   definitely 틀림 없이, 분명히   matching 어울리는

K-tip

- ~을/를 할 의향이 있는지를 묻는 would you 질문에서는, 먼저 간단하게 Yes, I would. 혹은 No, I wouldn't.로 답을 하고, 부연 설명을 해준다.
- 최근에는, 6번 문항에서도 질문 마지막에 이유를 묻는 질문이 출제되니, 답변 시 시간 조절을 잘해야 한다.

Q7

Q Have you thought about buying clothes online? Why or why not?

온라인에서 옷을 구매하는 것을 생각해본 적이 있어? 이유는 뭐야?

 A Yes, I have.
I have thought about buying clothes .. online. Because .. it is convenient .. to shop online. There are many online clothing stores, .. and I can compare the clothes.

응, 있어.
나는 온라인에서 옷을 구매하려고 생각해본 적이 있어. 왜냐하면 온라인에서 쇼핑하는 것은 편리하기 때문이야. 온라인에는 옷 상점들이 많고 나는 옷들을 비교할 수 있어.

A No, I have never thought about buying clothes online. It is because I can't try them on. And if I don't try them on, the size might not fit. Then, I would have to return them and that is inconvenient.

아니, 나는 온라인에서 옷을 구매하는 것을 생각해 본 적이 없어. 왜냐하면 내가 입어볼 수 없기 때문이야. 그리고 내가 옷을 입어보지 않는다면 사이즈가 맞지 않을 수 있어. 그러면, 나는 반품을 해야 하고 불편해.

어휘   compare 비교하다   try on (옷을) 입어보다   fit 맞다   inconvenient 불편한

K-tip

- Have you thought about 은 '~할 생각을 해본 적이 있는지'를 묻는 질문. 완료시제를 잘 활용하여 답변을 시작하면 된다.
- 인터넷으로 물건 구매하는 것에 대한 장단점을 고려할 수 있는 문제.
- 장점으로는 편리하다는 것, 종류가 많다는 것, 그리고 오프라인보다 저렴하다는 것 등이 있다.
- 단점으로는 불편하다는 것, 직접 보거나 입어볼 수 없다는 것 등이 있다.

2 서비스

🔊 MP3 3_10

Imagine that a US marketing firm is doing a survey on food delivery. You have agreed to participate in a telephone interview on food delivery service.

미국의 한 마케팅 회사가 음식 배달에 대해서 설문 조사를 하고 있다고 가정해보세요.
당신은 음식 배달 서비스에 대한 전화 인터뷰에 참여하기로 동의했습니다.

Q5

	Q	When was the last time you ordered food for delivery? How long did it take?	언제 마지막으로 배달 음식을 주문했나요? 시간이 얼마나 걸렸나요?
IM-IH	A	The last time was about two days ago. And it took about twenty minutes.	마지막은 약 이틀 전입니다. 그리고 약 이십 분 정도 걸렸습니다.
IH-AL	A	I ordered food for delivery yesterday, and it only took about twenty minutes.	저는 어제 배달 음식을 주문했습니다. 그리고 약 이십 분 정도밖에 걸리지 않았습니다.

▶ 끊어읽기

어휘   delivery 배달

K-tip

- When was the last time은 언제가 마지막이었는지를 묻는 질문
- 답변은 The last time was _____(기간) ago.를 사용하면 된다. 문법적인 실수를 하지 않을 수 있는 표현이다.
- How long did it take?는 얼마의 시간이 걸렸는지를 묻는 질문이다, 게다가 과거 시제이니, 답변에 주의하도록 한다.
- 답변 패턴은 It took _____(시간 / 기간).

Q6

	Q	What did you order? Do you often order it?	무엇을 주문했나요? 자주 주문하시나요?
IM-IH	A	I ordered pizza, and I often order pizza.	피자를 주문했고, 저는 피자를 자주 주문합니다.
IH-AL	A	I ordered Chinese food. And yes, I often order Chinese food for delivery.	중국 음식을 주문했습니다. 그리고 맞습니다, 저는 배달 중국 음식을 자주 주문합니다.

▶ 끊어읽기

> **K-tip**
>
> Do you often ~ 은 자주 하는지를 묻는 질문으로, 자주 하면 "Yes, I often 동사 ~."로 답하고, 가끔 하면 "No, I hardly ever 동사 ~."로, 전혀 하지 않으면 "No, I never 동사 ~."로 답하면 된다. 이 때, 빈도 부사인 often, hardly ever, never 는 동사 앞에 온다.

Q7

Q When ordering food for delivery, which of the following factors is more important to you?
- the diversity in menus • quick delivery

배달 음식을 주문할 때, 다음 요소들 중 어느 것이 당신에게 더 중요한가요?
• 메뉴의 다양성   • 빠른 배달

IM-IH A Quick delivery is more important.
I don't like waiting.
Also, if it takes long, ‥ the food gets cold.
And it is not good.
I want to eat good food.

빠른 배달이 더 중요합니다.
저는 기다리는 것을 좋아하지 않습니다.
또한 만약 오래 걸린다면, 음식이 식습니다.
그리고 이는 좋지 않습니다.
저는 좋은 음식을 먹고 싶습니다.

IH-AL A The diversity in menus is more important to me. These days, many people use food delivery services. I can order all kinds of food, and they are delicious too. So, it is more convenient for me since I don't have to go out looking for a particular menu.

메뉴의 다양성이 저에게 더 중요합니다. 요즘, 많은 사람들이 음식 배달 서비스를 이용합니다. 저는 모든 종류의 음식을 주문할 수 있고 또 맛이 있습니다. 따라서, 특정 메뉴를 찾아서 밖으로 나가지 않아도 되기 때문에 저에게 더 편리합니다.

‥ 끊어읽기

어휘   diversity 다양성   order 주문하다   particular 특정한

> **K-tip**
>
> • 서비스는 빠른 게 좋다. 왜냐하면 기다리지 않아도 되기 때문. 기대하는 서비스를 오래 기다리는 걸 좋아하는 사람은 없으므로, 답변이 쉬워진다.
> • 메뉴든 무엇이든 다양하면 좋다.
> • 다양하면 흥미롭다. 그리고 한 장소에서 다양한 선택권이 제공된다면 편리하다.
>   예를 들어,
>   - 한 레스토랑에 메뉴가 많으면 편리하다.
>   - 한 매장에 물건이 다양하고 많으면 편리하다.
>   - 한 센터에 다양한 프로그램을 제공해도 편리하다.
>   그러므로 이 문제에서도 다양하면 편리하다는 내용으로 주장을 뒷받침할 수 있다.

3 물건

🔊 MP3 3_11

Imagine that a magazine publisher is doing a survey. You have agreed to participate in the survey about magazines.

한 잡지사에서 설문조사를 하고 있다고 가정해보세요. 당신은 잡지에 대한 설문조사에 참여하기로 동의했습니다.

Q5

Q In your country, where do people usually buy magazines?

당신의 나라에서, 사람들은 보통 어디에서 잡지를 구매하나요?

IM-IH A In my country, .. people buy magazines .. at bookstores.

우리 나라에서, 사람들은 서점에서 잡지를 구매합니다.

IH-AL A In my country, people normally buy magazines at local bookstores or at the convenience stores.

우리 나라에서, 사람들은 보통 지역 서점이나 편의점에서 잡지를 구매합니다.

▪ 끊어읽기

어휘   local 지역의, 현지의   convenient store 편의점

K-tip

- 물건 구매 장소를 묻는 질문
- 물건은 인터넷으로 혹은 매장에서 구매가 가능한데, 인터넷으로 한다면, online이라는 표현을 사용한다. 매장으로는 특정 상점이나 백화점 혹은 편의점을 말하면 된다.

Q6

Q What kind of magazines do you enjoy reading? How often do you read them?

어떤 종류의 잡지를 읽는 것을 즐기나요? 얼마나 자주 읽나요?

IM-IH A I like fashion magazines, .. and I read them once a week.

저는 패션 잡지를 좋아하고, 일주일에 한 번 읽습니다.

IH-AL A I enjoy reading health magazines, and I read them everyday.

저는 건강 잡지를 읽는 것을 즐기고 매일 읽습니다.

▪ 끊어읽기

K-tip
- 잡지 종류를 묻는 질문
- 시사, 패션, 건강, 스포츠, 연예 등 여러 분야가 있지만, 답변 시 특정 분야가 떠오르지 않으면 잡지 이름이라도 말하자. 예를 들어, I like Times magazine.이라고 하면 감점의 여지는 있지만 부분 점수 획득은 가능하다.

Q7

Q Do you prefer to read printed magazines or see magazines online?

출판된 잡지를 보는 것을 선호하나요, 아니면 온라인에서 잡지를 보는 것을 선호하나요?

IM-IH A I prefer to read magazines online.
It is convenient.
And it is interesting, because I can see pictures and videos.
So, I like online magazines.

온라인에서 잡지를 읽는 것을 선호합니다.
편리합니다.
그리고 사진들과 영상들을 볼 수 있기 때문에 흥미롭습니다.
따라서, 저는 온라인 잡지를 보는 것을 좋아합니다.

IH-AL A I prefer to read magazines online because I can see video clips of the product use. Also, I don't have to carry the magazines around, so it is more convenient to read magazines online. Additionally, I can easily find necessary information from online magazines.

저는 온라인에서 잡지를 보는 것을 선호합니다. 왜냐하면 제품 사용 영상 클립들을 볼 수 있기 때문입니다. 또한, 잡지들을 들고 다니지 않아도 되기 때문에, 온라인에서 잡지를 읽는 것이 더욱 편리합니다. 게다가, 온라인 잡지에서 필요한 정보들을 쉽게 찾을 수 있습니다.

어휘 prefer 선호하다 printed 출판된, 인쇄된 carry around 들고 다니다 additionally 게다가 necessary 필요한

K-tip
- 온라인과 오프라인 중 어떤 것을 선호하는지를 묻는 질문
- 온라인을 선호하면, 인터넷의 장점을 활용할 수 있다.
  근거는 편하다 + 재미있다 + 다양한 정보가 있다 등이 있다.
- 오프라인을 선호하면, 글의 장점을 활용할 수 있다.
  근거는 편리하다 + 내용이 구체적이다 등이 있다.

4 생활

🔊 MP3 3_12

Imagine that you are talking to a friend on the phone. You are talking about baking.

친구와 전화 통화를 하고 있다고 가정해보세요. 당신은 제빵에 대해서 대화를 하고 있습니다.

Q5

Q	Do you ever bake? Or does anyone in your family bake?	평소 제빵을 하니? 아니면 너희 가족 중 누구라도 제빵을 해?
IM-IH A	Yes, I sometimes bake. And my mother bakes too.	응, 나는 때때로 제빵을 해. 그리고 우리 엄마도 하셔.
IH-AL A	No, I hardly ever bake. But my mother often bakes cakes and cookies for us.	아니, 나는 거의 제빵을 하지 않아. 하지만 엄마가 자주 우리를 위해 케이크랑 쿠키를 구워주셔.

▪ 끊어읽기

K-tip

- Do you ever 동사? 는 평소에 특정 활동을 하는지의 여부와 그 빈도를 함께 묻는 질문
- yes/no 와 함께 빈도부사를 사용해서 답변하자.
- Yes와 함께 사용할 빈도부사로는 always (늘), often (자주), sometimes (가끔)가 있다.
- No와 함께 사용할 빈도부사로는 hardly ever (거의 하지 않는), never (전혀 하지 않는)가 있다.

Q6

Q	How do you get recipes for baking?	제빵 요리법은 어떻게 얻어?
IM-IH A	I get recipes online. Sometimes, I use apps.	온라인에서 요리법을 얻어. 때때로 나는 어플들을 사용해.
IH-AL A	I usually look the recipes up on the Internet. For some food, I ask my mom.	보통 인터넷에서 요리법을 찾아봐. 어떤 음식은 우리 엄마한테 물어봐.

▪ 끊어읽기

어휘   recipe 요리법   app (모바일) 어플리케이션   look up 찾아보다

K-tip

- 어디서 정보를 구하는지를 묻는 질문. 웬만한 정보는 인터넷에서 구할 수 있다!
- 어플을 사용하거나 (I use apps), 주변에 물어보면 (I ask people) 정보를 구할 수 있다.

Q7

Q Would you rather buy baked goods from the bakery, or would you rather bake at home?

빵집에서 제빵된 것들을 살 거야, 아니면 집에서 너가 제빵을 할거야?

IM-IH A I would rather buy baked goods from the bakery.
It is more convenient.
And it is cheaper. So, I save money.
Also, bakery goods are more delicious.

나는 빵집에서 제빵된 것들을 살거야.
더 편리하잖아.
그리고 더 저렴해. 그래서 돈을 절약할 수 있어.
게다가, 제빵된 것들이 더 맛있어.

IH-AL A I would rather buy baked goods from the bakery. It is more convenient that way. I don't have to get all the ingredients myself, and I don't need any baking supplies or tools. Besides, it would cost more money if I had to buy them all.

나는 빵집에서 제빵된 것들을 살거야. 그렇게 하는 게 더 편리해. 내가 직접 모든 재료를 구하지 않아도 되고, 어떠한 제빵 재료나 도구도 필요하지 않아. 게다가, 내가 그것들을 전부 사야 한다면 돈이 더 들거야.

끊어읽기

어휘 goods 제품 ingredient 재료 baking supply 제빵 재료 besides 게다가

K-tip
- 집에서 하는 것과 외부에서 하는 것 중 선택하는 문제
- 질문의 형태로는 Would you rather 동사 ~?로 묻고 있으니 그대로 I would rather 동사를 활용해 답변한다.

유형별 연습하기

유형 1 컨퍼런스, 세미나, 회의 일정표 🔊 MP3 4_1

2018년 여행작가 및 사진작가 학회

장소: 그랜드 벌룸, 메이플 센터
날짜: 9월 25일 토요일

안건

오후 12:30 - 1:00	등록
오후 1:00 - 1:30	환영사 & 개회사 (토마스 웨스트, 학회 회장)
오후 1:30 - 2:00	여행 작가의 삶 속 (에드 미첼)
오후 2:30 - 3:00	여행 작가가 겪는 어려움 (다이앤 로스)
오후 3:00 - 3:30	커피와 다과 (제공)
오후 3:30 - 4:00	사진 작가의 삶 속 (조지 홈스)
오후 4:00 - 4:30	여행 사진에 기술 사용하기 (마리아 로페즈)
오후 4:30 - 4:50	질의 응답 시간
오후 4:50 - 5:50	비공식 간담회

* 등록 시 신분증 필요함
* 자세한 내용은 www.TWPC.com에 방문해 보세요.

Hi, my name is Diane Ross. I'm one of the speakers, and will be attending the conference on Saturday. And I had a few questions about the conference that day.

안녕하세요, 저는 발표자 중 한 명인 다이앤 로스입니다. 제가 토요일에 학회에 참여하는데 그 날 학회와 관련해서 몇 가지 질문이 있습니다.

Q8

Q Where will the conference take place, and what time will it end?

학회는 어디서 진행되며, 몇 시에 끝날 예정인가요?

IM-IH A The venue is Grand Ballroom, Maple Center. And it ends at 5:50 p.m.

학회 장소는 메이플 센터의 그랜드 볼룸입니다. 그리고 오후 5시 50분에 마칩니다.

IH-AL A The conference will take place in the Grand Ballroom, Maple Center, and it ends at 5:50 p.m.

학회는 메이플 센터의 그랜드 볼룸에서 진행될 예정이고 오후 5시 50분에 마칩니다.

끊어읽기

Q9

Q I remember I am supposed to register once I get there. Is there anything I need to prepare for that?

도착해서 접수를 해야 하는 것으로 기억하는데, 제가 미리 준비해야 할 것이 있나요?

 A Yes, you need an ID .. for registration.

네, 접수를 위해서 신분증이 필요합니다.

 A Yes, there is. You are required to show an ID when registering.

네, 있습니다. 접수할 때, 신분증을 보여주셔야만 합니다.

.. 끊어읽기

어휘 be supposed to ~하기로 되어 있다 prepare 준비하다 registration 접수, 등록 require 필요로 하다, 요구하다

Q10

Q I'm also excited to hear about the travel photographer's sessions. Will you give me the details of the speeches related to travel photography?

여행 사진 작가들의 세션에 참여하게 된 것도 매우 좋은데요. 여행 사진과 관련된 연설에 대해 자세히 알려주시겠어요?

 A There are two sessions. .. One is about a travel photographer's life (which is) at 3:30 p.m., .. and the other is about the use of technology in travel photography. .. And that is at 4 p.m. .. And the speakers are George Homes, and Maria Lopez.

두 개의 일정이 있습니다. 하나는 오후 3시 30분에 여행 사진작가의 삶에 대한 것이고, 다른 하나는 여행 사진학에 과학 기술 사용하기 입니다. 이 일정은 오후 4시에 시작됩니다. 그리고 연사는 죠지 홈즈와 마리아 로페즈 입니다.

 A There are two sessions. One is about a travel photographer's life and will be given at 3:30 p.m., and the other is about the use of technology in travel photography. And that is at 4 p.m. And the speakers are George Homes for the first session and Maria Lopez for the second one.

2개의 일정이 있습니다. 하나는 오후 3시 30분에 여행 사진 작가의 삶에 대한 것이고, 다른 하나는 여행 사진에 기술 사용하기 관련된 것입니다. 이건 오후 4시에 있습니다. 그리고 연사로는, 첫 번째 세션은 죠지 홈즈이고, 두 번째 세션은 마리아 로페즈입니다.

.. 끊어읽기

어휘 speech 연설 related ~에 관련된 technology (과학) 기술, 기계 session (특정 활동을 위한) 시간, 기간

유형 2 개인 일정, 여행 일정표

출장 일정표
(11월 7일 _ 9일)

문의자: 저스틴 머레이

11월 7일 목요일
- 한국 인천에서 말레이시아 쿠알라 룸푸르로 가는 비행
  (출발: 오후 2시, 도착: 오후 8시 5분)
- 호텔 체크인, 만다리나 호텔

11월 8일 금요일

오전 10시 - 정오	현지 고객들을 만나 전시회 준비
정오 - 오후 1시 30분	고객들과 점심 식사 (비스트로 데 올리브, 호텔 1층)
오후 2시 - 오후 6시	"연례 수공예품 전시" 참석 (부스: B1-B2) 장소: 켄트 국제 컨벤션 센터

11월 9일 토요일

오전 10시 - 오후 1시	현지 전통시장 방문

- 말레이시아 쿠알라 룸푸르에서 한국 인천으로 비행
  (출발: 오후 4시, 도착: 오후 10시 15분)

Hey, Angela. This is Justin. I'm calling about my business trip to Malaysia tomorrow. I left my itinerary on my desk and forgot to bring it with me. Would you please go to my desk and get the itinerary and answer some of my questions?

엔젤라, 저 저스틴이에요. 내일 말레이시아에 출장 때문에 전화했어요. 제가 책상 위에 있는 출장 일정표를 깜빡 잊고 안 가져왔어요. 제 책상에 가서 일정표를 찾아 제 질문에 대답해 줄래요?

Q8

Q	What time is my flight to Kuala Lumpur? And how long is the flight?	쿠알라 룸푸르로 가는 제 항공편 시간이 언제인가요? 그리고 비행시간은 얼마나 되나요?
IM-IH A	The departure time is 2 p.m. and it is 6 hours.	출발 시간은 오후 2시입니다. 그리고 6시간입니다.
IH-AL A	You will depart at 2 p.m. and the flight is 6 hours long.	오후 2시에 출발할 예정이며, 비행시간은 6시간입니다.

 끊어읽기

Q9

Q On the day I return, which is on Saturday, do I go straight to the airport from the hotel?

제가 돌아오는 날인 토요일에, 호텔에서 공항으로 바로 가나요?

 A Actually, no, .. you will visit the local traditional markets.

사실, 아닙니다. 전통 시장을 방문할 예정입니다.

 A Actually, no. You will visit the local traditional market in the morning at 10. And then you will head to the airport.

사실, 아닙니다. 오전 10시에 전통시장에 방문할 예정입니다. 그리고 공항으로 향합니다.

.. 끊어읽기

어휘   departure (항공기, 기차 등의) 출발   depart 떠나다, 출발하다   return 돌아오다(가다)   local tradition market 전통 시장

Q10

Q I know November 8th will be a busy day for me. Will you read me the schedule in detail?

11월 8일이 아주 바쁜 날인 것으로 알고 있어요. 제 일정을 자세히 읽어주시겠어요?

 A Sure. On Friday, November 8th, .. you will meet local clients and prepare exhibition .. at 10 a.m. And then, .. you will have lunch with clients. After that, at 2 p.m., .. you will attend the annual handcraft exhibition.

물론이죠. 11월 8일 금요일, 오전 10시에 현지 고객들을 만나 전시회를 준비할 예정입니다. 그런 다음, 고객들과 점심 식사를 할 예정입니다. 그 후, 오후 2시에 연례 수공예품 전시회에 참석할 예정입니다.

 A Sure. First, from 10 a.m. to noon, you will meet the local clients and prepare for the exhibition. And then, you will have lunch with the clients at Bistro de Olive, the restaurant on the first floor of the hotel. After lunch, you will go to Kent International Convention Center to attend the annual handcraft exhibition.

물론이죠. 우선, 오전 10시부터 12시까지는 현지 고객들을 만나 전시회를 위한 준비할 예정입니다. 그런 다음, 호텔 1층에 있는 레스토랑인 비스트로 데 올리브에서 고객들과 점심 식사를 할 예정입니다. 점심 식사 이후에, 연례 수공예품 전시회에 참석하기 위해 켄트 국제 컨벤션 센터로 이동할 예정입니다.

어휘   in detail 상세하게, 자세히   prepare 준비하다   exhibition 전시, 전시회   attend 참석하다   annual 매년의, 연례의   handcraft 손으로 만들다

유형 3 이력서

	페리 린 청	
	128 구아리노 드라이브 미들타운, 코네티컷	
	250-9469	
	Perrychang@vmail.com	
희망 직위	리포터	
학력	뉴욕 주립 대학교, 석사, 2011	
	전공: 저널리즘	
	페어필드 대학교, 학사, 2009	
	전공: 비즈니스 커뮤니케이션	
경력	주간 뉴욕의 칼럼니스트	2014 - 현재
	경제 뷰 리포터	2013 - 2014
	뉴스 포커스 온라인 지역 뉴스 리포터	2011 - 2013
	페어필드 타임즈 기자 (학교 신문)	2008 - 2009
전문 기술	- 개인 온라인 블로그 있음	
	- 컴퓨터 디자인 프로그램과 워드 프로그램을 잘 다룸	
	- 데이터 분석과 발표에 필요한 엑셀 프로그램을 다룰 줄 앎	
다른 기술	- 중국어 유창함	
	- 대인 관계와 의사 소통 능력이 뛰어남	
	- 사교적인 성격	

> Hi, this is Michael. I accidentally left out one page from the résumé file that was on my desk. So, I was wondering if you could take a look at it for me and answer some questions.

안녕하세요, 마이클입니다. 책상 위에 이력서 파일에서 실수로 한 장을 빠트리고 나왔네요. 그래서 저 대신 이력서를 보며 몇 가지 질문에 답변을 좀 해 주실래요?

Q8

Q Where did she get her bachelor's degree, and what did she study in college?

그녀가 어디에서 학사 학위를 취득했으며, 대학에서 무엇을 전공했나요?

IM-IH A She got her bachelor's degree ‥ in business communication ‥ from Fairfield University.

그녀는 페어필드 대학교에서 비즈니스 커뮤니케이션으로 학사 학위를 취득했습니다.

IH-AL A She got her bachelor's degree from Fairfield University, and she studied business communication.

그녀는 페어필드 대학교에서 학사 학위를 취득했고, 비즈니스 커뮤니케이션을 전공했습니다.

끊어읽기

Q9

Q This job requires a lot of interviews and meetings, so I need someone who is outgoing and has good communication skills. Do you think Perry Lynn is right for the position?

이 일은 많은 인터뷰와 회의가 있습니다. 그래서 외향적이고 의사 소통 능력이 좋은 사람이 필요해요. 페리 린이 이 자리에 적합하다고 생각하나요?

IM-IH A Yes, she has a sociable personality, .. and she has great interpersonal skills and communication skills.

네, 그녀는 사교적인 성격이며, 대인 관계에 능숙하고, 의사 소통 능력도 뛰어납니다.

IH-AL A Of course. It says here in the résumé that she is sociable and has great interpersonal skills as well as good communication skills.

물론이죠. 이력서에는 그녀가 사교성이 있고, 대인관계도 좋고, 의사 소통 능력 또한 뛰어나다고 되어 있습니다.

🔹 끊어읽기

어휘 college 대학(교) require 필요로 하다, 요구하다 outgoing 외향적인 communication skill 의사소통 능력
sociable personality 사교적인 성격 interpersonal skill 대인 관계

Q10

Q Can you tell me about her experience as a reporter?

그녀의 리포터 경력을 말해줄 수 있나요?

IM-IH A Sure. .. She was a local news reporter .. for News Focus Online. .. And she was a reporter .. for The Economic View .. from 2013 to 2014.

물론이죠. 그녀는 뉴스 포커스 온라인에서 지역 뉴스 리포터였습니다. 그리고 2013년부터 2014년까지 이코노믹 뷰 리포터였습니다.

IH-AL A Sure. She has 2 work experiences as a reporter. She was a local news reporter for News Focus Online for two years. And she was a reporter for The Economic View from 2013 to 2014.

물론이죠. 그녀는 2개의 리포터 경력이 있습니다. 뉴스 포커스 온라인에서 2년간 지역 뉴스 리포터였고, 2013년부터 2014년까지 이코노믹 뷰 리포터였습니다.

🔹 끊어읽기

유형 4 일정 목록, 기타 일정표

면접 목록
면접 일정: 10월 11일

면접자 이름	직위	면접 시간	현황
앨런 블레이크	영업 매니저	오전 11시 - 오전 11시 30분	취소됨
피터 코벡	소프트웨어 기사	오전 11시 30분 - 오후 12시	확정됨
사라 윅스	소프트웨어 기사	오후 12시 - 오후 12시 30분	확정됨
리키 벤	이벤트 디렉터	오후 12시 30분 - 오후 1시	확정됨
스티븐 맥카오	영업 매니저	오후 2시 30분 - 오후 3시	확정됨
레나 그레이엄	아트 디렉터*	오후 3시 30분 - 오후 4시 15분	확정됨
사이먼 홉킨스	영업 매니저	오후 4시 15분 - 오후 4시 45분	확정됨

*경력자 고용

Hi, this is Roy Carlton. I'll be in charge of the interviews tomorrow. I left the schedule sheet somewhere but can't find it. Since you have a copy of it, do you mind answering some questions?

안녕하세요, 저는 로이 칼튼입니다. 제가 내일 인터뷰를 담당할 예정입니다. 제가 스케줄 종이를 어딘가에 뒀는데, 찾지 못하고 있어요. 당신이 사본을 갖고 있으니, 질문에 답변해 주시겠어요?

Q8

Q What time is my first interview tomorrow? And who will I be interviewing?

내일 첫 번째 면접은 몇 시인가요? 그리고 누구를 인터뷰하게 되나요?

A (IM-IH) It is at 11:30 a.m. And the interviewee is Peter Kovac.

오전 11시 30분입니다. 그리고 면접자는 피터 코벡입니다.

A (IH-AL) Your first interview is at 11:30 a.m. And you will interview Peter Kovac.

당신의 첫 인터뷰는 오전 11시 30분에 있습니다. 그리고 피터 코벡을 인터뷰할 예정입니다.

끊어읽기

Q9

Q None of my interviews are canceled or postponed. Are they?

취소되거나 연기된 인터뷰는 없죠, 그렇죠?

 A Actually, .. one interview is canceled.

사실, 인터뷰 하나가 취소되었습니다.

 A Actually, one of your interviews has been canceled.

사실, 인터뷰 중 하나가 취소되었습니다.

어휘 be in charge of ~을 담당하다   interviewee 면접(인터뷰) 대상자   postpone 연기하다, 미루다

🔊 끊어읽기

Q10

Q Can you give me the details of the interviewees applying for the sales manager position?

영업 매니저직에 지원한 면접자들에 대해서 자세히 말해주시겠어요?

A There are two. .. One is Steven Mckao .. at 2:30 p.m. .. and the other is Simon Hopkins .. at 4:15 p.m.

두 명이 있습니다. 한 명은 오후 2시 30분에 스티븐 맥카오입니다. 그리고 다른 한 명은 오후 4시 15분에 사이먼 홉킨스입니다.

A There were originally 3 people applying for the sales manager position. One was Alan Blake at 11 a.m., but his interview has been canceled. The others are Steven Mckao at 2:30 p.m. and Simon Hopkins at 4:15 p.m.

영업 매니저 지원하는 사람은 원래 세 명이었습니다. 한 명은 오전 11시에 앨런 블레이크였는데, 인터뷰가 취소되었습니다. 다른 사람들은 오후 2시 30분에 스티븐 맥카오와 오후 4시 15분에 사이먼 홉킨스입니다.

🔊 끊어읽기

어휘 apply 지원하다   position 직위   originally 원래, 본래

유형 5 주문 내역, 송장

 MP3 4_5

송장

비모 사무용품점
21 위버 스트리트 알링턴
버지니아 22201
전화: 703-285-1485

날짜: 2017/11/5
송장 번호: [30586]
고객 ID: [SGU73]
배송일: 2017/11/6

발송지:
해리 윈스턴
밀러 그래픽 주식회사
400S 매머드 도로
알링턴, 버지니아 2219
703-295-8596

제품 번호	설명	수량	개당 가격	총 금액
#7295	종이 클립	20 박스	$10	$200
#9106	수정펜	100	$3	$300
#1859	포스터 보드	20	$7	$140
			소계	$640
			세금	$40
			총 금액	$680

*코멘트 & 특별 지침
- 총 결제 금액은 10일 내로 지불되어야 합니다.
- 수표를 보내실 때는 송장번호를 반드시 써주세요.
- 모든 수표는 [비모 사무용품점] 앞으로 써주세요.

Hello, my name is Michael, the manager of Miller Graphics. One of my staff, Harry Winston, placed an order yesterday. And I'm calling about that order. So, I was wondering if you could help me with a few questions.

안녕하세요, 저는 밀러 그래픽스의 매니저 마이클입니다. 제 직원 중 한 명인 해리 윈스턴이 어제 주문을 했습니다. 그 주문과 관련하여 전화드립니다. 그래서 제 질문 몇 가지에 답을 좀 해주셨으면 합니다.

Q8

Q How many items has he ordered, and when will they be delivered?

그가 주문한 물품들은 몇 개이고, 언제 배송되나요?

IM-IH A There are three. And the delivery date is November 6th.

3개가 있습니다. 그리고 배송 날짜는 11월 6일입니다.

IH-AL A He ordered 3 items, and they will be delivered on the 6th of November.

그는 3개의 품목을 주문하였고, 그것은 11월 6일에 배송될 예정입니다.

끊어읽기

Q9

Q By when do I have to make the payment? And how much is the total?

A The total payment is due in 10 days, and the total is 680 dollars.

제가 언제까지 지불을 해야 하나요? 그리고 총 금액은 얼마인가요?

총 결제 금액은 (구매일로부터) 10일내로 지불해야 하고, 총 금액은 680 달러입니다.

A You have to pay 680 dollars by November 15th, since the payment is due in 10 days.

당신은 11월 15일까지 680 달러를 지불해야 합니다. 지불 기한이 (구매일로부터) 10일 이내이기 때문입니다.

어휘   delivery 배송, 배달   payment 지불

Q10

Q Can you give me the details of the items we purchased?

A Sure. .. You ordered .. 20 boxes of paper clips,.. 100 correction pens, .. and 20 poster boards. .. The clips are 10 dollars a box. .. The correction pens are 3 dollars each. .. And the poster boards are 7 dollars each.

우리가 구매한 물품들에 대해서 자세하게 말해줄 수 있나요?

물론입니다. 당신은 종이 클립 20상자, 수정펜 100개, 그리고 포스터 보드 20개를 주문했습니다. 클립은 한 상자에 10달러이고, 수정펜은 개당 3달러이고, 포스터보드는 개당 7달러입니다.

A There are 3 items you bought. One is paper clips, which are 10 dollars per box, and you ordered 20 of them.
Another is correction pens, which are 3 dollars each, and you ordered 100 of them. The other is poster boards, which are 7 dollars each. And you bought 20.

3개의 물품을 구매하셨습니다. 한 상자에 10달러인 종이 클립 20상자를 주문했습니다. 다른 물품으로는 하나에 3달러씩 하는 수정펜 100개를 주문했습니다. 또 다른 물품으로는 하나에 7달러인 포스터 보드 20개를 주문했습니다.

.. 끊어읽기

어휘   purchase 구매하다

실전 연습하기

1 행사 일정표   MP3 4_6

	직원 교육 워크샵 1월 14일 토요일
오전 11시 - 오전 11시 15분	개요
오전 11시 15분 - 오후 12시	발표 - 새로운 컴퓨터 시스템 (짐 카티스, 아이티 부서장)
오후 12시 - 오후 1시	점심 식사*
오후 1시 - 오후 1시 30분	워크샵 1– 컴퓨터 용어 배우기 (에린 보이어, 강사)
오후 1시 30분 - 오후 3시	워크샵 2– 새로운 시스템 연습하기 (그룹 활동들)
오후 3시 - 오후 3시 30분	질의 응답 세션
오후 3시 30분 - 오후 4시	초청 연설자 취소됨
오후 4시 - 오후 4시 10분	마무리

*회사 구내식당에서 점심 제공

> Hi, this is Joseph Turner, and I'm supposed to attend the training workshop for the new computer system, but I've misplaced the schedule sheet. Could you help me with some questions?

안녕하세요, 저는 조셉 터너입니다. 새로운 컴퓨터 시스템에 대한 교육 워크샵에 참석할 예정인데, 제가 일정표를 잃어버려서요. 질문 몇 가지만 좀 도와주시겠어요?

Q8

Q	When exactly will the training workshop be held, and what is the first session?	교육 워크샵은 정확히 언제 개최될 예정인가요? 그리고 첫 번째 일정은 무엇인가요?
IM-IH A	The date is ।। January 14th, ।। and the first session is ।। the overview.	날짜는 1월 14일이며, 첫 번째 일정은 개요입니다.
IH-AL A	It will be held on January 14th, and the first session is the overview.	1월 14일에 개최될 예정이며, 첫 번째 일정은 개요입니다.

।। 끊어읽기

K-tip

- 행사 일정표 8번 문제의 단골 주제인 날짜를 묻는 질문에는 be held, take place와 같이 '개최되다'라는 표현 사용
- 날짜를 말할 때는 the date is ~ 패턴 사용

Q9

	Q	I remember looking at a session with the guest speaker in the afternoon. Can you tell me about that?	오후에 초청 연설자와 일정이 있는 걸 본 기억이 있어요. 그것에 관해서 말씀해 주시겠어요?
IM-IH	A	Actually, .. the session has been canceled.	사실, 그 일정은 취소되었습니다.
IH-AL	A	Actually, there was a guest speaker planned to give a speech. However, it has been canceled.	사실, 연설하기로 되어 있는 초청 연설자가 있었습니다. 그런데 그 일정은 취소되었습니다.

🔸 끊어읽기

어휘 exactly 정확히 workshop 워크샵 overview 개요 guest speaker 초청 연설자 give a speech 연설하다

K-tip

- 특이 일정이 9번 문제로 주로 출제된다. 특히, 취소나 변경된 일정은 출제될 확률이 매우 높지만, 단도직입적으로 취소 및 변경 여부를 묻기보다는 그 답변을 유도하는 형태로 출제된다.
- 취소된 일정에는 It has been canceled 표현 사용

Q10

| | Q | Will you give me the details on the workshops after lunch? | 점심 이후의 워크샵에 대한 상세한 내용을 알려주시겠어요? |

IM-IH

A: OK. After lunch, there are two workshops. // The first one is learning computer terms, // and the instructor is Erin Boyer. // The second one is // practicing the new system, // and there are group activities.

네. 점심 이후에, 2개의 워크샵이 있습니다. 첫 번째는 컴퓨터 용어를 배우는 것이고, 강사는 에린 보이어입니다. 두 번째는 새로운 시스템을 연습하는 법이고, 그룹 활동들이 있습니다.

IH-AL

A: Sure. After lunch, there will be two workshops. At 1 p.m., you will learn the computer terms from the instructor Erin Boyer. At 1:30 p.m., you will practice the new system through group activities.

물론입니다. 점심 이후에, 2개의 워크샵이 있을 예정입니다. 1시에는, 에린 보이어 강사님에게 컴퓨터 용어에 대해 배울 예정입니다. 1시 30분에는, 그룹 활동을 통해 새로운 시스템을 연습할 예정입니다.

▪ 끊어읽기

어휘   term 용어, 말   instructor 강사

K-tip

- 10번 문제에는 give me the details라는 표현이 단골로 등장 → 자세한 정보를 요구하는 질문
- 중복되는 일정에 대한 구체적인 정보 요구
  - 시간이 허용되는 한 최대한 많은 내용 말하기
  - 시간 내 필요한 정보를 모두 말했다면 답변 시간이 남아도 채울 필요는 없음

2 여행 일정표

🔊 MP3 4_7

케이트 바켓의 여행 일정표

3월 2일 화요일

오전 9시	위스콘신 출발 (빅토리 항공, 항공편 102)
오전 11시	뉴욕 시티 도착
오후 12시	제이슨 오닐과의 점심 미팅
오후 2시	무역 박람회 참석
오후 6시	호텔로 돌아가기

3월 3일 수요일

오전 11시	제이에스 전자의 다니엘 카민스키와의 브런치 미팅
오후 3시	뉴욕 시티 출발 (타고 항공, 항공편 247)

*행사 2시간 전에 모든 미팅 일정 확인 필요

Hi, it's me, Kate. I'm already on my way to the airport, but I left my itinerary on my desk. So, will you take a look at it and answer a few questions?

안녕하세요, 저 케이트에요. 공항에 이미 가는 길인데 책상 위에 일정표를 두고 왔네요. 그래서 말인데 대신 보고 질문에 답을 좀 해주시겠어요?

Q8

	Q	When exactly does my flight leave from Wisconsin?	위스콘신에서 출발하는 비행이 정확히 언제죠?
IM-IH	A	Your departure time is .. 9 a.m., Tuesday, March second.	이륙시간은 3월 2일 화요일 오전 9시입니다.
IH-AL	A	You will depart at 9 a.m. on Tuesday, March second.	3월 2일 화요일 오전 9시에 출발할 예정입니다.

🔖 끊어읽기

K-tip

- 의문사 when이 나오면 시간과 날짜 모두 말해주는 것이 유리
- 지역 앞에 쓰는 전치사 주의!
  - from Wisconsin 위스콘신 출발
  - to / for Wisconsin 위스콘신으로 / 행

Q9

Q The last time I checked my itinerary, I remember I had a dinner meeting with Mr. Kaminski on Tuesday. Am I correct?

마지막으로 제가 스케줄을 확인했을 때, 화요일에 카민스키씨와 저녁 미팅이 있었던 걸로 기억해요, 제가 맞나요?

IM-IH A No, it is a brunch meeting .. on Wednesday.

아니요, 해당 일정은 수요일의 브런치 미팅입니다.

IH-AL A No, you have a brunch meeting with Daniel Kaminski on Wednesday.

아니요. 수요일에 다니엘 카민스키씨와 브런치 미팅이 있습니다.

> 끊어읽기

어휘 departure (항공기, 기차 등의) 출발 itinerary 여행 일정표

K-tip
- 질문할 때 이름 전체가 아닌 성만 말하는 경우가 늘어나는 추세 → 준비 시간에 이름을 잘 익혀두자.
- 잘못된 정보를 확인하는 것이 전형적인 8번 문제 → 가끔 잘못된 정보를 2개 이상 묻는 경우도 있으니 유의

Q10

Q Will you give me detailed information on my schedule on Tuesday, once I arrive in New York City?

제가 뉴욕에 도착한 뒤 화요일의 일정에 관해 자세히 알려주시겠어요?

IM-IH A Sure. .. There are two events on Tuesday. One is .. a lunch meeting with Jason O'Neil .. and the other is .. attending the trade fair at 2 p.m.

물론입니다. 화요일에 두 개의 일정이 있습니다. 하나는 제이슨 오닐씨와의 점심 미팅이고, 다른 하나는 2시에 있는 무역 박람회 참석입니다.

IH-AL A Sure. First, you will have a lunch meeting with Jason O'Neil at 12 p.m. And then, you will attend the trade fair at 2 p.m. Finally, you will go back to the hotel at 6 p.m.

물론입니다. 우선, 12시에 제이슨 오닐씨와 점심 미팅이 있습니다. 그 다음, 2시에 무역박람회에 참석 예정입니다. 그리고 마지막으로, 저녁 6시에 호텔로 돌아갈 예정입니다.

> 끊어읽기

어휘 once ~하자마자, ~할 때 trade 무역 fair 박람회, 축제

K-tip
- 하루 일정 중에서 어떤 범위를 말해야 하는지 잘 파악하자.
- 질문에서 화요일 전체 일정이 아닌 뉴욕에 도착한 이후의 일정을 물었으므로 답변에 유의

3 이력서

🔊 MP3 4_8

	메간 톰슨 24 브라이튼 콘도, 시애틀, 워싱턴 260-703-0560
지원한 직위	영업 매니저 직위 구함
학력	- 학사 학위, 워싱턴 대학교, 2016 - 전공: 마케팅
경력	- 영업 부매니저, 큐모바일 회사 - 영업사원, 큐모바일 회사 - 홍보 마케팅팀에서 근무, 유플러스 와이어리스 회사 - 6개월 인턴쉽, 스타 와이어리스
특징	- 사교성이 뛰어나고 아주 외향적임 - 좋은 발표 능력 - 영어, 스페인어에 유창함 - 설득력 있고 신뢰할 수 있는 사람

Hey, it's me, Jenny. I need you to do me a favor. Will you please go to my desk and take a look at the résumé pile? I need information on one of the applicants, Megan Thompson.

여보세요, 저 제니인데요. 제 부탁 좀 들어주셨으면 해요. 제 책상에 가서 이력서 묶음 좀 봐줄래요? 지원자들 중 하나인 메간 톰슨의 정보가 필요해요.

Q8

Q	What did she study in college, and when did she graduate?	그녀는 대학교에서 무엇을 공부하였고, 언제 졸업했나요?
A	Her major is marketing, ∙∙ and she graduated ∙∙ in 2016.	그녀의 전공은 마케팅이고, 2016년에 졸업했어요.
A	She got her bachelor's degree in marketing in 2016.	그녀는 2016년도에 마케팅 분야로 학사 학위를 취득했어요.

∙∙ 끊어읽기

K-tip

- 이력서 유형의 표에서 8번 문제로 기본 학력사항을 묻는 질문이 자주 출제되며, 학교, 학위 수여, 전공 분야를 묻는다. 이력서 정보를 문장으로 말하는 연습을 해두자.
- 기본 학력 패턴: (S)he got her(his) degree in 전공 from 학교 in 연도

Q9

Q Thanks. Also, as you know, this position requires a lot of meeting sessions with clients and customers. Based on what is written on the résumé, do you think she is a qualified candidate?

고마워요. 그리고 아시다시피, 이 일은 많은 고객과 손님들과의 미팅이 있어요. 이력서로 미루어 보아, 그녀가 자격이 되는 후보일까요?

 A Yes, she has great social skills and she is very outgoing.

네, 그녀는 사교성이 많고, 매우 외향적이에요.

 A Yes, it says here that she has great social skills and she is very outgoing. Also, it says that she is persuasive and trustworthy.

네, 이력서에 적혀있기로는 그녀가 사교성이 많고, 외향적이라고 되어 있습니다. 그리고 그녀는 설득력 있고, 신뢰할 수 있는 사람이라고 적혀 있어요.

끊어읽기

어휘 bachelor's degree 학사 학위 require 필요로 하다, 요구하다 based on ~에 근거하여 résumé 이력서 candidate 후보자 qualified 자격이 있는 outgoing 외향적인 persuasive 설득력 있는 trustworthy 신뢰할 수 있는

K-tip

- 9번 문제는 능력을 묻는 질문이 자주 출제
- 직접적인 단어 사용을 하지 않고 돌려서 묻는 경우도 있으니 질문을 끝까지 잘 들을 것
- 표에서 어떤 능력을 보고 활용해서 답해야 하는지 확인
- 능력 관련 표현: has / have 사용
  ⓔ (S)he has social skills.
- 성격 관련 표현: is / are 사용
  ⓔ (S)he is outgoing.

Q10

Q	Will you tell me about her related experience in sales?	그녀의 영업 분야 관련 경험에 대해서 말해주시겠어요?
IM-IH **A**	Sure. She was a sales representative ‥ in Q-mobile Company. Also, she was an assistant sales manager ‥ in Q-mobile Company.	물론입니다. 그녀는 큐모바일 회사의 영업사원이었어요. 또한, 큐모바일 회사에서 영업 부매니저로 있었어요.
IH-AL **A**	Sure. She was a sales representative and also an assistant sales manager in Q-mobile Company.	물론입니다. 그녀는 큐모바일 회사에서 영업사원이자 영업 부매니저로 있었어요.

🙂 끊어읽기

어휘 related 관련된 sales representative 영업 사원 assistant manager 부매니저, 부팀장

K-tip

- 10번 문제는 관련 경험, 업무 경력을 묻는 질문 주로 출제
  - 과거의 경력부터 얘기하려면 이력서 하단부터 보고 답변
- 직위 관련 표현: (S)he was the 직책
- 부서 관련 표현: (S)he worked in(on) 부서
- 이전 직장 관련 표현: (S)he worked for 회사명

4 회의 일정표

 MP3 4_9

건강한 자연 식품 매장
직원 회의
컨퍼런스 룸 405호, 7월 2일

오전 10:00 - 10:30	상품 업데이트	타바사 존스, 매장 관리인
오전 10:30 - 11:00	진열을 위한 상품 정리 – 선반 위 상품 정리법 – 상점 내 현재 배치 검토	레이크 랜터, 영업부
오전 11:00 - 11:30	고객 서비스 –최근의 고객 불만 접수 (설문조사 검토) –실행 가능한 개선점	케니 무어, 고객 서비스부
오전 11:30 - 오후 12:00	신규 매장의 영업 시간	타바사 존스, 매장 관리인

> Hi, this is Tabatha, the store manager. I am aware that we have a staff meeting coming up this week. I'd just like to review some details regarding the meeting.

안녕하세요, 저는 매장 관리인인 타바사입니다. 이번주에 직원 회의가 있을 것이라고 알고 있는데요. 회의 관련 세부 사항을 좀 검토하고 싶습니다.

Q8

Q When will the meeting be held, and what time do I give my products update?

회의는 언제 열릴 예정이고, 저는 상품 업데이트를 언제 하나요?

IM-IH A It's July 2nd, and it is at ten a.m.

회의는 7월 2일이고, 그것은 오전10시에 진행됩니다.

IH-AL A The meeting will be held on July 2nd, and your session is at ten a.m.

회의는 7월 2일에 열릴 예정이고, 당신의 세션은 오전 10시에 있습니다.

K-tip

- 2개의 의문사에 집중하여 모두 답변할 것
- 답변 시 문장 구조의 유창함이나 난이도보다 질문에 대한 핵심 내용을 포함하는 것이 가장 중요
  (The meeting is July 2nd와 The meeting will be held on July 2nd는 점수 차이가 나지 않음)

Q9

Q I need to go to the head office to attend the managers' meeting in the afternoon. So I will have to leave no later than 1 p.m. Will I miss anything?

제가 오후에는 관리자 회의 참석으로 본사를 가야해서 늦어도 오후 1시 이전에는 떠나야 합니다. 놓치는 일정이 있을까요?

A No, the meeting ends at 12 p.m.

아니요, 회의는 오후 12시에 끝날 예정입니다.

A No, you will not miss any sessions, since the meeting will end at 12 p.m.

아니요, 회의가 오후 12시에 끝날예정이라 아무런 세션도 놓치지 않을 것입니다.

K-tip
- 시간에 맞춰 참여가 불가해 놓치게 되는 일정을 묻는 질문이 주기적으로 출제됨
- 답변 시 yes/no가 불분명하다면 관련 정보라도 말해줄 것

Q10

Q I heard Kenny Moore from the customer service department will be giving a presentation. Can you give me the details of his session?

고객 서비스부의 케니 무어가 발표를 할 것이라고 들었습니다. 그의 세션에 대해 자세히 알려주시겠어요?

A At 11 a.m. there is a session about recent complaints from customers and the improvements that can be made.

오전 11시에 최근의 고객 불만 접수와 실행 가능한 개선점에 대한 세션이 있습니다.

A At 11 a.m. Kenny Moore will talk about the recent complaints from customers by reviewing the survey sheets.
And he will also talk about the improvements that can be made in customer service.

오전 11시에 케니 무어는 설문조사 검토를 통해 최근의 고객 불만 접수에 대해 말할 것입니다. 그리고 그는 고객 서비스에 있어 실행 가능한 개선점에 대해서도 말할 것입니다.

어휘 complaint 불만, 불평 improvement 개선 survey 설문조사

K-tip
- 디테일한 설명을 요구하는 문항이 종종 출제됨
- 10번 답변에서 일정을 말할 때 일정의 종류와 내용이 포함되게 말할 것

유형별 연습하기

유형1 혼자 vs 함께

연습 문제

> Do you agree or disagree with the following statement?
> *Living with roommates is better than living alone.*
> Use specific reasons or examples to support your opinion.

아래의 주장에 동의하나요 동의하지 않나요?
룸메이트들과 함께 사는 것이 혼자 사는 것보다 낫다.
구체적인 이유와 예시들로 주장을 뒷받침하세요.

IM-IH	나의 의견	I agree that .. living with roommates is better .. than living alone.	룸메이트들과 함께 사는 것이 혼자 사는 것보다 낫다는 것에 동의합니다.
	근거 ❶ + 부연설명	Most of all, .. it is fun, .. because we can hang out at home. For example, .. we play games, .. or watch TV together. So, .. it is enjoyable.	무엇보다도, 재미있습니다. 왜냐하면 집에서 함께 어울리기 때문입니다. 예를 들어, 우리는 게임을 하거나 함께 TV를 볼 수 있습니다. 따라서, 즐겁습니다.
	근거 ❷ + 부연설명	Also, we can save money because I don't pay rent alone.	또한, 돈을 절약할 수 있습니다. 왜냐하면 집세를 혼자 내지 않기 때문입니다.
	마무리	So, I agree.	따라서, 저는 동의합니다.

끊어읽기

나의 의견	I agree that living with roommates is better than living alone.	룸메이트들과 함께 사는 것이 혼자 사는 것보다 낫다는 것에 동의합니다.
근거 ❶ + 부연설명	Most of all, it is fun to live with someone.. .. since we can talk and hang out at home. For example, I can play games with my roommates, and sometimes we can watch TV together and talk about it. So, it is more fun than doing things alone.	무엇보다도, 누군가와 함께 사는 것은 재미있습니다. 왜냐하면 집에서 이야기를 하고 함께 어울릴 수 있기 때문입니다. 예를 들어, 룸메이트들과 같이 게임을 할 수 있고, 가끔 함께 TV를 볼 수 있습니다. 따라서, 집에서 무언가를 할 때 더 재미있습니다.
근거 ❷ + 부연설명	Secondly, I can save money. These days, rent is very high. So, if we can split the rent, I can save a lot.	두 번째로, 돈을 절약할 수 있습니다. 요즘, 집세가 매우 비쌉니다. 따라서, 집세를 나눌 수 있다면 많이 절약할 수 있습니다.
마무리	For such reasons, I think it's better to live with roommates.	이러한 이유들로, 저는 룸메이트들과 함께 사는 것이 더 낫다고 생각합니다.

어휘   hang out 어울리다, 함께 시간을 보내다   enjoyable 즐거운   rent 집세, 임대하다   split 나누다, 나뉘다

K-tip

IM 동의한다는 확실한 결론과 이에 대한 근거나 이유를 언급만 해도 IM 달성 가능

IH 확실한 결론과 하나의 근거에 대한 예시나 설명을 곁들인다.

AL+ 최대한 많은 말을 하라는 지시문의 조건에 따라 내용이 풍부해야 고득점을 달성할 수 있다. 예시를 들더라도 조금 더 구체적으로 말하고, 근거도 2개를 충분히 설명한다.

유형 2 의사 소통 수단

연습 문제

> Do you agree that getting advice from a career counselor is the best way to make a career decision?
> Give specific details to support your opinion.

진로 상담가에게 조언을 구하는 것이 진로 결정을 하는 데에 있어 최선의 방법이라는 것에 동의하나요?
구체적인 내용으로 주장을 뒷받침하세요.

MP3 5_3

IM-IH

나의 의견	I agree. Getting advice from a career counselor .. is the best way.	동의합니다. 진로 상담가에게 조언을 구하는 것이 최선의 방법입니다.
근거 ❶ + 부연설명	Most of all, .. they are experts. So, .. they give useful tips.. about jobs. And it's helpful .. when I make career decisions.	무엇보다도, 그들은 전문가입니다. 따라서, 그들은 직업에 대한 유용한 조언을 해줍니다. 그리고 제가 진로 결정을 할 때 (이것은) 도움이 됩니다.
근거 ❷ + 부연설명	Also, it's effective .. .. because I can ask questions easily.	두 번째로, 효과적입니다. 왜냐하면 쉽게 질문을 할 수 있기 때문입니다.
마무리	So, that's why I agree.	따라서, 이것이 제가 동의하는 이유입니다.

■ 끊어읽기

어휘 experts 전문가   useful tips 유용한 팁   make a decision 결정을 내리다   effective 효과적인
ask questions 질문하다

나의 의견	I agree that getting advice from a career counselor is the best way to make a career decision.	진로 상담가에게 조언을 구하는 것이 진로 결정을 하는 최선의 방법이라는 것에 동의합니다.
근거 ❶ + 부연설명	Most of all, .. they are experts. And they have a lot of experience in counseling. So they give useful advice, based on their experience. And that is helpful. Plus, they give accurate information on jobs. And that's important when you make a career decision.	무엇보다도, 그들은 전문가입니다. 그리고 많은 상담 경력이 있습니다. 그래서 경험에 기반한 유용한 조언을 해줍니다. 그리고 그것은 도움이 됩니다. 또한, 그들은 직업에 관한 정확한 정보를 제공합니다. 그것은 여러분이 진로를 결정할 때 중요합니다.
근거 ❷ + 부연설명	Secondly, I save time by talking to them. They recommend good career options for me. So, it is more effective.	두 번째로, 그들과 이야기 하면 시간을 절약할 수 있습니다. 그들은 저에게 도움이 되는 진로 선택지를 추천해 줍니다. 그래서, 더욱 효과적입니다.
마무리	For such reasons, I would say getting advice from a career counselor is the best way.	이러한 이유들로, 진로 상담가에게 조언을 구하는 것이 최선의 방법이라고 말할 수 있습니다.

어휘 accurate 정확한   have experience in 동사-ing ~에 경험이 있다

K-tip

IM 진로 상담가는 전문가이고 전문가는 유용한 정보를 준다. 직접 만나서 대화하면 궁금한 것을 질문할 수 있다. 추상적이긴 하지만 이정도 핵심만 말해도 된다.

IH 진로 상담가는 전문가이고 전문가는 정확한 정보를 준다. 또한 경험을 바탕으로 한 유용한 조언을 준다. 전문가와의 상담이 어떻게 더 효과적인지를 설명한다.

AL+ 내용을 좀 더 구체적으로 설명한다. 단순히 전문가로부터 조언을 얻는 것에 대한 장점이 아니라 진로 결정을 내릴 때 진로 상담가가 왜 좋은지를 언급하는 등 세부적인 것을 조금 더 신경쓰도록 한다.

유형 3 과학 기술의 발전과 시대적 변화

연습 문제

> What are some advantages of learning a new skill on the Internet?
> Use specific reasons to support your opinion.

인터넷에서 새로운 기술을 배우는 것의 장점에는 어떤 것들이 있나요? 구체적인 이유들로 주장을 뒷받침하세요.

🔊 MP3 5_5

	나의 의견	There are advantages ‥ of learning a new skill ‥ on the Internet.	인터넷에서 새로운 기술을 배우는 것에는 장점이 있습니다.
	근거 ❶ + 부연설명	Most of all, ‥ it is convenient. I can learn the skill anytime. Also, I save time.	무엇보다도, 편리합니다. 기술을 언제든 배울 수 있습니다. 또한, 시간을 절약합니다.
	근거 ❷ + 부연설명	Secondly, ‥ on the Internet, ‥ there is a lot of information. So, ‥ I understand the skill ‥ well.	두 번째로, 인터넷에는 많은 정보가 있습니다. 따라서, 잘 이해할 수 있습니다.
	마무리	Well, there are some advantages ‥ of learning a new skill on the Internet.	이것들이 인터넷에서 새로운 기술을 배우는 것의 장점입니다.

‥ 끊어읽기

어휘   anytime 언제든지   well 잘

나의 의견	Well, there are some advantages .. of learning a new skill on the Internet.	음, 인터넷에서 새로운 기술을 배우는 것에는 몇가지 장점들이 있습니다.
근거 ❶ + 부연설명	Most of all, .. there is a lot of information .. on the Internet. And I can read it in detail. So, I understand the skill well. Also, there are various kinds of information .. on the Internet. For example, these days we watch YouTube tutorials, .. blogs, etc. So, .. I can learn a new skill more effectively.	무엇보다도, 인터넷에는 많은 정보가 있습니다. 그리고 자세히 읽을 수 있어서, 기술을 잘 이해할 수 있습니다. 또한, 인터넷에는 다양한 종류의 정보가 있습니다. 예를 들어, 우리는 요즘 유튜브 튜토리얼이나 블로그를 봅니다. 따라서, 더 효과적으로 새로운 기술을 배울 수 있습니다.
근거 ❷ + 부연설명	Secondly, it is convenient, .. because I can learn the skill anytime. So, I save time.	두 번째로, 편리합니다. 왜냐하면 기술을 언제든지 배울 수 있기 때문입니다. 따라서, 시간을 절약합니다.
마무리	These are the advantages of learning a new skill on the Internet.	이것들이 인터넷에서 새로운 기술을 배우는 것의 장점입니다.

어휘 in detail 구체적으로, 상세하게   various 다양한   tutorial 튜토리얼, 사용 지침서   effectively 효과적으로

K-tip

IM 인터넷의 장점인 편리하다는 점과 정보가 많다는 점만 잘 활용하자.

IH 인터넷에 정보가 많은 것이 어떻게 도움이 되는지 부연설명을 해준다.

AL+ 주장을 뒷받침 하는 근거를 2개 설명한다면 고득점에 유리하다. 인터넷을 활용하는 것이 새로운 스킬을 배우는 데 있어서 왜 효과적인지 반드시 설명한다.

유형 4 직원과 기업

연습 문제

> Do you agree that allowing employees flexible work schedules helps increase their work productivity?
> Give specific details to support your opinion.

유연 근무제를 허용하는 것이 직원들의 업무 생산성을 증가시킨다는 것에 동의하나요?
구체적인 내용으로 주장을 뒷받침하세요.

나의 의견	Yes, I agree that ·· allowing employees flexible work schedules ·· helps increase their work productivity.	네, 유연 근무제의 허용이 직원들의 업무 생산성 증가를 가져온다는 것에 동의합니다.
근거 ❶ + 부연설명	Most of all, ·· they can manage their time well. So they focus better, ·· when they work. So, ·· they work more efficiently.	무엇보다도, 그들은 시간을 잘 관리할 수 있습니다. 그래서 근무 시 더 집중합니다. 따라서 그들은 더 효율적으로 일합니다.
근거 ❷ + 부연설명	Also, they feel happy with their schedule. And that helps with work productivity.	그들은 업무 일정에 행복감을 느낍니다. 이것은 업무 생산성에도 도움을 줍니다.
마무리	So, I agree.	따라서 동의합니다.

끊어읽기

어휘 flexible work schedule 유연 근무제 work productivity 업무 생산성 manage 관리하다, 처리하다
efficiently 효율적인, 능률적인

나의 의견	Yes, I agree. Allowing employees flexible work schedules helps increase their work productivity.	네, 저는 동의합니다. 유연 근무제의 허용이 직원들의 업무 생산성 증가를 가져온다는 것에 동의합니다.
근거 ❶ + 부연설명	Most of all, they can manage their time well. So, they focus better when they work. And they work more efficiently. And that increases work productivity.	무엇보다도, 그들은 시간을 잘 관리할 수 있습니다. 따라서 근무 시 더 집중합니다. 또한, 그들은 효율적으로 일합니다. 그리고 이것은 업무 생산성 증가를 가져옵니다.
근거 ❷ + 부연설명	Secondly, they can have better work-life balance. Then they feel satisfied with their work schedules. So, they are less stressed when they work. And that helps with work productivity.	두 번째로, 그들은 더 나은 일과 삶의 균형을 가질 수 있습니다. 그리고 업무 일정에 대해 만족감을 느낍니다. 따라서 일을 할 때 스트레스를 덜 받습니다. 그리고 이것은 업무 생산성에 도움을 줍니다.
마무리	For these reasons, I agree.	이러한 이유로, 저는 동의합니다.

어휘　work-life balance 일과 삶의 균형　satisfied 만족하는

K-tip

IM　답변 내 문장이 짧아도 괜찮으므로 유연 근무제를 실시할 경우의 장점을 언급하자.

IH　어느 정도의 문법 실수는 허용되므로, 동의한다는 결론과 직원들의 자유로운 시간 관리를 통해 업무의 효율성과 생산성이 증대됨을 언급하자.

AL+　IH의 답변 외에 업무 만족도가 높아짐에 따라 직원들이 스트레스를 덜 받을 것을 추가로 말해줄 수 있다.

유형 5 학생, 어린이

연습 문제

Some people prefer to have their children homeschooled, while others prefer to send their kids to a traditional school. Which would you prefer for your kids?
Give specific details to support your opinion.

몇몇 사람들이 그들의 자녀를 집에서 교육하는 것을 선호하는 반면에, 다른 사람들은 그들의 자녀를 학교에 보내는 것을 선호합니다. 당신은 당신의 자녀를 위해 어떤 것을 선호하나요? 구체적인 내용으로 주장을 뒷받침하세요.

MP3 5_9

나의 의견	I would prefer to send my kids to a traditional school.	저는 제 아이들을 학교에 보내는 것을 선호합니다.
근거 ❶ + 부연설명	Most of all, it is better for my children, .. because they can study with friends. Then, .. they study better. Also, .. they can make friends. And that's important.	무엇보다도, 친구들과 함께 공부할 수 있기 때문에 제 아이들에게도 더 좋습니다. 그러면, 그들은 공부도 더 잘합니다. 또한, 친구들도 사귑니다. 그리고 이것은 중요합니다.
근거 ❷ + 부연설명	Also, at school, .. there are gyms, libraries, and labs. So.. it is more fun.	두 번째로, 학교에는 체육관, 도서관 그리고 실험실이 있습니다. 따라서, 공부하는 것이 더 재미있습니다.
마무리	So.. I prefer to send my kids to a school.	따라서, 저는 제 아이들을 학교에 보내는 것을 선호합니다.

끊어읽기

어휘   better 더 잘 ~하다   gym 체육관   fun 재미 있는   make friends 친구를 사귀다

나의 의견	I would prefer to send my kids to a traditional school.	저는 제 아이들을 학교에 보내는 것을 선호합니다.
근거 ❶ + 부연설명	Most of all, .. it is better for children, because they can make friends at school. And that's important. Plus, they study together and share ideas. Then, they study more effectively.	무엇보다도, 학교에서 친구들을 사귈 수 있기 때문에 아이들에게 더 좋습니다. 그리고 이것은 중요합니다. 그리고 그들은 함께 공부하고 생각을 공유합니다. 그러면, 더욱 효과적으로 공부합니다.
근거 ❷ + 부연설명	Secondly, there are various facilities at school. For instance, kids can use the science labs, gyms, and so on. So, classes are more interesting. And they can study more effectively.	두 번째로, 학교에 더 많은 시설들이 있습니다. 예를 들면, 아이들은 과학 실험실, 체육관 그리고 더 많은 것들을 사용할 수 있습니다. 그래서, 수업이 더 흥미롭습니다. 그리고 그들은 더욱 효율적으로 공부합니다.
마무리	For such reasons, I would rather send my kids to a school.	이러한 이유들로, 저는 아이들을 학교에 보내겠습니다.

어휘 share ideas 아이디어를 공유하다 facilities 시설 interesting 흥미로운 efficiently 능률적으로
would rather 차라리 ~하기를 선호하다

K-tip

IM 확실한 선택과 확실한 이유를 설명한다. 학교를 선택했다면 학교가 갖는 장점을 활용하면 된다.

IH 확실한 결론 뒤에 하나의 근거를 부연설명으로 뒷받침하는 방법과 두 가지의 근거를 간략하게 설명하는 방법이 있다.

AL+ 구체적인 예시를 근거와 함께 설명 할 수 있으면 채점자의 공감을 끌어낼 수 있다. 위의 선택형 문제에서 학교를 선택했다면 홈스쿨링과 비교해서 근거를 주장하는 것도 효과적인 방법이다.

유형 6 구성원과 리더의 중요한 자질

연습 문제

> Do you agree that having a positive attitude is the most important characteristic that a successful manager should have?
> Use specific reasons or examples to support your opinion.

긍정적인 태도가 성공적인 지도자가 가져야 하는 가장 중요한 특징이라는 것에 동의하나요? 구체적인 이유와 예시들로 주장을 뒷받침하세요.

MP3 5_11

나의 의견	I agree that having a positive attitude is the most important.	긍정적인 태도를 갖는 것이 가장 중요하다는 것에 동의합니다.
근거 ❶ + 부연설명	Most of all, ▪ a positive manager can motivate his members. Then, ▪ the members work harder. Also, ▪ teamwork is good. So, ▪ the team will succeed.	무엇보다도, 긍정적인 지도자는 그의 팀원들에게 동기 부여를 할 수 있습니다. 그러면, 팀원들은 더 열심히 일합니다. 또한, 팀워크도 좋습니다. 따라서, 팀이 성공할 수 있습니다.
근거 ❷ + 부연설명	And positive managers don't give up ▪ when there are problems.	두 번째로, 긍정적인 지도자들은 문제가 생겼을 때 포기하지 않습니다.
마무리	So that is why I agree.	이것이 제가 동의하는 이유입니다.

▪ 끊어읽기

어휘   positive attitude 긍정적인 태도 motivate people 동기 부여 하다 succeed 성공하다 give up 포기하다

나의 의견	I agree that having a positive attitude is the most important to be a successful manager.	성공적인 지도자가 되기 위해 긍정적인 태도를 갖는 것이 가장 중요하다는 것에 동의합니다.
근거 ❶ + 부연설명	Most of all, positive managers lead their teams well because they are energetic. Their positive energy motivates the members. So, the members work more efficiently. Plus, their work performance will improve. So, the team can succeed.	무엇보다도, 긍정적인 지도자는 활동적이기 때문에 팀을 잘 이끕니다. 그의 긍정적인 에너지는 팀원들을 동기부여합니다. 그래서, 그들은 효율적으로 일합니다. 그리고 업무 성과가 향상됩니다. 따라서, 팀이 성공합니다.
근거 ❷ + 부연설명	Secondly, positive managers don't give up when there are problems. And they work their way through, and eventually solve the problems. And this is important if they want to be a successful manager.	두 번째로, 긍정적인 지도자는 문제가 생겼을 때 포기하지 않습니다. 그들은 끝까지 해내려 하고, 마침내 문제를 해결합니다. 성공적인 지도자가 되기 위해 이러한 태도는 중요합니다.
마무리	For such reasons, I agree.	이러한 이유들로, 저는 동의합니다.

어휘 energetic 활기찬, 활동적인   work efficiently 능률적으로 일하다   perform tasks 업무를 수행하다
       solve problems 문제를 해결하다

K-tip

IM 동의한다는 확실한 결론을 먼저 내린다. 긍정적인 매니저가 팀원들에게 동기를 부여한다는 근거를 제공하고 동기를 부여하는 것이 업무의 효율성에 기여한다는 전개로 설명한다.

IH 확실한 결론과 매니저의 긍정적인 성향이 어떻게 팀을 성공적으로 이끌 수 있는지에 대한 설명을 한다.

AL+ 확실한 결론은 물론 근거에 대한 세부적인 설명이 필요하다. so that과 같은 표현을 사용하면 문장 2-3개를 한 문장으로 합칠 수 있는데, 이러한 도전은 유창성을 보여주므로 고득점에 도움이 된다.

실전 연습하기

1 혼자 vs 함께

> What are some advantages of working on a project as a group?
> Give details or examples to your answer.
>
> 그룹으로 프로젝트를 진행하는 것의 장점에는 어떤 것들이 있나요?
> 답변에 구체적인 내용 혹은 예시들을 활용하세요.

1 질문 유형 파악 및 나의 의견 정하기

질문 유형	장단점형
나의 의견	그룹으로 프로젝트를 진행하는 것의 장점 혹은 단점

2 브레인스토밍

장점	단점
효과적이다 ▸ 많은 아이디어 공유 ▸ 더 창의적인 아이디어 고안 ▸ 프로젝트의 성공적 수행 **능률적으로 일할 수 있다** ▸ 역할 분담하게 됨 ▸ 시간 절약하게 됨	**시간이 걸린다** ▸ 의논을 많이 하게 됨 ▸ 프로젝트 마감 못 지키기도 함 **의견 충돌이 생김** ▸ 스트레스가 됨 ▸ 갈등으로 발전하기도 함

3 답변 완성

선택 항목	advantages	장점
나의 의견	There are some advantages ▪ of working on a project ▪ in a group.	그룹으로 프로젝트를 진행하는 것에는 장점이 몇 가지 있습니다.
근거 ❶ + 부연설명	Most of all, ▪ it is effective. We share many ideas .. So ▪ we do well ▪ on our projects.	무엇보다도, 효과적입니다. 우리는 프로젝트에 관한 많은 생각들을 공유합니다. 따라서, 프로젝트를 잘 진행합니다.
근거 ❷ + 부연설명	Also, we share roles sand save time. So ▪ it is more effective.	두 번째로, 우리는 역할을 분담하고, 시간을 절약합니다. 따라서, 더 효과적입니다.
마무리	So, ▪ these are the advantages.	따라서, 이것들이 장점입니다.

 끊어읽기

어휘 effective 효과적인   share 공유하다   do well ~잘 해내다   share roles 역할 분담하다

선택 항목	advantages	장점
나의 의견	There are some advantages of working on a project as a group.	그룹으로 프로젝트를 진행하는 것에는 장점이 몇 가지 있습니다.
근거 ❶ + 부연설명	Most of all, it is effective .. because we share many ideas. This way, we can come up with creative ideas too. And our projects can be successful.	무엇보다도, 우리가 프로젝트에 관한 많은 생각들을 공유할 수 있기 때문에 효과적입니다. 그러면, 창의적인 아이디어도 생각해낼 수 있습니다. 따라서, 우리의 프로젝트는 성공적일 것입니다.
근거 ❷ + 부연설명	Secondly, it is more efficient. We can share roles within the group. Then, we can save time while working on the project.	두 번째로, 더욱 효율적입니다. 우리는 역할을 분담할 수 있습니다. 그러면, 일하는 동안 시간을 절약합니다.
마무리	These are the advantages.	이것들이 장점입니다.

어휘 think of 생각해보다 creative 창의적인 be successful 성공적이다 efficient 능률적인 while ~하는 도중에

K-tip

프로젝트를 그룹으로 진행하는 것에 대한 장점을 말할 때, '무엇이든 함께하면 좋다'는 원리를 활용하면 된다.

선택 항목	disadvantages	단점
나의 의견	There are some disadvantages.. of working on a project .. in a group.	그룹으로 프로젝트를 진행하는 것에는 단점이 몇 가지 있습니다.
근거 ❶ + 부연설명	Most of all, .. it is inconvenient.. because we have to discuss everything. So it takes time.	무엇보다도, 불편합니다. 우리는 모든 것을 논의해야 합니다. 그리고 이것은 시간이 걸립니다.
근거 ❷ + 부연설명	Secondly, .. sometimes we don't agree. Then, it's hard to work together.	두 번째로, 때때로 우리는 동의하지 않습니다. 그러면 함께 일하기에 어렵습니다.
마무리	So, .. these are the advantages.	그래서, 이것들이 단점입니다.

 끊어읽기

어휘 inconvenient 불편한   take time 시간이 걸린다

선택 항목	disadvantages	단점
나의 의견	There are some disadvantages of working on a project in a group.	그룹으로 프로젝트를 진행하는 것에는 단점이 몇 가지 있습니다.
근거 ❶ + 부연설명	Most of all, it is inconvenient .. because we have to discuss every single thing. And I can't make a decision alone. So it takes time .. to work on the project. And at times, we might not be able to meet the deadline. And that can be a problem.	무엇보다도, 불편합니다. 왜냐하면 프로젝트에 대해서 모든 것을 의논해야 하기 때문입니다. 그리고 혼자서 결정을 내릴 수 없습니다. 따라서 진행하는 데에 시간이 걸립니다. 그리고 때때로, 마감일을 지키지 못할 지도 모릅니다. 이것은 문제가 될 수 있습니다.
근거 ❷ + 부연설명	Secondly, sometimes there are disagreements when discussing the project. And if we don't resolve them, it gets stressful. With conflicts, we can't work on the project as a team.	두 번째로, 프로젝트를 논의할 때, 때때로 의견 불일치가 있습니다. 그리고 그것을 해결하지 못한다면, 스트레스가 됩니다. 따라서 의견 충돌이 있다면 우리는 팀으로 함께 일할 수 없습니다.
마무리	So, these are the disadvantages.	그래서, 이것들이 단점입니다.

어휘 make a decision 결정을 내리다   disagreements 의견충돌   resolve 해결하다   stressful 스트레스 되는

K-tip

단점을 말할 때는 '혼자 하는 게 좋다'를 잘 응용하여 답할 수 있다. 혹은 '함께 하면 문제가 된다'는 점을 활용하면 된다.

2 의사소통 수단

> When you learn a new work skill, which one of the following is the best way to learn it?
> - attending a training seminar - asking colleagues for advice - reading the manual
> Give details or examples to support your opinion.

새로운 업무 기술을 배울 때, 다음 중 어떤 것이 그것들을 배우는 최선의 방법인가요?
– 교육 세미나에 참가하기 – 동료들에게 조언 구하기 – 설명서 읽기
구체적인 내용과 예시들로 주장을 뒷받침하세요.

1 질문 유형 파악 및 나의 의견 정하기

질문 유형	선택형
선택 항목	– 교육 세미나에 참가하기 – 동료들에게 조언 구하기 – 설명서 읽기

2 브레인스토밍

교육 세미나에 참가하기	동료들에게 조언 구하기	설명서 읽기
효과적이다 ▹ 전문가가 가르쳐준다 ▹ 실질적인 팁을 준다 ▹ 정확한 정보를 얻는다 **효율적이다** ▹ 동료들과 함께 배운다 ▹ 서로 의견을 공유할 수 있다 ▹ 동기부여가 된다	**편리하다** ▹ 배우면서 질문할 수 있다 ▹ 필요한 것만 배운다 **효과적이다** ▹ (경험을 바탕으로) 실용적인 팁 준다 ▹ 쉽게 배우고 사용한다	**자세한 정보를 얻을 수 있다** ▹ 상세히 읽으면, 이해 잘 된다 ▹ 정보가 정확하므로, 제대로 익힌다 **편리하고 효과적이다** ▹ 언제든지 찾아볼 수 있다

3 답변 완성

 MP3 5_17

 IM-IH

선택 항목	attending a training seminar	교육 세미나에 참가하기
나의 의견	I think ⁀ attending a training seminar is the best way.	교육 세미나에 참가하는 것이 최선의 방법이라고 생각합니다.
근거 ❶ + 부연설명	Most of all, it is effective. In a seminar, ⁀ experts teach the work skills. And ⁀ they give useful tips.	무엇보다도, 효과적입니다. 세미나에서는, 전문가들이 업무 기술을 가르쳐줍니다. 그리고 그들은 실질적인 팁을 줍니다.
근거 ❷ + 부연설명	Secondly, ⁀ it is efficient. because I learn with my co-workers. And we can share ideas.	두 번째로, 효율적입니다. 내 동료들과 함께 기술을 배웁니다. 그리고 우리는 의견을 공유할 수 있습니다.

⁀ 끊어읽기

어휘 expert 전문가   co-workers 함께 일하는 동료

MP3 5_18

 IH-AL

선택 항목	attending a training seminar	교육 세미나에 참가하기
나의 의견	I think attending a training seminar is the best way to learn a new work skill.	교육 세미나에 참가하는 것이 새로운 업무 기술을 배우는 최선의 방법이라고 생각합니다.
근거 ❶ + 부연설명	Most of all, it is effective. In a training seminar, experts teach the skills. So, I get accurate information, which is important. Plus, I get useful tips.	무엇보다도, 효과적입니다. 교육 세미나에서는, 전문가들이 업무 기술을 가르쳐줍니다. 따라서 정확한 정보를 얻을 수 있는데 이것은 중요합니다. 그리고 실질적인 팁도 얻습니다.
근거 ❷ + 부연설명	Secondly, it is efficient because I learn the skill with my colleagues. And we can share and discuss ideas. Also, we can motivate each other.	두 번째로, 동료들과 함께 기술을 배우기 때문에 효율적입니다. 그리고 우리는 기술에 대한 의견을 공유하고 논의할 수 있습니다. 또한, 서로 동기부여 할 수 있습니다.
마무리	So, I think attending a training seminar is the best.	따라서, 교육 세미나에 참가하는 것이 최선이라고 생각합니다.

어휘 accurate 정확한

선택 항목	asking colleagues for advice	동료들에게 조언 구하기
나의 의견	I think .. asking colleagues for advice is the best way.	동료들에게 조언을 구하는 것이 최선의 방법이라고 생각합니다.
근거 ❶ + 부연설명	Most of all, .. it is convenient. I can easily ask questions. Then, .. I understand the skills well.	무엇보다도, 편리합니다. 저는 쉽게 질문할 수 있습니다. 그러면 저는 기술을 잘 이해합니다.
근거 ❷ + 부연설명	Secondly, .. my colleagues have experience. So, they can give me useful tips.	두 번째로, 쉽게 배웁니다. 동료들은 경험이 있습니다. 따라서, 유용한 조언들을 해줍니다.
마무리	So asking colleagues .. is the best way .. to learn a new skill.	따라서, 동료들에게 물어보는 것이 새로운 기술을 배우는 최선의 방법입니다.

.. 끊어읽기

어휘   colleagues 동료 convenient 편리한 useful tips 유용한 팁

선택 항목	asking colleagues for advice	동료들에게 조언 구하기
나의 의견	I think asking colleagues for advice is the best way to learn a new skill at work.	동료들에게 조언을 구하는 것이 직장에서 새로운 기술을 배우는 최선의 방법이라고 생각합니다.
근거 ❶ + 부연설명	Most of all, it is convenient. I can ask questions to my colleagues anytime. Then, I understand the skills well. Plus, I feel comfortable asking them.	무엇보다도, 가장 편리한 방법입니다. 동료에게 언제든지 질문할 수 있습니다. 그러면 저는 기술을 잘 이해할 수 있습니다. 또한, 그들에게 질문하는 것이 편합니다.
근거 ❷ + 부연설명	Secondly, it is more effective. My colleagues would have experience with the skill. So, they can give me useful tips about the skills. And it would be easier to learn.	두 번째로, 더욱 효과적입니다. 제 동료들은 기술과 관련된 경험이 있습니다. 따라서 저에게 기술에 대한 유용한 조언을 해줍니다. 그리고 그들에게서 새로운 기술을 배우는 것이 더 쉽습니다.
마무리	For such reasons, I think asking colleagues is the best way to learn a new skill.	이러한 이유로 저는 동료들에게 물어보는 것이 새로운 기술을 배우는 최선의 방법이라고 생각합니다.

어휘   the best way to ~하는 가장 좋은 방법   have experience with ~에 경험이 있다

K-tip

- 셋 중 하나를 선택하는 문항이다. 하나를 선택한 후 그에 따른 근거를 말한다. 단, 마땅한 근거가 떠오르지 않는다면 다른 보기의 단점을 생각해 보자.
- 'asking colleagues'를 선택했다면 경험이 있는 동료에게 배우게 된다는 점을 근거로 내세우면서 전문가의 장점을 활용하고, 직접 배울 수 있다는 점도 참고하자.

선택 항목	reading a manual	설명서 읽기
나의 의견	I think .. reading a manual is the best way.	설명서를 읽는 것이 최선의 방법이라고 생각합니다.
근거 ❶ + 부연설명	Most of all, it .. is convenient. I can read it anytime.	무엇보다도, 편리합니다. 저는 언제든지 읽을 수가 있습니다.
근거 ❷ + 부연설명	So, I can easily find information. Plus, there is a lot of information. So, I understand the skills well.	두 번째로, 쉽게 정보를 찾을 수 있습니다. 또한, 많은 정보가 있습니다. 따라서 기술을 잘 이해할 수 있습니다.
마무리	So that is why I think reading a manual .. is the best way .. to learn a new skill.	따라서, 이것이 설명서를 읽는 것이 새로운 기술을 배우는 최선의 방법이라고 생각하는 이유입니다.

어휘   convenient 편리한

선택 항목	reading a manual	설명서 읽기
나의 의견	I think reading a manual is the best way to learn a new work skill.	설명서를 읽는 것이 새로운 기술을 배우는 최선의 방법이라고 생각합니다.
근거 ❶ + 부연설명	Most of all, it's convenient, since I can read it anytime. When I learn a new skill, I have many questions. And I can always find answers in the manual. So, it saves me time as well.	무엇보다도, 언제든지 찾아볼 수 있기 때문에 편리합니다. 새로운 기술을 배울 때, 저는 보통 질문이 많이 생깁니다. 그리고 설명서를 통해 늘 답을 찾을 수 있습니다. 따라서, 시간 또한 절약할 수 있습니다.
근거 ❷ + 부연설명	Secondly, there is a lot of information in the manual. It's detailed. So after reading it, I can understand the skill better.	두 번째로, 설명서에는 많은 정보가 있습니다. 이것은 구체적입니다. 따라서, 읽은 뒤에 저는 새로운 기술을 더 잘 이해할 수 있습니다.
마무리	For such reasons, I think that reading a manual is the best way to learn a new skill.	이러한 이유들로, 설명서를 읽는 것이 새로운 기술을 배우는 최선의 방법이라고 생각합니다.

어휘   since ~하므로   detailed 상세한

K-tip

'reading the manual'은 '글'로 배운다는 특징이 있다. 설명서의 휴대성에 대해서도 추가해보자.

3 과학 기술 발전과 시대적 변화

> Do you think that the Internet has helped our lives more than any other media has?
> Give details or examples to support your opinion.

다른 미디어와 비교했을 때 인터넷이 우리의 삶을 가장 많이 도왔다고 생각하나요?
구체적인 내용과 예시로 주장을 뒷받침하세요.

1 질문 유형 파악 및 나의 의견 정하기

질문 유형	의견형
나의 의견	그렇게 생각한다 / 생각하지 않는다

2 브레인스토밍

그렇게 생각함	그렇게 생각하지 않음
쉽게 정보를 얻을 수 있다 ▸ 쉽게 정보를 찾음 ▸ 일 처리가 편리하고 시간 절약 가능 **영화와 TV 쇼를 편리하게 볼 수 있음** ▸ 스트리밍 서비스 이용 ▸ 언제 어디서든 볼 수 있음	**인터넷 상의 정보는 너무 임의의 것이다** ▸ 너무 많은 정보가 있음 ▸ 혼란스러움 ▸ TV의 정보는 편집된 것 **가짜 정보가 있음** ▸ 도움이 안됨

3 답변 완성

선택 항목	Yes	그렇게 생각함
나의 의견	Yes, I think that the Internet has helped our lives more than any other media has.	네, 저는 인터넷이 다른 미디어보다 우리의 삶을 가장 많이 도왔다고 생각합니다.
근거 ❶ + 부연설명	Most of all, we can get information very easily. And it's easy to search. Also, it's very convenient, .. because we can use the Internet anytime.	무엇보다, 우리는 쉽게 정보를 얻을 수 있습니다. 우리는 쉽게 정보를 찾을 수 있습니다. 또한, 우리가 언제든지 인터넷을 사용할 수 있어 매우 편리합니다.
근거 ❷ + 부연설명	So we save time.	따라서 시간을 절약합니다.
마무리	So, I think the Internet has helped our lives.	따라서 인터넷이 다른 미디어보다 우리의 삶을 가장 많이 도왔다고 생각합니다.

어휘 easily 쉽게, 수월하게

선택 항목	Yes	그렇게 생각함
나의 의견	Yes, I think that the Internet has helped our lives more than any other media has.	네, 저는 인터넷이 다른 미디어보다 우리의 삶을 가장 많이 도왔다고 생각합니다.
근거 ❶ + 부연설명	Most of all, we can easily get information on the Internet. And it's easy to search as well. So, it is convenient to do things, and it's time efficient.	무엇보다도, 우리는 인터넷에서 쉽게 정보를 얻을 수 있습니다. 그리고 우리는 정보도 매우 쉽게 찾을 수 있습니다. 따라서 일 처리가 편리하고 시간 절약이 가능합니다.
근거 ❷ + 부연설명	Secondly, unlike other media, we can stream TV shows or movies anytime. We don't have to check the TV schedule, which is very convenient. And we can also get information before we buy products.	두 번째로, 다른 미디어와 달리 우리는 TV쇼와 영화를 언제든 스트리밍할 수 있습니다. TV 스케줄을 확인할 필요가 없어 매우 편리합니다. 또한, 상품을 구매하기 전에 정보를 얻을 수 있습니다.
마무리	So I think the Internet has helped our lives more than any other media has.	따라서 인터넷이 다른 미디어보다 우리의 삶을 가장 많이 도왔다고 생각합니다.

어휘   convenient 편리한 time-efficient 시간상 효율적인 stream 스트림 처리하다, 데이터 전송을 연속적으로 이어서 하다

K-tip

구체적인 예시를 활용하자. 스트리밍 서비스 이용이 가능해짐에 따라 얻는 장점을 부각할 수 있다. 이러한 스트리밍 서비스의 예시를 좀 더 구체화하여 설명한다. 다른 미디어보다 더 쉽게 영화나 방송을 시청할 수 있음을 구체적으로 언급해주면 좋다.

선택 항목	No	그렇게 생각하지 않음
나의 의견	No, I don't think that the Internet has helped our lives more than any other media has.	아니요, 저는 인터넷이 다른 미디어보다 우리의 삶을 가장 많이 도왔다고 생각하지 않습니다.
근거 ❶ + 부연설명	Most of all, internet information is too random. So, it is confusing.	무엇보다, 인터넷의 정보는 임의의 것입니다. 따라서 혼란스럽습니다.
근거 ❷ + 부연설명	And some information online is fake. So we can't use it.	그리고 일부 정보는 가짜입니다. 따라서 그 정보를 사용할 수 없습니다.
마무리	So I don't think the Internet has helped our lives more.	따라서 인터넷이 다른 미디어보다 우리의 삶을 가장 많이 도왔다고 생각하지 않습니다.

끊어읽기

어휘 random 임의의 confusing 혼란스러운 fake 가짜의, 거짓된

선택 항목	No	그렇게 생각하지 않음
나의 의견	No, I don't think that the Internet has helped our lives more than any other media has.	아니요, 저는 인터넷이 다른 미디어보다 우리의 삶을 가장 많이 도왔다고 생각하지 않습니다.
근거 ❶ + 부연설명	Most of all, the information on the Internet is too random. Also, there is too much, which is confusing. Unlike the Internet, information on TV is edited. So, it is easier to understand.	무엇보다, 인터넷의 정보는 너무 임의의 것입니다. 또한, 너무 많은 정보가 있습니다. 따라서 혼란스럽습니다. 인터넷과 달리 TV의 정보는 편집된 것입니다. 따라서 이해하기가 더 쉽습니다.
근거 ❷ + 부연설명	Also, some information online is not legit. And that's not helpful.	그리고 인터넷의 일부 정보는 불법입니다. 따라서 도움이 되지 않습니다.
마무리	So I don't think that the Internet has helped our lives more than any other media has.	따라서 인터넷이 다른 미디어보다 우리의 삶을 가장 많이 도왔다고 생각하지 않습니다.

어휘 edit 편집하다, 수정하다 legit 합법적인

K-tip
듣는이가 이해하기 쉽도록 인터넷의 단점에 대한 논리를 차근차근 설명해준다.

4 직원과 기업

> Do you think it is important to develop friendships with co-workers? Why or why not?
> Give specific details and reasons to support your opinion.
>
> 직장 동료들과 우정을 발전시키는 것이 중요하다고 생각하나요? 이유는 무엇인가요?
> 구체적인 내용과 이유로 주장을 뒷받침하세요.

1 질문 유형 파악 및 나의 의견 정하기

질문 유형	의견형
나의 의견	중요하다 / 중요하지 않다

2 브레인스토밍

중요하다	중요하지 않다
원활하게 소통함 ▸ 대화 편하게 함 ▸ 더 많은 아이디어 공유 및 상의 ▸ 일을 더 효율적으로 하게 됨 **서로 지지하고 도움** ▸ 직장에서 종종 문제 겪음 ▸ 혼자 겪기 쉽지 않음 ▸ 동료와 우정 쌓으면 함께 헤쳐 나감	**일에 집중 못함** ▸ 수다를 떨거나 사무실에서 놀게 됨 ▸ 업무를 효율성 있게 못함 ▸ 실수도 하게 됨 **너무 가까워지면, 서로에게 솔직한 피드백 못 줌** ▸ 나쁜 피드백을 주기 힘들 것

3 답변 완성

 MP3 5_27

	선택 항목	Yes	중요함
	나의 의견	Yes, it is important to develop friendships with co-workers.	네, 직장 동료들과 우정을 발전시키는 것은 중요합니다.
	근거 ❶ + 부연설명	Most of all, ▪ we communicate well. So, ▪ we work together well.	무엇보다도, 우리는 의사소통을 잘 합니다. 따라서 함께 잘 일합니다.
	근거 ❷ + 부연설명	Secondly, ▪ we help each other. Sometimes, ▪ there are problems. And I cannot solve problems alone. Then, ▪ I can ask my co-workers. And ▪ they will help me.	두 번째로, 우리는 서로 도와줍니다. 때때로, 문제가 생깁니다. 저는 혼자서 문제를 해결할 수 없습니다. 그러면, 저는 직장 동료들에게 물어볼 수 있습니다. 그리고 그들은 저를 도와줄 것입니다.
	마무리	So, I think it is important to develop friendships with co-workers.	따라서, 직장 동료들과 우정을 발전시키는 것은 중요하다고 생각합니다.

▪ 끊어읽기

어휘　communicate 소통하다　solve problems 문제를 해결하다

선택 항목	Yes	중요함
나의 의견	Yes, it is important to develop friendships with co-workers.	네, 직장 동료들과 우정을 발전시키는 것은 중요합니다.
근거 ❶ + 부연설명	Most of all, we communicate better, .. because we feel comfortable working together. Then we share and discuss more ideas. So, we can all work efficiently.	무엇보다, 함께 일하는 것이 편안하기 때문에 우리는 의사소통을 더 잘 합니다. 그리고 더 많은 생각을 공유하고 논의합니다. 따라서 우리는 효율적으로 일 합니다.
근거 ❷ + 부연설명	Secondly, we can help each other. At work, sometimes we face problems. And it's hard to solve problems by ourselves. And if we get along well, we can work together and solve the problems.	두 번째로, 우리는 서로 잘 도와줍니다. 직장에서, 우리는 때때로 문제에 직면합니다. 그리고 문제를 혼자서 해결하는 것은 어렵습니다. 만약 직장 동료들과 잘 지낸다면, 우리는 함께 일하면서 문제를 잘 해결할 수 있습니다.
마무리	For such reasons, I think it is important to develop friendships with co-workers.	이러한 이유들로, 직장 동료들과 우정을 발전시키는 것은 중요하다고 생각합니다.

어휘 feel comfortable -ing ~하는게 편하다 share ideas 아이디어를 공유하다 face problems 문제에 직면하다
it is hard to ~하기 어렵다 get along well with ~와 잘 지내다

K-tip
동료들과의 친분을 쌓아가는 것이 중요하다고 생각하는지를 묻는 질문이다. 친분이 쌓이게 되면 업무에 도움이 된다고 설명한다.

선택 항목	No	중요하지 않음
나의 의견	No, it is not important to develop friendships at work.	아니요, 직장에서 우정을 발전시키는 것은 중요하지 않습니다.
근거 ❶ + 부연설명	Most of all, .. we cannot focus on work because we chat a lot. Then, we might make mistakes. Then, we have to do it again. So, we waste time.	무엇보다도, 우리가 수다를 많이 떨기 때문에 업무에 집중할 수가 없습니다. 그러면, 우리는 실수를 합니다. 그리고 일을 다시 해야 합니다. 따라서, 우리는 시간을 낭비합니다.
근거 ❷ + 부연설명	Secondly, we cannot give bad feedback to co-workers. So, it is not helpful.	두 번째로, 직장 동료들에게 나쁜 의견을 줄 수가 없습니다. 따라서, 도움이 되지 않습니다.
마무리	So I don't think it's important.	따라서, 중요하다고 생각하지 않습니다.

.. 끊어읽기

어휘 chat 수다를 떨다 make mistakes 실수 하다 waste time 시간을 낭비하다

선택 항목	No	중요하지 않음
나의 의견	No, it is not important to develop friendships at work.	아니요, 직장에서 우정을 발전시키는 것은 중요하지 않습니다.
근거 ❶ + 부연설명	Most of all, we cannot concentrate on work, because we chat a lot while working. Then, we might make mistakes, and end up doing it over again. And that is a waste of time.	무엇보다도, 우리가 업무 중에 수다를 많이 떨기 때문에 업무에 집중할 수가 없습니다. 우리는 실수를 할 수 있고, 일을 다시 해야 할 것입니다. 그리고 그것은 시간 낭비입니다.
근거 ❷ + 부연설명	Secondly, if we develop friendship, it's hard to give honest feedback to each other. Then, there would be no improvements in our work.	두 번째로, 우리가 우정을 발전시키면, 서로에게 솔직한 의견을 주기가 어렵습니다. 그러면 우리의 업무에 발전이 없을 것입니다.
마무리	For such reasons, I don't think it is important to develop friendships at work.	이러한 이유들로, 직장에서 우정을 발전시키는 것이 중요하다고 생각하지 않습니다.

어휘 concentrate on ~에 집중하다 do it over again 전 과정을 다시 하다 improvements 개선점

> **K-tip**
> 동료들과의 친분을 쌓아가는 것이 중요하다고 생각하는지를 묻는 질문이다. 'no'라고 하면 친해서 생기는 문제점에 대해 말하면 된다.

5 학생, 어린이

> These days, schools require children to pick at least one extracurricular activity or to join a club after school. What are some benefits of children participating in extracurricular activities or clubs?
> Give specific details and reasons to support your opinion.

요즘, 학교들은 학생들이 최소 한가지의 과외 활동을 선택하거나 방과 후 클럽에 가입하도록 요구합니다. 학생들이 과외 활동이나 클럽에 참여하는 것의 장점은 무엇인가요?
구체적인 내용과 예시로 주장을 뒷받침하세요.

1 질문 유형 파악 및 나의 의견 정하기

질문 유형	장단점형
나의 의견	과외 활동이나 방과 후 클럽의 장점

2 브레인스토밍

장점	단점
다양한 분야에서의 스킬을 배울 수 있음 ▸ 음악, 미술, 스포츠, 그 외 ▸ 도움이 될 것임 공부 스트레스를 해소할 수 있음 ▸ 활동들은 재미있음 ▸ 친구를 사귀면서 스트레스를 줄일 수 있음	아이들은 피곤하고 스트레스를 받음 ▸ 학교에서 하루 종일 공부함 ▸ 수업 후에는 쉬거나 놀고 싶을 것임 ▸ 건강에 좋지 않음 관심이 없을 수 있음 ▸ 이런 경우 시간 낭비임

3 답변 완성

선택 항목	benefits	장점
나의 의견	There are some benefits of children participating in extracurricular activities or clubs.	아이들이 과외 활동이나 클럽에 참여하는 것에는 몇 가지 장점이 있습니다.
근거 ❶ + 부연설명	Most of all, they can learn many skills. For example, they can learn music, art, sports, and more. And it is helpful to them.	무엇보다도, 그들은 다양한 스킬을 배울 수 있습니다. 예를 들어, 학생들은 음악, 미술, 스포츠, 그 외의 것을 배울 수 있습니다. 그리고 이는 학생들에게 도움이 됩니다.
근거 ❷ + 부연설명	Also, they can make friends.	그리고 그들은 친구를 사귈 수 있습니다.
마무리	And these are the benefits.	이것들이 장점입니다.

어휘 extracurricular 정식 학과 이외의, 과외의

선택 항목	benefits	장점
나의 의견	There are some benefits of children participating in extracurricular activities or clubs.	아이들이 과외 활동이나 클럽에 참여하는 것에는 몇 가지 장점이 있습니다.
근거 ❶ + 부연설명	Most of all, they can learn skills in different fields. For example, they can learn music, art, sports, and more. And it will be helpful to them in many ways.	무엇보다도, 그들은 다양한 분야에서의 스킬을 배울 수 있습니다. 예를 들어, 그들은 음악, 미술, 스포츠, 그 외의 것들을 배울 수 있고 이는 학생들에게 다양한 방법으로 도움이 됩니다.
근거 ❷ + 부연설명	Secondly, they can relieve stress from studying. Activities are usually fun, and you can make friends as well. So, children can have fun and get rid of stress.	두 번째로, 공부 스트레스를 해소할 수 있습니다. 보통 활동들은 재미있고, 그들은 친구를 사귈 수 있습니다. 따라서 아이들은 즐거워하고 배우면서 스트레스를 없앨 수 있습니다.
마무리	And these are the benefits.	이것들이 장점입니다.

어휘   field 분야   relieve 없애주다, 덜어주다   get rid of 제거하다, 끝내다

K-tip

과외 및 클럽 활동이 갖는 장점을 생각해보자. 아이들이 스킬을 익힐 수 있다는 것을 언급하여 설명할 수 있을 만큼만 답변해주면 된다. 장점으로는 다양한 분야의 스킬을 익힐 수 있음과 그에 대한 예시를 구체적으로 추가해준다. 시간이 부족하다면 두 번째 근거는 간단히 언급만 해줘도 괜찮다.

MP3 5_33

선택 항목	downsides	단점
나의 의견	There is a downside of children participating in extracurricular activities or clubs.	아이들이 방과 후 활동이나 클럽에 참여하는 것에 단점이 있습니다.
근거 ❶ + 부연설명	Most of all, they feel tired. Children study at school. So, after class, they want to go home. And if they do afterschool activities, they can't rest. So, they feel tired.	무엇보다도, 그들은 피곤합니다. 아이들은 학교에서 공부를 합니다. 따라서 수업이 끝나면, 집에 가고 싶습니다. 그리고 방과 후 활동을 한다면, 휴식을 취할 수 없습니다. 따라서 그들은 피곤합니다.
마무리	This is the downside.	이것들이 단점입니다.

🔊 끊어읽기

어휘   downside 단점   participate in ~에 참여하다   extracurricular 방과 후의, 과외의

MP3 5_34

선택 항목	downsides	단점
나의 의견	There are some downsides of children participating in extracurricular activities or clubs.	아이들이 과외 활동이나 클럽에 참여하는 것에는 몇 가지 단점이 있습니다.
근거 ❶ + 부연설명	Most of all, children study at school all day. So they feel tired and stressed after school. And they either want to go home and rest, or want to play with their friends. But with extracurricular activities, they don't have time to play or rest. So, it can be stressful to kids. And it can also be tiring.	무엇보다도, 아이들은 학교에서 하루 종일 공부를 합니다. 그래서 그들은 피곤하고 스트레스를 받습니다. 따라서 수업이 끝나면, 집에 가서 쉬고 싶습니다. 아니면, 친구들과 놀고 싶어합니다. 그러나 방과 후 활동에 참여한다면, 그들은 휴식을 취하거나 놀 수 없습니다. 따라서, 이것은 아이들에게 스트레스를 줄 수 있습니다. 그리고 매우 피곤하게 합니다.
근거 ❷ + 부연설명	Also, some kids might not be interested in clubs or activities. Then, they would think that it's a waste of time.	또한, 몇몇의 아이들은 클럽이나 활동에 관심이 없을수도 있습니다. 그러면, 그들은 이 활동이 시간 낭비라고 생각할 것입니다.
마무리	So these are the downsides.	이것들이 단점입니다.

어휘   all day 하루 종일   unhealthy 건강하지 못한

K-tip

방과 후 과외 활동이나 클럽 활동은 아이들에게 힘들 수 있다는 단점을 생각해 아이디어를 발전시켜 나가자. 시간이 된다면 몇몇 아이들은 과외 및 클럽 활동에 관심이 없을 수도 있다는 두 번째 근거를 추가해준다.

6 구성원과 리더의 중요한 자질

> Which of the following do you think is the most important quality that companies should consider when hiring a new employee?
> - good GPA in college or university - work experience - leadership potential
> Use specific details or examples to support your opinion.
>
> 다음 중 어느 것이 신입사원을 고용할 때 회사가 고려해야 하는 가장 중요한 자질이라고 생각하나요?
> – 대학 혹은 대학교에서의 좋은 성적 – 경력 – 리더십 잠재력
> 구체적인 내용과 예시들로 주장을 뒷받침 하세요.

1 질문 유형 파악 및 나의 의견 정하기

질문 유형	선택
선택 항목	좋은 성적, 경력, 리더십 잠재력

2 브레인스토밍

좋은 성적	경력	리더십 잠재력
성실함 증명 ▸ 직원들, 열심히 일해야 함 학점 좋은 학생, 지식 풍부 ▸ 다양한 과정에서 좋은 성적 ▸ 업무 시 도움이 될 것	지식과 업무 능력 있음 ▸ 교육 일정 필요 없음 더 효율적으로 일함 ▸ 시간과 업무 관리 잘 함 ▸ 다른 사람과 소통도 잘 함	문제 발생시, 적극적으로 해결하려 함 ▸ 타인의 지시를 막연히 기다리기만 하지 않음 다른 이들과 소통도 잘 함 ▸ 일을 능률적으로 하게 됨

3 답변 완성

 5_35

선택 항목	good GPA in college	좋은 성적
나의 의견	In my opinion, .. good GPA is the most important.	제 생각에는, 좋은 성적이 가장 중요합니다.
근거 ❶ + 부연설명	Most of all, .. to get good GPA, .. we have to study hard. So, it shows .. they are hardworking.	무엇보다, 좋은 성적을 얻기 위해서는 열심히 공부해야 합니다. 따라서, 이것은 그들이 부지런하다는 것을 보여줍니다.
근거 ❷ + 부연설명	Secondly, .. they have a lot of knowledge. So, it is helpful .. when they work.	두 번째로, 지식이 많습니다. 따라서 그들이 일할 때 도움이 됩니다.
마무리	So, .. I think good GPA is the most important .. When hiring a new employee.	따라서, 좋은 성적이 신입사원을 고용할 때 가장 중요하다고 생각합니다.

.. 끊어읽기

어휘   hardworking 부지런한, 열심히 하는   have knowledge 지식을 갖추다

선택 항목	good GPA in college	좋은 성적
나의 의견	In my opinion, companies should consider GPAs when hiring a new employee.	제 생각에, 신입사원을 고용할 때 회사는 성적을 고려해야 합니다.
근거 ❶ + 부연설명	Most of all, it shows they are hardworking. So, if students have good GPA in college, it means that they have studied hard in college.	무엇보다, 그들이 부지런하다는 것을 보여줍니다. 따라서, 학생들이 대학에서 좋은 성적을 받으면, 이것은 그들이 대학 재학 기간 내내 열심히 공부했다는 것을 의미합니다.
근거 ❷ + 부연설명	Secondly, it shows that they have knowledge in different fields. In college, they take various courses, and gain knowledge in various fields. And it would be helpful when they work in a company.	두 번째로, 그들이 다양한 분야에 지식이 있다는 것을 보여줍니다. 대학에서, 그들은 많은 다양한 수업을 듣습니다. 따라서, 그들은 다양한 분야의 지식을 습득합니다. 그리고 이것은 그들이 회사에서 일할 때 도움이 됩니다.
마무리	So I think companies should consider GPAs when hiring a new employee.	따라서, 신입사원을 고용할 때 회사는 성적을 고려해야 한다고 생각합니다.

어휘   It means that ~하다는 뜻이다   It shows that ~하는 것을 보여준다   different 다른   various 다양한   field 분야
GPA(Grade Point Average) 학점, 성적

K-tip

- '신입 사원을 고용할 때' 고려해야 할 사항을 묻는 질문이다.
- good GPA는 좋은 학점을 말한다. '전공분야의 지식이 있다'는 시각으로 봐도 되고, '성실하다'고 해도 되고, '스마트'하다고 볼 수도 있다.

선택 항목	work experience	경력
나의 의견	I think work experience is the most important.	경력이 가장 중요하다고 생각합니다.
근거 ❶ + 부연설명	Most of all, they already have knowledge and work skills. So, they don't need training.	무엇보다도, 그들은 이미 지식과 업무 능력을 가지고 있습니다. 따라서, 교육이 필요하지 않습니다.
근거 ❷ + 부연설명	Secondly, they work efficiently, because they manage work well. Also, they manage time well.	두 번째로, 그들은 효율적으로 일합니다. 왜냐하면 그들은 업무를 잘 관리하기 때문입니다. 그리고 그들은 시간도 잘 관리합니다.
마무리	So, I think work experience is the most important.	따라서, 경력이 가장 중요하다고 생각합니다.

 끊어읽기

어휘   work skills 업무 능력   training 교육   manage 관리하다

선택 항목	work experience	경력
나의 의견	I think companies should consider work experience when they hire new employees.	신입 사원을 고용할 때, 회사는 경력을 고려해야 한다고 생각합니다.
근거 ❶ + 부연설명	Most of all, they already have work skills and knowledge. So they don't need further training. And the company can save time and money.	무엇보다, 그들은 이미 업무 능력과 지식을 가지고 있습니다. 따라서, 그들은 추가 교육이 필요하지 않습니다. 그리고 회사는 시간과 돈을 절약할 수 있습니다.
근거 ❷ + 부연설명	Secondly, they work more efficiently. It's because they manage time and work well. They are also good at communicating, which is very important.	두 번째로, 그들은 더욱 효율적으로 일합니다. 왜냐하면 그들은 시간과 업무를 잘 관리하기 때문입니다. 그들은 또한 다른 사람들과 의사소통을 잘 합니다.
마무리	So, the companies should consider work experience when hiring.	따라서, 채용할 때 회사는 경력을 고려해야 합니다.

어휘   further 그 이상의   be good at ~를 잘하다

K-tip

work experience는 관련 경험을 말한다. '업무 능력과 지식'을 갖췄다는 시각으로 봐도 된다. 그리고 '적응력'을 근거로 활용한다.

선택 항목	leadership potential	리더십 잠재력
나의 의견	I think .. leadership potential is the most important.	리더십 잠재력이 가장 중요하다고 생각합니다.
근거 ❶ + 부연설명	Most of all, they solve problems well. They usually don't give up.	무엇보다도, 그들은 문제를 잘 해결합니다. 문제가 있을 때 그들은 포기하지 않습니다.
근거 ❷ + 부연설명	Secondly, they communicate well with others. So, they work efficiently on a team.	두 번째로, 그들은 다른 사람들과 의사소통을 잘 합니다. 따라서 그들은 팀에서 효율적으로 일합니다.
마무리	So, I think leadership potential is the most important.	따라서, 리더십 잠재력이 가장 중요하다고 생각합니다.

어휘   communicate well 소통을 잘 하다

선택 항목	leadership potential	리더십 잠재력
나의 의견	Companies should consider leadership potential when hiring a new employee.	회사는 신입사원을 채용할 때 리더십 잠재력을 고려해야 한다고 생각합니다.
근거 ❶ + 부연설명	Most of all, they solve problems well. We often face problems at work, and people with leadership potential don't give up. They solve the problem and lead the team to success.	무엇보다도, 그들은 문제를 잘 해결합니다. 우리는 직장에서 종종 문제에 직면합니다. 그리고 리더십 잠재력이 있는 사람들은 포기하지 않습니다. 그들은 문제를 해결하고 팀을 성공으로 이끕니다.
근거 ❷ + 부연설명	Secondly, they communicate well with others. They listen to others' ideas and also share their own ideas. This way, everyone can work efficiently.	두 번째로, 그들은 다른 사람들과 의사소통을 잘 합니다. 그들은 사람들의 생각을 경청하고 그들 자신의 것도 공유합니다. 따라서 모두가 효율적으로 일합니다.
마무리	So, I think leadership potential is the most important.	따라서, 리더십 잠재력이 가장 중요하다고 생각합니다.

어휘   face problems 문제에 직면하다   share 공유하다

K-tip

good leadership potential는 '잠재적인 리더십'이 있는 직원이 어떻게 회사에 자산이 될 수 있는 지를 설명한다.

시원스쿨
**토 익
스피킹**
IM – AL

Scratch Paper

* 실제 시험장에서 나눠주는 메모장(Scratch Paper)과 유사하게 제작한 필기 연습 부분입니다.

 평소 모의고사 학습 진행 시 긴장감 향상을 위해 활용하실 수 있습니다.

Scratch Paper

Scratch Paper

Scratch Paper

시험장에 들고 가는 문항별 핵심 정리

Q 1-2 | 준비 시간: 45초 / 답변 시간: 45초

KATE쌤의 Q 1-2 꿀팁

1. 고유명사, 이름, 숫자, 기호는 준비 시간에 미리 연습할 것
2. 부호 (, - " " 등)과 전치사구들을 주의해서 볼 것
3. 원어민처럼 발음하지 않아도 좋다. 그러니 어휘를 틀리지 않게 읽도록 할 것

최종 확인

▸ 숫자

- ☐ 1987 nineteen eighty seven
- ☐ 2020 two thousand twenty / twenty twenty
- ☐ 25% twenty five percent
- ☐ $2.50 two dollars fifty cents

▸ 줄임 및 기호

- ☐ Maple St. Maple street
- ☐ Davis Ave. Davis avenue
- ☐ St. Thomas Saint Thomas
- ☐ @ at
- ☐ # pound
- ☐ .com dot com

▸ 빈출 어휘

- ☐ atténtion [어텐션]
- ☐ allōw [얼라우]
- ☐ abōard [어보오~rd]
- ☐ abrōad [어브뢑]
- ☐ actívity [액티비티]
- ☐ avāīlable [어베일러블]
- ☐ béverage [베v뤼ㅈ]
- ☐ begín [브긴]
- ☐ bought [밭]
- ☐ café [캬fēi]
- ☐ compūter [큼퓨~러r]
- ☐ cōunty [카운티]
- ☐ díscount [디스카운트]
- ☐ facility [f 씰리티]
- ☐ hōnor [어너r]
- ☐ ínformātion [인f 매이션]
- ☐ ínterested [인츄뤠s틷]
- ☐ ītem [아이름]
- ☐ island [아일른d]
- ☐ lōcal [로우끌]
- ☐ méssage [메쓰ㅈ]
- ☐ óffer [어ffer]
- ☐ ōnly [오운리]
- ☐ ōpen [오우쁜]
- ☐ partícipate [프티씨페잍]
- ☐ púrpose [퍼r쁘s]
- ☐ púrchase [퍼쳐s]
- ☐ représéntative [레프r zen터티v]
- ☐ reached [뤼이~ㅊㄷ]
- ☐ a varīety of [어 버롸이어티어v]
- ☐ vísit [vizit]
- ☐ walk [워어ㅋ]

◂◂ 절취선을 따라 뜯어서 사용하세요.

▶ 헷갈리기 쉬운 단어

- facílity [f씰리티] ↔ fáculty [fa컬티]
- spēcies [s뻬이쉬s] ↔ spácious [s뻬이셔s]
- sēries [씨이뤼z] ↔ sērious [씨이뤼어s]
- island [아일른d] ↔ Iceland [아이s른d]
- bréath [브뤠th] ↔ brēathe [b뤼 th/ㄷ]
- Nōrth [노어rth] ↔ Nōrthern [노 더rn]
- cóuntry [컨ㅊ루ㅣ] ↔ cōunty [카운티]

- recēipt [뤼씨이~잍] ↔ récipe [뤠쓰피]
- arēna [어뤼나] ↔ ārea [애뤼어]
- shōot [슈웉] ↔ suit [숱]
- thought [똩/떹] ↔ though [도우]
- abōard [어보오rd] ↔ abrōad [어브뢑]
- allōw [얼라우]
- bōat [보웉] ↔ bóught [밭/벝]

▶ 외래어

- āmateur [애므춰]
- banāna [b내너]
- sūper [쑤우뻐어r]
- marathon [매러thon]
- sālmon [쌔믄]
- café [캬아fēi]

- vītamin [vāi르민]
- rādio [뤠이디오]
- cōpy [카아삐이~]
- profile [프로우file]
- buffet [뷔fēi]
- mobile [모우블] [모우바일]

절취선을 따라 뜯어서 사용하세요. ▶ ▶

Q 3-4 | 준비 시간: 45초 / 답변 시간: 30초

KATE쌤의 Q 3-4 꿀팁

1. 준비 시간 첫 5초에 묘사 순서 정할 것
2. 가장 큰 비중을 차지하는 부분은 반드시 묘사에 포함시킬 것
3. 의상, 동작, 그리고 사물의 명칭을 모를 때에는, 무시하고 아는 표현 위주로 묘사 할 것

최종 확인

▶ 장소/이벤트

- ☐ This is a picture of 장소 / 이벤트.   이것은 장소 / 이벤트의 사진입니다.
- ☐ This is a picture taken + in / at / on + 장소 / 이벤트.   이것은 장소 / 이벤트에서 찍힌 사진입니다.

▶ 중심 대상

구도를 잡아 중심 대상 묘사하기
- ☐ In the front (of the picture), there is(are) _____.
  - → In the middle (of the picture), there is(are) _____.
  - → On the left / right (of the picture), I see _____.

인물 외모 묘사하기
- ☐ 의상   wearing 의상 / in 의상 (ex) wearing a suit / in a dress / …
- ☐ 머리   has(have) _____ hair (ex) has long brown hair / has blond hair / has a beard

인물 동작 및 표정 묘사하기
- ☐ 동작   주어 is(are) + 동사 -ing. (현재 진행 시제 사용)
  - 예 The man is standing near the tree. 남자가 나무 주변에 서 있습니다.
    They are holding their phones. 그들은 휴대폰을 들고 있습니다.
- ☐ 표정   주어 look(s) / seem(s) 형용사.
  - 예 They look excited. 그들은 신나 보입니다.
    She looks tired. 그녀는 피곤해 보입니다.

지목해서 인물 묘사하기
- ☐ ~하고 있는 사람 사람 (who is) 동사-ing
  - 예 The man wearing a hat is standing near the tree.
    모자를 쓴 남자가 나무 가까이에 서있습니다.
    The girl wearing glasses is raising her hand.
    안경을 쓴 소녀가 그녀의 손을 들고 있습니다.
- ☐ ~에 있는 사람 사람 on/in/at 위치
  - 예 The man on the left is the manager. 왼쪽에 있는 남자는 매니저입니다.

◂◂ 절취선을 따라 뜯어서 사용하세요.

▸ 주변 대상

위치 전치사들 활용

☐ Next to ~,
  Behind ~,
  Between ~,
  예 Next to the woman, I see windows. 여자 옆에, 창문이 보입니다.
     Behind the man, there is a table. 남자 뒤에, 탁자가 있습니다.
     Between the buildings, I see a tree. 빌딩들 사이에, 나무가 보입니다.

사물의 구체적인 묘사

☐ 크기, 색, 모양, 구성 묘사 가능
  예 It is big and round. / They have buttons. / It has a screen.
     크고 동그랗습니다. / 버튼이 있습니다. / 화면이 있습니다.

▸ 배경/느낌

배경

☐ In the distance, ~
  예 In the distance, I see a pond. 먼 곳에, 연못이 보입니다.
     In the distance, some people are riding bicycles. 먼 곳에, 몇몇의 사람들이 자전거를 타고 있습니다.
☐ In the background, ~
  예 In the background, I see a lot of buildings and signs. 배경에는, 많은 빌딩들과 표지판이 보입니다.

느낌/추측

☐ It seems like 주어 + 동사.
  예 It seems like they are having a party. 그들은 파티를 하는 것처럼 보입니다.
     It seems like she is the mother. 그녀는 엄마로 보입니다.
☐ I think 주어 + 동사
  예 I think they are a family. 제 생각에 그들은 가족인 것 같습니다.

▸ 난해한 사진

특정 물건의 이름을 모를 경우

☐ 집합 명사나 조금 더 넓은 범위를 가진 포괄적인/일반적인 어휘를 사용할 것
  예 중장비, 기기류 ▶ equipment, machines, devices
     도구 ▶ tools (gardening tools, cooking utensils, lab equipment, …
     가구류 ▶ furniture
     교통수단류 ▶ some kind of vehicle

Q 5-7 | 준비 시간: 3초, 3초, 3초 / 답변 시간: 15초, 15초, 30초

KATE쌤의 Q 5-7 꿀팁

1. 질문이 2개일 경우는, 문장을 짧게 해서 주어진 시간 내 답변을 완성하도록 할 것
2. 질문에 대한 답변이 중요하니, 부연 설명이 없더라도 핵심은 꼭 집어 말할 것
3. 거짓말을 해서라도, 답변 시간은 융통성 있게 채우는 게 좋다.

최종 확인

☐ When was the last time you ~?
  → The last time was about _____(기간)ago.
  예) The last time was about 2 weeks ago.

☐ How often do you?
  → every _____
  → once / twice / _____ times a 기간
  예) I eat out every day. / I eat out once a week.

☐ When do you ~? / When is the best time to ~?
  → in the morning / in the afternoon/ at night / at 시간
  → on 요일 / on weekdays / on weekends
  → in 월 / in 계절
  예) I read news in the morning.
  예) The best time to travel is spring.

☐ How can you get info ~?
  → from the Internet / from social media sites
  → ask people
  예) I get information from the Internet.
  예) I ask people.

☐ Where do you buy / purchase /get ~?
  → online / apps
  → at the department store/convenience store at / in 상점
  예) I buy it online. Sometimes I use apps.
  예) I get them at the department store.

☐ Who do you ~?
  → my family / my friends / my colleagues
  예) I enjoy hobbies with my friends.

☐ Do you prefer to ~?
  → I prefer to _____.
  예) I prefer to travel alone.

☐ What are some advantages/ disadvantages of ~?
  → It is convenient. / It is effective. / I save time & money.

☐ What do you consider when you buy ~?
  → I consider _____.
  → I think _____ is most important.
  예) I consider the size of the item/place.
  예) I usually get larger ones. If it is bigger, there would be more space, more _____. So it would be more convenient.

Q 8-10 | 준비 시간: 3초, 3초, 3초 / 답변 시간: 15초, 15초, 30초

KATE쌤의 Q 8-10 꿀팁

1. [제목 확인 ➡ 특이 사항 확인 ➡ 중복 정보 확인] 이 3가지를 잊지 말 것
2. 질문 제시 전 멘트가 끝난 직후 8번 문항으로 연결되니 주의하자
3. 질문을 놓쳤을 경우, 출제 영역 통계를 활용하자
   ▸ 8번은 첫 일정 포함 윗부분에서 출제됨
   ▸ 9번은 특이사항, 부호, 등 눈에 띄는 요소들이 출제됨
   ▸ 10번은 중복되는 정보 등 내용을 정리 요약해야 하는 문제가 출제됨

최종 확인

- [ ] When will the event be held?
  - → The date is _____.
  - → It will be held on 요일, 날짜.
  - 예 The date it January 21st.
  - 예 It will be held on Monday, January 21st.

- [ ] Where will the event take place?
  - → The location is _____.
  - → It will take place at/in 장소.
  - 예 The location is Conference Room 2.
  - 예 It will take place in Conference Room 2.

- [ ] What time does it start / end ?
  - → It starts at 시작 시간. / It ends at 마감 시간.
  - 예 It starts at 9 a.m. / It ends at 4 p.m.

- [ ] Am I right? / Is it correct?
  - → Yes, you're right. / It is correct.
  - → Actually, no. / No, it is incorrect.
  - 예 Yes, it's correct. It starts at 2 p.m.
  - 예 Actually, no. That's incorrect. It starts at 4 p.m.

- [ ] Do I have to ~?
  - → Yes, you do. You have to 동사.
  - → No, you don't have to 동사.
  - 예 Yes, you do. And it is forty dollars.
  - 예 No, you don't have to pay.

- [ ] Can you give me the details of ~?
  - → Sure. There are two _____.
  - → One is _____, and the other is _____.
  - 예 Yes, there are 2 sessions. One is a presentation, and the other is a discussion.

- [ ] educational background (학력)
  - → He got his _____ degree in 전공 from 학교 in 연도.
  - 예 He got his degree in English from Boston University in 2017.

- [ ] skills (능력)
  - → He is fluent in __언어__ .
  - → He has _____ skills.
  - 예 He is fluent in Spanish and English.
  - 예 He has good computer skills.

- [ ] flight
  - → The departure time / The arrival time is _____.
  - → You will depart at 이륙 시간.
  - 예 The departure time is 9 a.m.
  - 예 You will depart at 9 a.m.

Q 11 | 준비 시간: 45초 / 답변 시간: 60초

KATE쌤의 Q 11 꿀팁

1. 화면에 질문이 보여지면서 음성으로 들려주니 빨리 해석하도록 할 것
2. 30초 밖에 안 되는 준비 시간에는 질문에 대한 마음의 결정과 어떤 흐름으로 답변을 할 것 인지 브레인스토밍을 하는 것이 좋다.
3. 어떤 어려운 주제가 나오더라도 결국 영어 말하기 시험이지 면접이 아니다. 내용의 논리적인 전개와 모두가 공감할 만한 근거를 말해야 하는 것이 아니다. 내 주장에 대한 일관성이 지켜지는 범위에서 편하게 말하면 된다.

최종 확인

▸ 혼자 vs 함께

함께 즐겨요 + 나눠요 + 절약해요 + 시너지
- ☐ It's fun. It's interesting.
- ☐ We share ideas / roles.
- ☐ We save time & money.
- ☐ We motivate each other.
- ☐ It is more effective. 효과적
- ☐ It is more efficient. 능률적

혼자 편해요 + 편리해요 + 절약해요 + 집중해요
- ☐ It's convenient. ➜ I don't discuss everything with others.
- ☐ I feel comfortable. ➜ I can do things the way I want.
- ☐ I save time & money.
- ☐ I concentrate better. ➜ It's more efficient.

▸ 체험, 경험 그리고 전문가

체험은 흥미로워요 + 효과적이에요 + 배울 수 있어요
- ☐ It's fun. ➜ It's interesting to experience something.
- ☐ It's effective. ➜ I would remember the experience.
- ☐ I can learn _____. ➜ It is helpful

전문가는 정보 많아요 + 정확해요 + 경험 많아요
- ☐ They have a lot of knowledge & information.
  ➜ They explain in detail.
- ☐ They have accurate information.
  ➜ It is useful.
- ☐ They have a lot of experience.
  ➜ So they give useful tips.

▸ 인터넷 장단점

인터넷 정보 많아요, 쉽게 얻어요 + 편리해요 + 빨라요
- ☐ There is a lot of information.
  ➜ We can easily get it. / It's resourceful.
- ☐ It is convenient.
- ☐ It is fast.
- ☐ Things are cheaper online.

인터넷 혼란스러워요 + 창의력 저하돼요
- ☐ There is too much info.
  ➜ It's confusing.
- ☐ I don't think creatively.
  ➜ I just search for the information and use the idea.

◂ ◂ 절취선을 따라 뜯어서 사용하세요.

▶ 요즘 시대 / 과학 기술 장단점

요즘, 기술 발전 ➜ 정보화 + 기기화 + 다양화 됐어요
- ☐ There is a lot of information.
  - ➜ We can easily get it.
- ☐ We use machines, equipment, and robots.
  - ➜ It is convenient. / It is fast. / It is easy.
- ☐ There are a lot of _____. 수가 많다.
- ☐ There are many kinds of _____. 종류가 다양하다.
- ☐ There are many ways to _____. 방법이 다양하다.
  - ➜ It is more convenient. / It is more effective.

요즘, 기술에 의존 + 기술 익히기 어려움 + 기술 비용 높음
- ☐ We depend on online service and the computer.
  - ➜ We don't go out and exercise. We don't think creatively.
- ☐ It is not easy to learn to use technology.
- ☐ It costs a lot to use high technology.

▶ 유능한 취준생/직원의 조건

지식 + 능력 + 경력 + 열정 + 사회성 필요해요
- ☐ They should have knowledge / skills.
  - ➜ use them at work
- ☐ They should have various experience.
  - ➜ work efficiently
- ☐ They should have passion. ➜ work hard
- ☐ They should have people skills.
  - ➜ communicate well

업무의 효율성 + 수행 능력 + 목표 달성 + 결과 좋음
- ☐ They work efficiently.
  - ➜ They perform their tasks well.
  - ➜ They achieve their (work) goals.
  - ➜ The result is successful.

▶ 기업의 성공 조건

성공하려면, 유능한 직원 + 좋은 품질 + 좋은 위치 + 만족스러운 고객 서비스 + 광고 필요해요
- ☐ need competent employees
  - ➜ work efficiently
- ☐ need good quality products ➜ sales increase
- ☐ good location ➜ sales increase
- ☐ good customer service ➜ sales increase
- ☐ advertise
- ☐ good reputation

이 조건을 갖추지 못하면, 회사 매출 떨어져요 + 후기 안 좋아요
- ☐ 직원이 무능하면,
  employees don't perform their tasks well
  - ➜ work is not productive
- ☐ 제품의 품질이 떨어지면,
  the customers will not buy the products
  - ➜ sales will decrease
  - ➜ write bad reviews
- ☐ 광고 안 하면,
  - ➜ people don't know about

▶ 어린이

열린 교육: 습득 빨라요 + 경험 좋아요 + 사회성 중요해요 + 어떤 어린이들 재능 발견해요, 그러니 무엇이든 경험시키는 게 좋아요.
- ☐ They learn fast.
- ☐ They gain knowledge and learn various skills
  - ➜ It's helpful.
- ☐ They make friends.
  - ➜ They hang out. ➜ They learn social skills.
- ☐ Some kids find their talent in it.

한계: 어려서 몰라요 + 트러블 메이커에요, 그러니 어린 아이들 스스로 시키는 건 안 좋아요.
- ☐ They don't have enough knowledge or experience.
  - ➜ They cause trouble.
  - ➜ They don't know how to manage the situation.
  - ➜ They need guidance.